김종걸의 과거, 현재
그리고 오늘

★☆☆ TBC-TV 〈연화〉 (1971년 : 〈연화〉를 계기로 시청자들에게 많이 알려졌다)

대학 3학년 봄.

『동양방송에서 4기 탤런트 모집한대.』

귀가 솔깃했다. 망설일 것도 없이 응시 원서를 냈다. 방송국에 들어가서 6개월 안에 정상을 차지하자. 1년 6개월 동안 돈을 왕창 긁어모으자. 난 스타가 될 자신이 있었다. 아니 더 정확히 말하자면 나는 그때도 꽤나 건방졌었다.

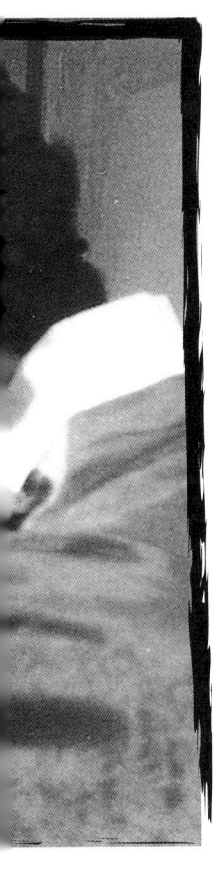

★☆☆ TBC-TV 〈윤지경〉(1972년 : 선우용녀 씨와 함께)

★☆☆ TBC-TV 〈영친왕전하〉(1969년)

★☆☆ TBC-TV 일일연속극 〈비밀〉(1970년 : 김미영과. 첫 일일극 주연이었다)

★☆☆ KBS 일일극 〈꽃반지〉(1986년 : 수염 없이 출연한 마지막 사극)

★☆☆ 딸 보은이와 함께

★☆☆ 아내, 아이들과 단란한 한때

밖에선 착한 남자 집에선 독불장군

30년을 아내랑 살면서 터득한 게 하나 있다. 아내한테 더 져줘야 내가 편하다는 것.

그걸 좀더 일찍 터득했더라면 나도, 아내도 참 편했을 것이다.

★☆ 결혼 후 집들이(1974년 : 고 남성훈 씨가 보인다)

★☆ 아내와 수영장에서

사극 〈연화〉로난 그야말로 떴다.

『인기란 게 이런 것이구나.』 하고 정신을 못 차리고 있는데, 연극까지 뜨니까

방송도 바빠지고 갑자기 CF가 연거푸 들어오면서 눈코 뜰 새없이 바빠졌다.

★☆☆ 의류업체 모델로도 활동했다.

★☆☆ 밤무대에서 : 한때 밤무대 스타였던 나

★☆☆ 〈모래시계〉 촬영 때 김종학 PD와 함께(1993년)

★☆☆ 밤무대에서

★☆☆ KBS-TV 아침드라마 〈송화〉를 마치고 (2000년)

★☆☆ KBS-TV 아침드라마 〈송화〉 출연진과 함께(2000년)

★☆☆ KBS-TV 〈욕망의 바다〉(1997년)

★☆☆ KBS-TV 〈왕과 비〉(1999년)

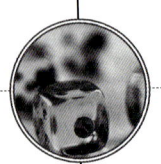

★☆☆ MBC-TV 〈일출봉〉(1992년)

★☆☆ KBS-TV 〈용의 눈물〉 출연진과(1998년)

★☆☆ SBS-TV 〈여인천하〉 출연 당시 김재형 PD와 함께(2002년)

★☆☆ SBS-TV 〈여인천하〉(2002년)

★★☆ 20년 전 시작했던 과거 신정의 모습

성공의 커다란 비결

사람들이 성공의 커다란 비결이 뭐냐고 묻는다. 내 대답은 이것밖에 없다. 여기서 『끝나면 마지막이란 생각 때문에 죽기 살기로 열심히 뛰었습니다.』

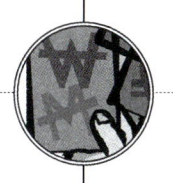

위기는 함께 헤쳐나가면 된다

장사를 해보니까 소위 「힘든」 시기가 오는 건 피할 수 없다. 그럴 때 난 좋은 아이디어를 내면서 더욱더 노력했고 종업원들한테 『도와달라.』고 호소했다. 고맙게도 종업원들은 결코 내 호소를 외면하지 않았다.

친절 서비스의 비결

「친절강연」을 다니면서 내가 강조한 말은 「손님한테는 무조건 친절해야 한다.」는 것이었다. 그러면 어떻게 하면 손님들한테 친절하게 할 수 있냐는 질문이 많이 나오는데, 비결은 따로 없다. 손님에게 진정으로 마음속으로 고맙다고 생각하면 친절은 절로 우러나온다. 손님들 입에서도 자연스럽게 『그 집에 가면 친절하다.』는 소리가 나오고.

탤런트 사장

김종결의

성공창업

탤런트 사장

김종결의
성공창업

| 김종결 지음 |

가림출판사

탤런트 사장 김종결의
성공창업

2003년 4월 20일 제1판 1쇄 발행

지은이/김종결
펴낸이/강선희
펴낸곳/가림출판사

등록/1992. 10. 6. 제4-191호
주소/서울시 광진구 구의동 57-71 부원빌딩 4층
대표전화/458-6451   팩스/458-6450
홈페이지 http://www.galim.co.kr
e-mail galim@galim.co.kr

값 12,000원

ISBN 89-7895-135-X 13320

추천의 글

INAUGURATION

"탤런트에서 철저한 장사꾼으로 변신하는 사람"

김종결 씨와는 1978년에 동양방송 일일 사극 〈연화〉라는 작품을 함께한 이후 30여 년을 같이 일해왔는데, 늘 성실하고 노력하는 연기자다. 자기 관리도 철저히 함은 물론 방송 스케줄을 펑크내는 일도 없다. 대사는 거의 완벽에 가깝게 외우고야 촬영장에 나타난다. 아마도 완벽주의 성향 때문일 것이다. 그런 사람은 대개 주변 사람들을 좀 피곤하게 하는데 김종결 씨는 그렇지가 않다. 늘 겸손하고 주변 사람들을 배려한다. 부업으로 사업을 하면서 돈도 꽤 많이 벌어들이고 있다는 건 다들 아는데도, 돈 있다는 티도 내질 않는다.

장사하는 모습을 보면 그렇게 철저한 장사꾼이 또 없다. 어쩌면 저렇게 손님을 왕으로 모시는지 옆에서 보고 있으면 놀랍기만 하다. 10년 전에 주신정을 개업한다는 얘길 듣고 가봤는데, 땀을 비질비질 흘리면서 그야말로 맨발로 날아 다녔다. 그 모습은 지금도 변함이 없다. 원래가 늘 한결같은 사람이니까.

이젠 나이도 있으니까 장사는 좀 쉬엄쉬엄 할 때도 됐으련만, 그때의 초심(初心)을 거의 그대로 간직하고 있다. 그러니까 남들은 다 어렵다는 시기에도 김종결 씨 가게 주신정엔 손님들이 북적이는 것이겠지만.

어떻게 손님들을 왕으로 모시는지 슬쩍 보고 있으니 놀랄 정도다.

그가 성공의 길에 이른 것은 '한결같은 마음, 한결같은 웃음, 한결같은 신뢰'를 잃지 않았기 때문이다.

TV 드라마 감독 김재형

김재형

추천의 글

"좌절을 딛고 오뚝이처럼 일어난 사업가"

1989년이었던가? 10여 년 사업을 하면서 연기와 사업, 두 길을 가던 김종결 선배가 사업을 몽땅 접고 연기에만 전념하고 있었을 때다. 마침 난 잠실에서 피자집을 개업하느라 바빴는데, 김 선배랑 같이 우리 가게로 가던 중에 우연히 공사가 거의 끝나가고 있던 전자랜드에 잠시 들렀다. 그런데 며칠 후에 들으니 김 선배가 거기서 햄버거 가게를 한다는 것이었다. 그럼 그렇지! 그 성격에 뭐라도 안 하곤 가만히 못 배길 것이었다.

한동안 가게가 좀 고전을 하고 있다는 얘기가 들리는가 싶더니, 이 양반이 뒤늦게 밤무대에도 나가고 해서 은근히 좀 걱정이 됐었다. 사업이 잘 안 되나…. 한 4,5년 그렇게 바쁘게 뛰어다니는가 싶더니, 가게에 불이 났다는 얘기를 듣게 됐다.

사업하다 보면 실패할 수도 있고 망할 수도 있지만, 화재로 일순간에 모든 걸 날리게 되면 그야말로 허망함에서 벗어나기가 쉽지가 않다. 김 선배가 워낙 강단이 있는 사람이라는 건 알았지만, 그래서 사실 은근히 걱정이 됐었다. 이대로 그냥 주저앉는 게 아닌가 해서. 하지만 그건 기우였다. 화재 수습이 끝나자마자 김 선배는 여의도 상가 건물에 들어가서 매장 인테리어를 지휘하고 있었다. 그렇게 몇 달 뛰어다니더니 '주신정 개업'이라는 희소식이 날아들었고, 얼마 지나지 않자 미리 예약을 하지 않으면 선배 가게에 가서 점심 먹기도 힘들어졌다.

탤런트 노주현

"빈틈이 없고 끈기가 대단한 양반"

　김종결 선배를 뵐 때마다 마음이 새로워진다. 김 선배의 사대부중·고 후배로 어릴 때부터 봐와서 선배라면 내가 잘 아는데, 정말 무지하게 끈기가 있는 분이다. 보기에는 차분해 보이지만, 공부면 공부, 연기면 연기, 사업이면 사업, 뭘 하든 지독할 정도로 끈기 있게 매달리신다.

　선배는 30년 넘게 연기도 빈틈없이 해오셨지만, 사실 처음에 사업하시는 것을 보면서 불안했었다. 우리 같은 연기자들이 사업을 하는 경우 실패도 하는 걸 많이 봤으니까. 그런데 선배는 실패하는 걸 본 적이 한 번도 없다.

　그러면서도 TV에서도 꿋꿋하게 자기 자리를 지키고 계신 걸 보면 감탄하지 않을 수 없다. 이미 도태된 선배들이 훨씬 많은데, 선배는 오히려 연륜이 깊어질수록 시청자들의 기억에 오래 남는 연기를 보여주시는 듯하다.

　선배가 책을 내신다는 얘기를 들었을 때·정말 기뻤다. 빈틈없는 연기자로서, 또 끈기 있는 사업가로서 선배의 인생 경험들에서 도움을 받을 사람들이 많을 것이라는 생각에서다. 특히나 지금처럼 살기가 어렵다고 하는 때에는 선배의 끈기와 철저한 승부 근성이 중요하니까.

탤런트 이덕화

"성공하는 비결 좀 알려주시오!"

"요즘 다들 좀 힘들어하지 않습니까? 명퇴 당하는 사람도 많고 구조 조정이니 뭐니 해서 직장인은 불안해하지, 대학을 나와도 취직할 데가 턱없이 부족한 것이 현실이구요. 그래서 창업을 생각하는 사람이 많은데, 만만한 게 먹는 장사인지 음식점 생각을 많이들 하는데요?"

인터뷰를 위해 만난 기자는 얘기를 곧장 음식점 창업 쪽으로 풀어갔다. 아마도 누군가 내 얼굴은 못 보고 얘기만 들었다면 날 연기자가 아니라 창업 컨설턴트로 알았을 게다. 1999년에 개그맨 심형래, 탤런트 김종결이 '신지식인'으로 선정됐다는 기사가 나가고 나서 며칠 후에 이루어진 자리였다.

내가 '신지식인'으로 선정된 건 1993년도에 여의도에 차린 음식점 '주신정'이 장사가 제법 잘되고 있다는 것이 이유였을 것이다. 음식점이고 다른 업종이건 간에 가게가 하나둘씩 문을 닫아야 했던 IMF 때도 우리 집은 거뜬하게 살아남았다. 그래서 '저 집이 저렇게 잘되는 걸 보면 뭐가 있긴 있다' 하면서 사람들이 관심을 갖고 보게 됐고. 그러면서 기업체니 창업 컨설팅 현장, 거기다 대학교까지 가서 소위 '친절 강연'이란 걸 하면서 인기 강사로 뜨게 됐다. 굳이 과거 일까지 들춰 내자면, 화재로 거의 전 재산을 날리고 실의에 빠져 있다가 주신정을 차렸으니까, 소위 '위기를 기회로!' 캐치프레이즈와 맞아떨어졌다는 점도 있

었을 것이다.

"김 선생님, 창업을 생각하고 있는 사람들을 위해서 어떻게 하면 장사로 성공하는지 그 비결 좀 들려주십시오."

기자는 마이크 녹음 버튼을 눌렀다.

"특별한 비결이 있나? 죽기 살기로 하면 되지."

기자는 내 대답이 성이 차지가 않는지 빙그레 웃기만 했다. '그 정도 대답으론 안 되지요' 하는 표정. 하지만 그것말고 또 무슨 얘기가 필요한가? 죽기 살기로 매달리니까 되던데!

"질문을 좀 구체적으로 하겠습니다. 먼저, 음식점으로 성공한 업주로서 하고 싶은 말이 있다면요?"

적절한 대답을 생각해봤다. 좀 구체적이면서도 실질적으로 도움이 되는 말이 뭐 없을까?

"쉬운 길만을 보지 말라. 어려운 걸 선택해서 하는 게 좋을 듯싶다. 예를 들자면 커피숍을 하는 것보단 해장국집을 하는 게 낫다. 투자하고 노력하고 고생도 하고⋯. 본인이 힘들여서 노력해야만 땀의 대가를 바로 볼 수 있다. 또한 당장의 이익에만 너무 연연해하는 것도 좋지 않다. 베푸는 게 남는 거다. 열심히만 한다면 안 되는 일이 있겠는가⋯."

지금 생각해도 너무나 당연한 얘기만 늘어놓았던 것 같다.

PROLOGUE

절망이라 생각했을 때, 그때가 바로 희망을 위한 신호등이었다는 생각을 하게 된 것은 오십 중반에 들어서면서였다.

속 모르는 사람들은 "얼마나 좋으세요, 그래? 드라마 끊이지 않고 계속 하시지, 주신정에서 돈 착착 들어오지." 하면서 부러워한다. 하지만 이 나이가 돼서도 톱 탤런트에 대한 미련은 포기가 안 된다. 돈에 대해서도 마음을 탁 놓은 게 불과 4, 5년 전이라면?

그 동안 출판사에서 책을 내자는 권유는 여러 번 받았었다. 이번에도 꽤 망설였다. 우리 나이대 남자들이 고생하면서 살아온 얘기야 거기서 거기고 '탤런트 김종결이 음식점 해서 엄청 벌었다' 는 식이라면 먹고사는 게 고달파서 마음이 울적한 가장들, 또 앞날이 불안해서 어깨가 처지고 마음도 위축된 직장인들한테는 '남의 떡' 얘기가 아닌가. 그럼에도 용기를 냈다.

간혹 인터뷰를 통해 소위 '김종결 음식점 성공 비결' 이란 걸 밝히긴 했지만 늘 미안한 마음이 있었다. 시간에 쫓겨서 또 지면상의 제한 때문에, 음식점 창업 초보자들이 정말로 알고 싶어하는 구체적이고도 실질적인 얘기를 하지 못했다는 생각에. 장사해서 돈 좀 벌어봐야겠다고 생각하는 사람들의 심정이야 내가 잘 알지 않는가? 음식점 차려서 먹고 살아야겠다고 열심히 창업과 관련된 책도 사고 여기저기 가게도 알아보러 다니는 사람들

의 마음이나 처지 또한 내가 주신정을 시작할 때와 별반 다르지 않지 않겠는가?

연기와 장사, 열심히 뛰다보니 어느덧 환갑을 바라보게 되었다. 흔히들 소위 '성공 드라마'에는 시련과 절망이 기본 메뉴처럼 등장하는데 내 경우도 예외는 아니다.

이제 그 모든 얘기를 풀어보자니 개인적인 욕심이 앞선다. 지지리 고생한 얘기도, 우리 가족이 아옹다옹 다투며 살아가는 얘기도 많이 쓰고 싶다. 그 동안 나와 인연을 맺었던 종업원들, 방송국 사람들, 우리 가게 단골손님들, 음으로 양으로 도와준 사람들 모두 일일이 챙겨서 글로 고마움을 전하고 싶다. 또한 내 정신적인 주업인 탤런트 생활 35년도 풀어서 정리하고 싶다.

허나, 내 귓속을 맴도는 말. "음식점 장사해서 성공하는 비결 좀 알려주시오!" 기자들한테서, 사람들한테서 가장 많이 듣는 말이다. 그래서 가능한, 지금 가게까지 해서 20년 가까이 장사해오면서 터득한 노하우를 중심으로 장사와 관련된 실질적인 얘기를 많이 담으려고 했다. '죽기 살기'로 하되, 과연 어떻게 하면 되는지를.

2003년 3월

김 종 결

CONTENTS

INAUGURATION

제3장 주신정 성공 비결 & 김종결의 음식점 성공 포인트

CONTENTS

INAUGURATION

CONTENTS

INAUGURATION

創業

제1장
복 많이 받은 음식점 주인

1. 맨발의 청춘

지난 여름은 유난히도 무덥고 길었다. 워낙 땀을 많이 흘리는 체질인데다가 나이 오십 끝줄에 들어서서 그런지 여름을 나는 게 예전 같지가 않았다.

"무슨 남자가 샤워를 하루에 세 번씩이나 해! 어이구, 징그러워, 혼자 깔끔 떤다니까!"

아내는 기겁하면서 날 결벽증 환자로 몰고 갔지만, 저도 가게에 나와서 나처럼 뛰어보면 샤워 세 번 갖고는 턱도 없었을 것이다.

요즘은 눈이 떠지는 건 아침 8시에서 9시. 헌데도 자리를 털고 일어나기까지 침대에서 뒹구는 시간이 5분, 7분, 10분…. 엿가락처럼 술술 늘어나더니 이젠 한 시간은 부스럭거려야 한다. 새벽 세 시까지 깨어 있는 습성을 고치던가 해야지, 몸이 무거워서 자리에서 발딱 일어나지지가 않는다.

어제만 해도 일본에 있는 딸한테 메일을 보내고는 일찌감치 자리에 들었어야 하는데, 괜히 영어 단어 하나라도 더 외우겠답시고 씨름하면서 새벽까지 피워댄 담배가 화근이 되었다. 드라마 끝나면 푹 쉬어야지 하고 늘 마음은 먹으면서도 막상 방송이 없으면 뭐라도 하나 배워야 직성이 풀리는 체질인지라 어쩔 수 없다.

다행인지 어쩐지, 작년 6월에 〈여인천하〉 녹화가 끝나고 난 이후 한동안은 새로 들어간 프로가 없었다. 그래서 작년 여름엔 가게로, 방송국으로, 야외 세트장으로 바쁘게 뛰어다니지 않고 그나마 가게에만 매달릴 수 있었다. 드라마까지 해야 했다면 비지땀 꽤나 줄줄 흘렀을 것이다. 그래도 한가하게 쉴 틈이 없는 건 매한가지. 드라마 때문에 가게 비운다는 핑계거리도 없으니 죽으나 사나 가게엔 나가야 했다.

아내는 잘도 자고 있다. 나보다 젊어서 그런가? 잘 만큼은 자야 일어나겠다는 심사인데 오늘따라 괜히 얄밉다. 그래서 옆구리라도 툭 쳐볼까 하다가 마음을 고쳐 먹는다. 그래, 자라, 자, 푹~.

아내 또래 여자들은 초저녁잠이 많다고들 하는데…. 거의 매일같이 밤 11시를 훌쩍 넘어서야 집에 돌아오는 남편하고 살자니 자기도 피곤할 것이다. 거기다 밥장사하면서도 저녁은 꼭 집에 와서 먹겠다고 고집을 부리니, 덩그러니 큰집에서 혼자 꾸벅꾸벅 졸면서 기다렸다가 밥상 차리는 것도 고달프긴 할 것이다. 날은 훤한데도 아직 세상 모르고 자고 있는 아내 얼굴을 보고 있으려니 안쓰러운 마음이 든다.

야, 김종결, 잘 자고 있는 마누라가 안쓰럽질 않나, 몸이 예전 같지가 않네 하면서 아침부터 신파 드라마 찍고 있구나. 이쯤해서 그만하고 일어나자고.

주방으로 가서 주전자에 물을 담아 가스레인지에 올려놓고는 커피를 탄다. 아내가 타주는 아침 커피를 포기한 지는 오래다. 처량하다던가 하는 마음 같은 건 없다. 아내가 알면 혹 서운해할지도 모르지만, 내 손으로 직접 타서 혼자 마시는 커피 맛이 꽤 근사하다. 탤런트라는 게 워낙 얼굴 드러내놓고 사는 직업인 데다가, 또 가게에서 하루 평균 손님 7, 8백 명을 받으려면 솔직히 사람에 치여 산다고나 할까. 잠시 잠깐 이렇게 혼자 있는 시간이 참으로 소중하다.

커피를 들고 거실로 나와 창문을 열고 베란다로 나간다. 작년만 해도 아파트 단지를 위아래로 훑어보면서 담배를 피우는 맛이 꽤나 쏠쏠했었는데, 담배를 끊은 후부턴 심호흡을 크게 하면서 공기 맛을 만끽하고 있다. 한동안 바람이 꽤나 매서웠는데 많이 사그라진 걸 보면 겨울도 곧 끝날 것 같다. 아침부터 신파 드라마 찍은 것도 겨울바람에 나도 모르게 얼어붙은 마음이 풀어지면서인 듯도 싶다.

아이고, 그렇다 해도 난 늘 여름이다. 낮에, 또 저녁에 가게에서 정신 없이 뛰어다니다 보면 한겨울에도 등줄기에선 물이 줄줄 흐른다. 이 홀 저 홀로, 마루로, 카운터로, 주방으로 후닥닥 움직이려면 신발 챙겨 신고 벗고 할 겨를도 없다. 티셔츠에 청바지 입고 그렇게 맨발로 뛰어다닌다.

"희락당 대감, 아침 드슈!"

허, 오늘따라 웬일? 주방 쪽에서 나는 아내 목소리가 유난히 사분사분하다. 보통은 일하는 아줌마가 와서 아침 차려놓으면 식탁에 내가 먼저 앉고 나서야 부스스한 얼굴로 방에서 나오는 사람인데. 주방에 가서 보니 머리 매무새도 정갈하다.

"야, 너 왜 그래? 평상시대로 해."

속으론 좋으면서도 괜히 퉁명스럽게 받아친다.

"뭐가?"

아내 눈초리가 올라가는가 싶더니 이내 샐쭉한 목소리가 날아든다.

"피곤한 것 같아서 기분 좀 북돋아주려고 했더니만, 혼자 잘 났어."

아차! 아내 얼굴은 그야말로 똥 씹어 먹은 표정이다. 쯧쯧, 무조건 감격해 줬어야 하는데. 하지만 이왕 내친걸음. 아옹다옹하며 사는 게 부부 아닌가. 결혼 생활 30년 하면서 아내랑 티격태격하는 맛에 인이 박힌 건지도 모른다. 더군다나 아들은 장가 가 따로 살고 딸까지 외국에 나가서 단둘이 사는데, 이런 재미도 없으면 너무 늙은이들 같잖아? 그래, 뭘 갖고 시비를 걸까? 호칭?

"그리고 말이야, 김안로 죽은 지 얼만데 아직도 희락당 대감이냐?"

말을 해놓고도 괜한 생트집이다. 〈여인천하〉 출연하고부턴 아내는 자기 기분에 따라 '희락당', '어이, 김안로!', '안로야!' 하고 부르고 있으니까. 이 정도 트집에 꼬리를 내릴 아내도 아니다.

"피, 그럼 상감 한 번 해. 상감마마라고 불러줄게."

"이 여자가 아침부터 속을 긁네, 긁어. 그래, 나 상감 못 해봤다. 어쩔래?"

일부러 씩씩거리면서 맞장구를 쳐줬지만 가슴 한쪽이 시리다. 연기자 생활 35년이고, 그 숱한 사극에 많이도 출연했는데 아직 임금은 못 해봤으니까. 하지만 마누라 앞에서 기죽을 순 없는 노릇. 이럴 땐 빙그레 웃으면서 농담조로 받아치는 게 상책이다.

"여보시오, 마누라. 내가 이 나이에 젊은 상감 할 순 없고, 그렇다고 명색이 내가 아줌마들한텐 젊은 오빠요, 가게에선 맨발의 청춘인데 늙수그레한 상감 할 수도 없잖아?"

아내는 아무런 대꾸가 없다. 처음엔 '지가 진짜 청춘인 줄 아나 보지?' 하면서 기가 막혀 하는 표정이었는데 그건 잠시, 애처롭다는 저 표정은 또 뭔가? 이 나이에 청춘 소리 들어가며 음식점에서 맨발로 뛰는 늙은 남편이 불쌍하다는 표정 아니야? 야, 경희야, 괜찮아, 나 아직 괜찮아. 아이고, 마누라 애처로워하는 표정 보는 건 정말 싫다. 이럴 땐 빨리 분위기를 바꿔야 한다. 목소리 톤은 가능한 경쾌하게.

"경희 씨, 그저껜가 입은 빨간색 티셔츠 빨아놨지?"

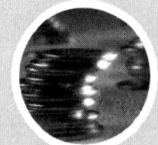

2. 맨발로 뛰는 탤런트 사장

방송 일이 없으면 오전 나절엔 집에서 특별히 하는 일 없이 뭉그적거리면서 텔레비전도 보고 마냥 여유를 부린다. 마누라한테 가까이 사는 아들네는 별 탈 없는지 보고(?)도 듣는다. 아들애도 거짓말 좀 보태서 코앞에서 장사를 하는데 업종이 다르고 바쁜 시간대도 달라서 얼굴 보기가 힘들다. 성경 말씀도 한 구절씩 읽는다. 의무감으로. 내가 다니는 교회 목사님이 순서대로 주는 책이 있어서 날짜에 맞춰서 읽는 건데 건너뛰면 벌받을 것 같은 마음에. 그러는 와중에도 가게에 전화해서 오늘은 점심 예약이 몇 개나 들어왔는지 체크한다. 그래야만 마음이 놓여서 또 여유를 부리고. 그러다 시간이 임박해서야 나갈 채비를 서두른다.

아파트에서 가게까지는 걸어서 5, 6분 거리이다. 조금 일찍 집을 나와서 걸어가면 운동도 되고 몸에도 좋으련만 그게 말처럼 쉽지가 않다. 여름이야 땀흘리기 싫어서 그렇다 쳐도, 가을이 깊어지면 길가에 노란 은행잎이 잔뜩 떨어져 있어 꽤 운치가 있는데도 감상에 젖을 새가 없다. 그저 가게 가느라 바쁘다. 그 짧은 거리를 차를 타고 가면서도 빨리 가게에 가야 한다는 생각밖에 없다. 오늘도 20분 빨리 가야지 하고 다짐했는데도 12시쯤에야 가게에 도착했다.

여의도 증권가 한복판에 있는 대영빌딩. 주차장에 차를 주차하고 나면 눈은 벌써 지하에 있는 우리 집 가게로 내려가는 손님들 얼굴을 찾아 빛이 난다.

"어서들 오세요. 와주셔서 감사합니다."

손님을 보면 무조건 반갑다. 손도 덥석 잡고 하는 일은 잘되는지, 건강한 지 안부라도 묻고 싶지만 너무 오버하는 것 같아 웃음으로만 대신하고 내달리듯 계단을 내려간다. 가게 안에 들어서면 난 그야 말로 '날쌘 돌이'가 된다.

"사장님 나오셨어요?"

"그래. 야, 저기 테이블 빨리 치우고…. 어서 오십시오. 네, 네, 많이 드십시오."

2백 평 가게 안은 자리가 이미 반은 찼다. 종업원들한테 이것저것 지시하랴, 밀어닥치는 손님들한테 일일이 인사하랴, 입술엔 침이 마른다. 가장 바쁜 시간대는 12시 30분부터 1시까지이다. 40

여 종업원들이 일사불란하게 움직여도 그야말로 북새통이다. 난 음식점은 잔칫집 분위기여야 한다고 생각한다. 맛있는 음식을 푸짐하게 먹는 잔칫집말이다. 잔칫집에 온 손님들한테 불친절할 순 없는 노릇 아닌가.

손님이 일단 테이블에 앉으면 물 가져가야지, 주문 받아야지, 반찬 나가지, 기본 식사 나가지, 커피 나가지, 떨어진 반찬 한 번 더 가져가면 홀에서 일하는 사람들은 한 테이블에 평균 대여섯 번을 왕복해야 한다. 테이블이 총 91개. 테이블이 한 번만 돌아가도 점심 손님만 3백 명이다.

주방 인력을 빼고 30여 명이 홀에 달라붙어도 식사 끝난 테이블 치울 손이 미처 모자랄 때가 있다. 손님들이 불평하기에 앞서 내가 성질이 급해서 잠시라도 여유를 부리고 있을 수가 없다. 그래서 카운터에서 손님 받다가 잽싸게 주방 쪽으로 뛰어가서 쟁반을 들고 테이블로 가서 빈 그릇을 주워담는다. 반찬 떨어진 데 없나 살피면서 저기다 싶으면 종업원 부르느니 주방에 빈 그릇들 갖다 주고는 반찬을 챙겨간다.

몇 번이고 마루에 앉은 손님들 신발을 정리하고, 테이블 사이를 돌아다니며 "많이 드십시오." 인사 챙기고 한 시간 넘게 뛰어다니면 초가을인데도 이마에, 등에 땀이 주룩주룩 흐른다. 일요일 같은 경우는 너무 바빠서 일하는 사람이 부족하게 나올 경우, 정말 진땀이 쭉쭉 나면서 뛰어다닌다. 손님은 새로 들어와 있는데 종업원은 모자라 그릇은 못 치우고 있지….

가게를 연중무휴로 돌려버리니까, 종업원은 돌아가면서 한 달에 세 번씩 쉬는데 대개 일요일에 쉬겠다고 하고 일요일은 파출부도 잘 안 오고 해서 일손이 부족하다. 일요일엔 나도 좀 푹 쉬고 싶지만 내 얼굴 보러 오는 손님들 생각에 또 손이 달린다는 걸 아니까 교회에 가서 아침 11시 예배를 보고는 곧장 가게로 온다. 12시 반쯤에 와서는 그야말로 펄펄 뛰어다닌다.

지금은 그래도 인원이 넉넉하니까 괜찮지만 초창기엔 정말 진땀 많이 흘렸다. 종업원들도 손발이 안 맞고 서툴고. 아예 맨발로 왔다 갔다 했다. '맨발의 청춘'이란 별명은 그때 붙은 것이다.

"가게에 목숨 걸었냐? 이젠 너 없어도 잘 굴러가는데 왜 이리 죽자살자 가게 나가?"

주변에선 안타까운지 좀 쉬엄쉬엄 하란다. 하지만 쉬엄쉬엄 할 수가 없다. 성질이 철저한 때문도 있지만, 이걸 놓치면 다 놓친다는 생각에서 기를 쓰고 붙들고 있다는 게 솔직한 심정이다. 지금 내 인생에선 연기를 계속 하는 것도 중요하지만, 주신정이 얼마나 중요한지를 잘 아니까.

그리고 그들도 사장 해보면 그런 말을 쉽게 못 할 것이다. 한 달만 내가 안 나오면 가게는 비리비리해질 텐데…. 종업원들이 다 손발을 맞춰서 해주는데도 불구하고, 주인이 없는 가게는 잘될 수가 없다는 게 내 생각이다. 내가 얼굴이 팔려서, 내 얼굴보고 오는 손님들이 많다고 해서 하는 말이 결코 아니다.

만일 경영만 하는 사람은 위에 사무실 차려놓고 매장은 점장(店

長)들이 다 알아서 한다고 하지만, 그분들 경우는 한 20~30퍼센트는 자기가 먹을 것을 포기한 상태라고 봐야 한다. 지배인이 아무리 잘한다고 해도 사장 같진 않다. 자기랑 똑같은 사람은 없으니까.

3. 손님 한 분 한 분이 고맙다

365일 하루도 쉬지 않고 음식점 문을 연다는 게 쉬운 일은 아니다. 하지만 주신정은 10년째 연중 무휴를 고수하고 있다.

특별한 이유는 없다. 그저 우리 집 음식을 먹으러 온 손님이 한 분이라도 헛걸음 하지 않기를 바라는 마음에서다. 하루라도 문을 닫지 않을 수 있었던 비결을 들자면, 지배인 이하 40여 명의 종업원이 한 몸이 되어 움직여준 덕이고.

그래서 여의도 증권타운 식당가는 일요일이나 공휴일에는 인적이 뜸해 을씨년스럽기까지 한데 우리 집은 늘 잔칫집 분위기다. 아예 문을 열지 않는 집들이 많아 그 덕도 보는 셈이다.

잔칫집 얘기가 나왔으니 말인데, 손님이 있건 없건 음식점은 늘 그 분위기여야 한다는 게 내 생각이다. 썰렁한 데서 먹는 게 맛이 있나? 그래서 종업원들과 함께 활기찬 분위기를 만들기 위한 노력을 끊임없이 하고 있다.

허나, 믿을 수 있는 종업원들이 알아서들 착착 일을 잘해준다고 해도, 맘 턱 놓고 가게를 비울 수 없는 게 음식점 사장이란 자리다. 더군다나 내 얼굴 보려고 오는 손님들도 있으니 촬영이 있는 날은 어쩔 수 없지만 가급적 가게를 지켜야 한다는 원칙을 지키고 있다. 사람들은 내가 탤런트 간판 내걸고 장사하니까 얼굴 팔린 덕에 돈벌기 편할 거라 생각하겠지만, 천만의 말씀. 솔직히 얼굴 팔려서 더 뛴다.

우리 집 고객은 평일 점심하고 저녁엔 아무래도 주변에 있는 증권맨, 탤런트, 방송국 특히 가까이 있는 MBC 사람들이 많다. 주말에는 가족동반, 친목계 등으로 오는 중년 손님이 많고. 처음 가게문을 열었을 땐 주변에서 많이 도와줬다. PD들이며 방송국 사람들이 많이 와서 팔아줬고, 동료 탤런트들도 자주 와줘서 손님들을 끌어줬다.

난 우리 집에 오는 손님은 한 분이라도 놓치지 않으려고 발바닥에 땀이 나도록 뛰었다. 음식 맛에 반해서, 친절한 서비스가 흡족해서 계속 찾아주시는 분들이 많아지니 그게 고마워서 더 열심히 뛰었다. 내가 종업원 이상으로 뛰니까 이런 내 모습에 감동 받았다면서 우리 집 아니면 회식이 안 된다는 사장님도 계시니 그저 감사한 마음뿐이다.

하지만 개중엔 고기 맛 가지고 트집잡는 손님, 서비스만 몇 접시째 원하는 손님, 종업원한테 함부로 대하는 손님, 우리 집 흠잡을 데 없나 하고 오는 손님도 있다. 그래도 난 손님 기분을 맞춰 주려고 노력한다. 우리 집 이름은 '주식회사 신정'을 줄인 말이기도 하지만, '손님이 주신 정(情)'이란 의미도 있다. 그 '주신 정'이 고마운데, 좀 빡빡한 손님이어도 얼마든지 친절하고 겸손하게 대할 수 있다.

그러면 또 겸손한 척 한다고 뭐라고 하는 사람도 있다. "저거, 탤런트니까 연기 아니야?" 하면서. 주업이 탤런트니 직업 탓이려니 하고 넘어가지만, 아무리 명연기자라도 연기를 그렇게 오래, 한결같이 할 순 없는 노릇이다. 마음을 비웠기 때문인지 어쩐지, 난 매장에만 들어오면 건방진 마음이 없다. 처음부터 그랬다. 집(home)에선 독불장군이어도, 종업원들한텐 좀 깐깐하게 굴어도, 손님한텐 무조건 저자세다. 저절로. 어떻게 시작한 가게인가? 나이 오십 넘어 모든 걸 날리고 마지막이란 생각에 시작한 것 아닌가. 우리 식구 밥 먹여주는 사람이 바로 우리 집(주신정) 손님들이다. 그러니 무조건 고맙고, 고맙다.

그럼에도 가끔 솔직히 피곤할 때도 있다. 사극에 출연할 땐 민속촌이니 경복궁 등지에서 야외 촬영을 많이 하는데, 그땐 주신정 지배인이 내 차 운전도 하면서 함께 움직인다. 촬영장에선 내 핸드폰을 지배인이 갖고 있는데, 한 장면 찍고 나서 다음 장면 찍기 전에 쉴 때면 손님 전화라며 핸드폰을 바꿔준다. 촬영하는 도중에 걸려오는 핸드폰은 못 받아도 쉬고 있을 땐 안 받을 수가 없다.

"납니다. 이○○. 나 오늘 여러 명 같이 왔는데 김 사장은 왜 없소? 어디 가서 녹화하고 있소? 빨리 와요, 와."

정말 이럴 땐 답답하다. 가게 종업원한테 내가 야외 촬영 가 있다는 애기는 들었을 터인데도 여기까지 전화를 할 건 또 뭐 있나? 그래도 손님인데 짜증을 낼 수는 없다. 방송 돌아가는 사정은 전혀 모르니까 아무 때나 불러대도 된다고 생각해서 그러는 건데. 또 김종결하고 잘 안다고 하면서 사람들 데려 왔을 터이니 좀 폼도 잡고 싶은 마음도 있을 것이다. 오랜만에 왔는데 내가 없으니까 서운하기도 한 거고. 그러니 마른침 꿀꺽 삼키고 죄송하다고, 방송 때문에 가게엔 저녁 늦게나 갈 것 같다고 연신 미안해하면서 전화를 끊는다.

어쨌거나 크게 심호흡 한 번 하고 나서 생각하면 그래도 고마운 일이다. 아무 때나, 아무 데서나 날 찾아주는 사람, 우리 집을 잊지 않고 찾아준 분이지 않은가. 촬영장으로 이렇게 전화를 하는 것도 다 나에 대한 애정 표현이다. 별 손님 다 있는데 어찌 보면 괜한 '생트집'도, 싫은 소리 한마디 내뱉는 것도 애정표현인 줄도 모른다. 조금 잘못되긴 했지만.

그래도 그런 손님들을 겪다보면 과연 나는 잘하고 있는지 돌아보게 된다. 손님한테는 항상 고마운 마음으로 대한다면서, 그 고마운 얼굴을 몇이나 기억해낼 수 있는가? 손님이 자꾸 바뀐다고 해도 얼굴을 아는 사람은 20, 30퍼센트 정도다. 워낙 손님이 너무 많아서 큰 인상을 남기지 않는 사람은, 간혹 가다 찾아주시는 분은 얼굴을 잘 모른다.

손님 얼굴 하나가 떠오른다. 한 6개월을 거의 매일 우리 집에 왔는데도 내가 자기 얼굴을 하도 몰라보니까 언제까지 그럴 건가

한 번 두고보자는 심산으로 줄기차게 왔단다. 지금은 그 손님하고 '형, 동생' 하지만 그 얘기를 들었을 땐 정말 미안했다. 그 이후 손님 얼굴 하나라도 더 기억하려고 마음을 먹었지만 그렇게 쉽지가 않다.

인사만 해도 대충하는 식이 아니라 정말 제대로 하려고 노력한다. 하지만 그 많은 사람들을 몇 시간 내에 다 챙기려면 솔직히 힘들다. 처음엔 손님한테 하는 인사말도 다양했다. '얼굴 좋아 보이네요', '감사합니다', '뭐 더 갖다드릴까요?' 등등. 그런데 오래하다 보니 이젠 레퍼토리가 정해졌다. '많이 드십시오'.

지금은 하루에 그 말만 한 7, 8백 번은 하는 것 같다. 언젠가는 교회에서 예배 끝나고 교우들하고 같이 점심을 먹는데, 교우한테 인사한다는 게 "많이 드십시오."였다. 어떡하다 처음 만난 사람하고 인사하는 자리에서도 불쑥 튀어나온다. 입에서 단내가 날 정도로 하다보니 완전히 입에 배어 버렸다. 부지불식간에 소리가 되어 나오는 말, 행여 건성으로 대충 습관처럼 하는 말로 듣고 가신 분은 없었기를 바라는 마음뿐이다.

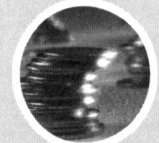

4. 불타는 카리스마 안로

SBS TV 대하사극 〈여인천하〉이후 오랜만에 방송을 쉬고 있다. 이렇게 오래 쉬는 것도 정말 오랜만이다. 내가 복이 많은 사람인지, 주신정을 시작하면서도 계속 한 프로씩은 출연을 해왔다. 역이 없어서 3개월 이상 방송을 쉰 적이 없었으니까.

〈여인천하〉에서 희락당 김안로 역을 맡았던 건 나로선 행운이었다. 최고 시청률 55.3퍼센트를 기록했고, 평균 시청률 30퍼센트 대를 유지하면서 1년 반에 걸쳐 150회 나가면서 롱런을 했으니 말이다. 막을 내린 건 7월 말. 권력욕에 사로잡혀 몸부림치던 인간 김안로는 처참한 몰골로 사약을 마시고 한 달 먼저 브라운관에서 사라졌지만.

효혜 공주의 시아버지로 세자를 보필한다는 명분하에 기세 등등해서 불타는 권세욕에 일생을 바친 인물 김안로. 결국 야망의 화신인 정난정에 의해 파란만장한 삶을 마감하는데, 그렇게까지 악해졌으니 인간의 급수를 따진다면 최하다. 허나, 그 불타는 권력욕은 충분히 이해는 간다.

천성 자체가 악하게 태어나는 사람이 있겠냐마는, 악하게 태어난다 해도 선한 얘기 듣고 착하게 사는 사람들 보면서 자라면 선해지는 법. 하지만 정난정을 비롯해서 김안로 주변 사람들은 다들 권력에 눈이 멀지 않았는가? 물론 그렇다고 해서 인간이 그렇게 살면 안 되겠지만, 우리의 본성에는 누구나 할 것 없이 '김안로'가 들어 있는 것 같다.

나 역시 왜 욕심이 없겠는가? 있는데 도덕적인 관념 때문에 누르면서 사는 것뿐. 욕심을 절제하지 못하고 끝까지 치닫다가 결국은 그 욕심에 먹혀버렸으니 김안로는 참으로 불쌍한 인간이다. 그라고 왜 속으로 울지 않았겠는가? 자기 연민에서건 회한에서건. 눈물을 보임으로 해서 더욱 가증스러워 보일지라도.

김안로를 연기하면서 생각한 게 그도 인간이라는 것이었다. 아무리 악인이라 해도 인간을 제대로 보여주려면 인간의 내면에서 감을 잡아내서 표현해야 한다. 그래서 자주 눈물을 내비쳤다. 악인도 눈물이 있다. 눈물을 보인다고 해서 악한 인간이 선한 인간으로 보이진 않겠지만, 인간이 제대로 보이는 것 같다. 이런 생각을 한 게 오래인지 예전부터 악인 역을 할 때는 눈물을 흘렸다. 사람 찔러 죽일 때도 울면서 찌르고, 내면을 담아놓으면 나도 모르게 그렇게 된다.

김안로가 사약 받는 대본을 받았을 땐 섭섭했다. 대사가 많아서 힘들기도 했지만 1년 넘게 한 작품이 무사히 끝나서 고맙다는 생각도 들었다.

김안로가 어떻게 죽을 건지 고민을 많이 했다. 눈을 뜨고 웃고 죽는 걸로 설정했다. 한 차례 웃고 나서는 사약을 들이키는 걸로. 미친 듯이 웃다가 눈물을 머금고 울다 웃다가, 목을 움켜잡고 컬컬컬 하다가 죽는 걸로. 끝판에 사약 먹고 힘을 주는 데 너무 힘을 줬는지, 방송을 보면서 나도 놀랐다. 눈이 발개서. 저러다 내가 혈압 올라 죽는 건 아닌가 할 정도로.

어쨌거나, 이런 내 연기가 먹혀 들어간 건지, 〈여인천하〉 인기가 대단해서인지 인터넷에 내 이름으로 카페까지 생겼다. 작년 여름에 인터넷에 들어가 여기저기 기웃거리다가 우연히 발견했는데 사실 깜짝 놀랐다. 카페 이름이 '불타는 카리스마 안로'. 카페를 소개하는 문구는 '여인천하의 김안로, 종결 오빠의 사랑을 키우는 곳'. 도대체 누가 이걸 만들었나 궁금해서 보니까 젊은 사람들이 모여 만든 카페였다. '오빠, 파이팅!', '건강 너무 무리하지 마세요' 등등, 간지러운 글들도 있고 내 인터뷰 기사랑 주신정 기사도 올라와 있었다.

사이트 개설일을 보니 2002년 3월 28일. 〈여인천하〉에서 김안로가 한참 기쓰고 용쓰면서 설치던 때다. 회원수는 얼마 안 되지만 내 팬은 주로 아줌마들이라고만 알고 있었던 터라 젊은 친구들의 열기(?)에 적잖이 어리둥절해 했다. 무엇보다도 '불타는 카리스마 안로' 란 타이틀에. 성실하다, 겸손하다, 철저하다는 말은 많이 들었고 가까운 이들한테는 깐깐하다, 지독하다는 말도 듣지만 카리스마라는 말은….

인간 김안로를 보여주기 위해 눈물에 콧물까지 줄줄 흘리면서 눈 벌개지도록 연기한 점을 높이 사준 건가? 그렇다면 고맙다. 젊은 친구들한테도 어필하고 새로운 팬을 만들어 나갈 수 있다는 건 나이 든 연기자에겐 행복한 일이니까.

혹은, 내가 그들의 관심의 대상이 된 건, 자기가 좋아하는 것 실컷 하면서 돈도 왕창 벌고 싶은 게 젊은 사람들이 원하는 것인지도 모른다. 청소년들이 원하는 직업 1순위가 연예인이라지 않나. 인기도 얻고 화려하고 돈도 많이 벌고!(모든 연예인이 그런 건 아니다!) 그런데 난 장사까지 해서 성공했다니까.

▶ 1998년 KBS-TV 〈용의 눈물〉 중 한 장면

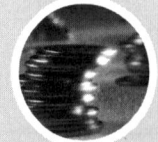

5. 음식점 부업으로 성공한 탤런트?

〈여인천하〉 촬영이 중반부에 들어섰을 때쯤 잡지사 여기자한테서 인터뷰를 하자면서 전화가 걸려왔었다. 김안로 역이 커지고 있었던 터라 내 연기를 한 번 뛰어주려나 내심 기대를 했다. 가게랑 촬영장, 방송국을 바쁘게 오가면서 나름대로 기를 쓰면서 최선을 다하고 있었으니까. 헌데 목소리가 예쁜 여기자는 딴 소리를 했다.

"선생님은 음식점으로 크게 성공하셨잖아요?"

"성공은 뭐…."

피식 웃음이 나왔다. 아이쿠, 또 가게 얘긴가? 아님 부업으로 성공한 연예인 기사? 그런 기사라면 내가 빠지는 적이 없으니까. '음식점으로 성공한 연예인 김종결' 제목으로 나간 기사가 수도 없다. 이젠 이런 인터뷰 제의에 숙달이 됐을 법한데, 이상하게 아직도 마음 한쪽이 편하지가 않았다. 명색이 그래도 연기자고 길에서 마주치는 사람들은 "저 사람 탤런트잖아!" 하면서 내 얼굴을 알아보는데, 주신정 사장 명함부터 내미는 것 같아서. 그러면서도 서운한 내색은 할 수 없다. 어쨌거나 우리 가게 기사가 나가면 그 기사를 보고 오시는 분도 있으니 고마운 일이다.

"선생님은 두 마리 토끼를 잡으셨는데요? 주업인 탤런트, 부업인 음식점. 그 둘을 그렇게 멋지게 해낼 수 있는 비결이랄까, 직업관, 뭐 그런 걸 좀 들으려고 해요."

비결? 뭘 하든 열심히, 최선을 다해서 하는 거지…. 인터뷰 날짜를 정하고 통화는 끝났다.

두 마리 토끼라…. 다섯 마리라고 못 잡을 것 있나? 진정한 프로라면 어디를 가든 최선을 다해서 허점을 보이지 않으면 그렇게 할 수 있다! 이렇게 말하니까 좀 잘난 척을 하고 있는 것 같지만, 다섯 가지 일도 할 수는 있다고 난 생각한다. 단, 모든 일을 똑같이 1등으로 할 순 없다. 적당히 욕심을 누르고 포기할 부분은 대담하게 포기하고, 할 수 없는 부분은 과감히 다른 사람한테 맡겨야 한다.

가게의 경우, 지배인한테 많은 부분을 일임했다. 다행히도 우리 집은 시스템이 잘돼 있어 내가 없어도, 지배인까지 없어도, 종업원들이 자기네들끼리 다 알아서 움직이고 한다. 그런 시스템을 만들기까지는 시간도 많이 걸렸고 가게를 비워야 할 땐 불안하기도 했지만 차츰 불안은 가라앉았다.

종업원들을 믿고 맡긴다 해도 밖에 나가 있으면 관심은 늘 가게로 가 있다. 그래서 수시로 전화를 한다. 종업원을 관리하려는 이유에서가 아니라 무슨 일 없었나, 얼마나 팔았는가가 궁금해서. 드라마 찍는 동안은 잊어버리고 연기에 몰두해도, 약간 쉬는 짬이 나면 가게가 어떻게 돌아가고 있는지 알고 싶어서 진득하니 있질 못하고 핸드폰을 누른다. 그래서 방송 일이 많아지면 핸드폰 요금도 덩달아 올라간다.

〈여인천하〉는 야외 촬영이 많았다. 총 275일을 했다는데, 좋은 작품을 찍으려고 감독 이하 모든 스태프와 연기자들이 고생을 많이 했다. 내 경우, 초기에는 스케줄이 일주일에 나흘이 잡혔었다. 촬영하고 나서 다음 날 새벽에 더빙을 하는데, 재수가 좋으면 야외 촬영이 일주일에 하루만 있고 하루는 세트 촬영을 하는데 난 대부분 이틀을 야외 촬영을 했다. 대본 연습 날짜도 따로 잡혀 있지, 극 후반으로 접어들면서 김안로 역이 커지니까 스케줄도 늘었다.

야외 촬영이 잡힌 날은 이동시간이 있어서 하루를 거의 밖에서 보내야 했다. 매시간 가게로 핸드폰을 하면서. 아침에 모여서 촬영이 제대로 이루어지면 오후 5시쯤에 끝나는데 서둘러 와도 가게가 한참 바쁜 시간은 넘어서야 도착했다. 그나마 재수가 좋은 경우다. 식사하고 있는 손님들한테 "많이 드십시오."라고 할 수 있으니. 녹화가 좀 늦게 끝나거나 길이 막히면 가게 정리할 무렵에야 와서 결산만 보고 갔다. 만일 그것도 못 하게 되면 카운터로 전화해서 그날 하루 나간 돈하고 들어온 돈을 결산한 내역을 수위

실에 맡겨 놓게 하고 집에 가는 길에 들러서 갖고 갔다.

일요일은 밤 8시에 방송국에 모여서 연습을 했는데, 7시에 가게에 나와서 손님 잠깐 맞고 30분 전에 달려가는 식으로 분초를 다퉜다. 대사 외우는 것도 큰일. 가게에 대본을 갖고 가서 가게 일 보면서 짬짬이 대사를 외웠다. 커닝하는 학생처럼 카운터 옆 바닥에다 대본을 깔아놓고 보다가 손님 들어오면 급하게 고개 들고 인사하면서.

1995년에 SBS 미니 시리즈 〈모래시계〉를 찍었을 땐 그야말로 고달팠다. 민 변호사 역을 맡았었는데, 야외 녹화가 많아서 몇 달간 다른 스케줄은 잡지 않고 그저 부르면 부르는 대로 나가서 찍었다. 반 이상이 대본이 나와 있는 상태에서 스튜디오 녹화 없이 전국을 돌아다니면서 여러 신(장면)을 같이 찍었는데 언제 어디로 불려갈지 몰라 늘 대기상태였다. "모레는 경주다." 하면 급하게 대본 외워서 달려가서 찍고 나면 부리나케 올라와서 가게로 직행하곤 했다.

방송이 바쁘면 바쁠수록 가게에 나와 있으려고 더욱 애썼다. 방송한답시고 가게 비운다는 소리가 듣기 싫어서. 또 방송 때문에 가게에 못 나오니 방송에 빼앗긴 시간을 만회할 욕심으로 가게에 있는 시간만큼은 더 열심히 뛰었다.

사람들은 묻는다. 도대체 왜 그렇게 죽기살기로 하냐고? 하나만 잘하려고 해도 피곤한데 골치 아프게 왜 둘씩이나 붙들고 있냐고? 주업하고 부업하고 분간해가면서 하라고.

하지만 둘 다 주업인 걸 어찌하랴? 1967년 동양방송(TBC) 탤런트 4기로 출발했으니 연기자 생활 35년인데 부업으로 해온 음식점 장사만도 20년이 넘는다. 이젠 탤런트가 정신적인 주업이라면 음식점 장사는 실질적인 주업이 되어 버렸다.

일만 계속된다는 보장만 있으면, 또 대사 외우는 스트레스만 없다면 배우처럼 좋은 직업도 없다. 그 좋은 맛에 푹 절어서인지 끝까지 연기자로 살아남아 시청자들 앞에 서고 싶은 소망은 포기가 안 된다.

그렇다고 주신정을 대충대충 할 수는 없다. 이걸 놓치면 다 놓쳐버린다는 생각으로 시작했고 지금도 변함이 없으니까.

그래서 주신정을 하면서 나름대로 찾은 타협책이 방송은 한 프로씩만 한다는 것이었다. 두세 프로를 같이 하게 되면 가게엔 전념할 수가 없겠다 싶어서.

부업으로 한 4년 도자기 가게 할 때는 방송이 없어서 걱정이었지, 어떤 역이든 가리지 않고 많이 하려고 했었다. 그리고 20년도 더 됐는데 여의도 먹자 빌딩에서 처음 고깃집을 할 때만 해도 방송을 우선으로 생각했었다. 가게에 어떤 일이 생겨도 방송 일이 있으면 다 제껴놓고 나간다고. 하지만 지금은 다르다. 지금 내 나이에 주신정이 정말 중요하다는 걸 잘 아니까.

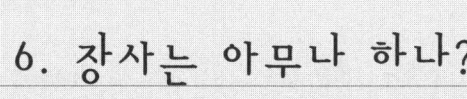

6. 장사는 아무나 하나?

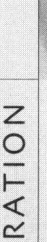
INAUGURATION

주신정하고 관련된 기사가 신문이며 잡지에 나가고 방송까지 타면 그 여세로 새로운 손님들이 가게에 많이들 찾아오신다. '김종결이가 여의도에서 음식점 해?' 하고 호기심에, 얼굴이라도 한번 보자고 오시는 것이니 그저 고맙다. 또한 "얼마나 맛있는지, 얼마나 친절한지 한번 가보자." 하고 오시니 우리 집 맛을 지키기 위해, 친절하게 모시려고 노력한다. 행여 돈 좀 벌었다고 나도 모르게 어깨에 힘이라도 들어가진 않았는지 추스른다. 처음 가게문을 열 때의 겸손함은 잃지 않았는지 점검하면서.

헌데, 간혹 이런 표정으로 우리 가게를 찾는 분도 있다.

'김종결이 톱 탤런트도 아니고, 성공해봤자 그래, 음식점으로 돈 좀 벌었다는 거 아니야? 음식점으로 돈 번 사람이 한둘인가!

나도 당장 직장 때려치우고 먹는 장사하면 금세 큰돈 벌 수 있다고!'

아마도 이런 마음들일 것이다. 대충 탤런트만 해도 밥 먹고 살 수 있는데 음식점까지 해가면서 돈을 버는 것이 못마땅해서. 또한 머리를 써서 뭔가를 개발하고 상품화시키면 '대단하다' 치켜세우면서도, 땀 뻘뻘 흘려가며 온몸으로 뛰면서 이루어내면 '그래봤자 장사치지' 하면서 은근히 깔아보는 시선. 그것도 그 흔한 음식점 장사로 돈 좀 번 게 뭐 대수냐 하는 생각.

솔직히 연기만 하면서 돈 걱정 안 하고 살 수 있었다면 애초부터 부업은 시작하지도 않았을 것이다. 오늘의 주신정도 없었을 것이고 남들 말처럼 극성(?) 떨지 않고 조금은 편안하게 살아왔을 수도 있을 것이다. 하지만 내 삶을 이렇듯 뿌듯하게 채워주는 만족감을 과연 얻을 수 있었을지?

사실은 나도 의사가 꿈이었다. 하지만 상황에 따라 오다보니 탤런트가 되었고, 그 다음엔 음식점 주인이 천직이 되었고 나의 인생이 되었다. 그 상황이란 게 결국은 돈이었는데, 상황에 떠밀리지 않게 된 이후에도 난 아주 신이 나서 여전히 쟁반을 나르고 행주질을 한다.

지금은 의사 안 하길 잘했다는 생각이다. 중·고등학교 동창들 중엔 공부 잘하던 애들이 많아서 교수, 의사가 된 친구들이 많다. 그런데 동창회에 나가보면 장사하는 친구들이 더 멋있다. 단순히 돈이 많다고 하는 얘기가 아니다.

탤런트가 되고 나서도 연기자 수입이란 게 워낙 불규칙해서 난 한시도 돈 걱정에서 벗어날 수가 없었다. 나이 오십 중반에 들어서야 돈 스트레스에서 벗어날 수 있었다. 이젠 돈은 벌 만큼 벌었으니 가게를 접을 수도, 아니 긴장만이라도 좀 늦추고 여유를 가질 수도 있으련만 그게 잘 안 된다.

돈 욕심에? 아니다. 내 인생의 큰 부분이 바로 여기, 주신정에서 채워지고 있어서다. 땀을 흘린 만큼 가슴 가득 차 오르는 성취감, 그걸 매일매일 새롭게 느끼면서 산다는 것, 그 달콤한 맛에 인이 배겨버려서.

솔직히 연기란 허망한 부분이 있다. 한 달만 지나면 내가 뭘 찍었는지도 모르겠고, 내 연기가 시청자들 마음에 남을지도 자신이 없다. 물론 연륜이 있으니까 어떤 역할을 맡게 되든 최선을 다해 잘하자고 다짐하고, 한 컷(cut) 한 컷 정말 잘 찍어 보려고 노력했다. 대사를 대충 외우고 하는 사람도 있고 술 먹고 와서 녹화하는 사람도 있지만 난 대사를 완전히 외워서 간다. 35년 동안 연기를 하면서도 대사를 잊어버리면 어떡하나 하는 강박관념에서 자유롭질 못하다. 이런 강박관념에서 벗어나면 녹화를 참 여유롭게 잘할 수 있을 것 같은데도, 스스로를 달달 볶아가면서 사는 성격인지라 그게 쉽지가 않다.

어쨌거나, 그렇게 철저하게 임해도 연기의 뒷맛은 씁쓸하다. 막이 내린 뒤의 공허감, 더 잘할 수 있었는데 하는 아쉬움…. 배우란 무대에서만 가슴이 벅차 오르는 존재인지도 모른다. 무대에서 내려서는 순간 성취감도 사라진다. 그런데 장사는 그렇지가 않다.

일상에서, 매일매일, 지속적이면서도 새로운 성취감을 준다는 것이다.

물론 음식점을 해나가려면 자잘하게 골치 아픈 게 엄청 많다. 장사란 게 몸으로만 때워서 할 수 있는 게 아니니까. 다른 집으로 손님을 뺏기지 않으려면 새로운 메뉴 개발해야지, 새로운 손님 하나라도 더 끌어오려면 입소문 퍼지게 할 방법 찾아야지, 머리가 획획 돌아가야 한다. 고기니 야채니 재료가 모자라면 부랴부랴 급조해야지, 남으면 남는 대로 신선하게 보관하고 처리해야지, 순발력도 있어야 한다. 물가가 올라 재료비가 비싸진다고 해서 쉽게 음식값 올릴 수도 없는 노릇이니 원가니 손익 계산에 어두우면 앞으로 남고 뒤로 밑진다.

장사는 그야말로 고객 서비스에서 광고에 이르기까지 '경영' 전략이 총체적으로 요구되는 '사업'이다.

사람 상대하는 일은 또 어떤가. 까다로운 손님의 기분 맞춰주는 것도 그렇지만, 마음에 썩 들지 않는 종업원도 참고 봐주면서 우리 집 식구 만들려면 도(道) 닦는 기분으로 살아야 한다. 솔직히 장사는 고달프다. 그럼에도, 가게에 손님이 꽉 찬 걸 보면서 느끼는 성취감은 그 모든 걸 상쇄하고도 남는다. 오늘 얼마를 팔았나 하는데서 오는 안도감과는 차원이 다르다.

마지막으로, 아무나 음식점 장사해서 돈 버는 게 아니다. 모든 일이 다 그렇겠지만, 아무리 열심히 한다고 해도 안 되는 게, 욕심만큼 안 되는 게 장사다. 기본적으로 체질이 맞지 않으면 아예 시작하지 않는 게 좋다.

The Commencement Of An Enterprise

7. 장사꾼 체질은 따로 있다

1997년 IMF 시절, 업종을 불문하고 가게들이 하나둘씩 문을 닫기 시작했다. 사업하는 사람들은 부도가 나서 하루아침에 거리로 내몰리는 판이니 직장인들은 월급이 깎이는 선에서 자리를 보존하는 것만으로도 감사해야 했다. 그야말로 온 국민이 허리띠를 졸라매야 하는 상황이 된 것이다. 허나 아무리 먹고살기가 힘들어도 끼니를 건너뛸 수는 없는 노릇. 그럼에도 음식점들도 손님이 현저하게 줄고 간판을 내리는 곳이 속출했다.

이런 와중에서도 우리 집은 다행히도 장사가 잘되는 편이었다. 주신정이 확실하게 자리를 잡기까지 한 2년, 저녁 때는 예약을 하지 않으면 자리를 잡을 수 없고 점심 때도 20, 30분씩 차례를 기다려야 할 정도가 되었다. 그러고도 3년쯤 지난 시기여서 단골도 많이 확보된 상태였기에 가능했을 것이다. 얼리지 않는 생고기, 맛깔스럽고 푸짐한 점심·저녁 식사 메뉴를 저렴한 가격에 제공한다는 박리다매 원칙을 고수해온 것도 한몫 했을 것이다.

가게가 잘되니까 1998년인가, KBS 아침 토크쇼 〈엄앵란 이택림의 사랑방〉에서 초대를 했다. 장사, 인생 얘기를 들려달라는 것. 당시 KBS 대하사극 〈용의 눈물〉에서 세자의 스승 역을 맡고 있었는데, 〈여인천하〉에서도 같이 일한 김재형 감독(PD)이 연출을 맡은 프로였다. 김재형 감독은 1970년대 초, 단역만 맡고 있던 나를 동양방송(TBC) 인기 사극 〈연화〉에 출연시키면서 내가 소위 인기 탤런트로 뜨게 된 계기를 만들어준 사람이다. 그 후 계속 같이 일했으니 30년 넘게 알아온 사람인데 토크쇼 미니 인터뷰에서 나란 사람에 대해 이런 코멘트를 했다.

"늘 한결같은 사람이다. 진실로 손님을 왕으로 모시는 사람. 철저한 장사꾼으로 무섭게 변신하는 사람. 불황에도 불황을 모르는 사람."

코멘트가 나가고 엄앵란 씨와 같이 사회를 보던 이택림 씨가 물었다.

"김 선생님은 장사꾼 체질이신가 봅니다?"

난 좀 쑥스럽기도 해서 허허 웃으면서 말을 받았다.

"장사꾼 체질이 따로 있나요? 난 그저 열심히 했을 뿐이고 내가 복 많이 받은 음식점 주인이라 생각합니다."

진심이었고 그 생각은 지금도 변함이 없다. 단, 장사꾼 체질이 따로 있겠냐는 말은 수정하고 싶다. 장사꾼 체질이란 게 확실히 있다. 내가 그 체질인 듯 싶다. 가령, 손님에 대한 마인드는 처음 장사를 시작한 이후 한결같다. 일단 가게에만 들어오면 일부러 마음을 먹어서가 아니라 자연스럽게 겸손해진다. 나도 나름대로 잘난 맛에 사는 사람인데도 희한하게 손님들 앞에선 무조건 "네, 네."가 나온다.

나도 웃긴다. 가게에 있으면 손님들한테 어떤 대접을 받아도, 아무리 이상한 손님을 상대해도 '웰컴(welcome)'이다. 처음부터 그랬다. 아무렇지도 않다고 할 순 없겠지만 내가 널 이길 수 있다는 자신감이 있는 건지, 당신은 나보다 한 수 아래야 하는 마음이 있는지, 아주 자연스럽게 잘한다. 손님이 건방 떨어도 차라리 옆에 종업원들이 화를 내지 난 화가 안 난다.

또한 손님 앞에선 체질적으로 개폼이 잡히지가 않는다. 연예인들 중에는 유명세를 앞세워서 돈 벌려는 생각을 하는 사람도 있고 망하는 사람도 꽤 많다. 일반인들 중에도 사장이랍시고 손님들 앞에서 개폼 잡다가 망하는 사람도 있다. 하지만 개폼 잡으면 망한다는 것도 내 장사 원칙의 하나다. 멋모르고 개폼을 잡다가 쓰라린 경험을 해서 깨우친 것이 아니다. 그런 자세가 저절로 우러나오는 것, 누가 가르쳐줘서가 아니라 저절로 터득하게 되는 것, 그게 바로 장사꾼 체질이다.

"형, 나 장사 좀 해보려고 하는데 나 좀 도와줘."

아는 후배가 찾아와서는 혼자선 장사할 자신이 없다며 동업을 하자고 했다.

나는 장사는 장사 체질이어야 한다고 절실하게 생각하는 사람이다. 내가 느낀 바로는 그 후배는 장사할 체질이 아니었다.

"야, 임마, 넌 틀렸어."

대개 사람들은 이 정도 대답에 물러서질 않는다. 나름대로 절박한 상황에서 돌파구로서 장사를 생각하고 있으므로 후배도 의욕을 내비치며 눈빛을 반짝거리며 들러붙었다.

"나도 일단 시작하면 뭐든 하면 잘해 낼 수 있다고요."

"넌 아니야. 무조건 열심히 한다고 해서 되는 게 아니라고, 장사란 게."

더 이상 무슨 말을 하랴? 넌 거만한 데가 있어서 안 된다, 어깨에 힘 빼고 손님한테 저자세로 나올 수 있겠냐, 그게 노력한다고 해서 되는 게 아니라 저절로 그렇게 되어야 한다. 일일이 설명해 줘도 직접 해보지 않는 이상 알아듣지 못할 테니까. 입을 다물고 있어야 하는 나도 가슴이 답답하다. 웬만하면 도와주고 싶지만 장사할 타입이 아닌데 덥석 끌어줄 수도 없지 않은가.

후배는 투덜투덜하더니 섭섭하다는 표정으로 돌아갔다. 아마 속으로 욕 꽤나 하면서 갔을 것이다. 하지만 장사 체질이 아닌 사람하고 덥석 손잡고 같이 일할 수는 없는 노릇이다. 장사 노하우 몇 개 가르쳐 주고 혼자 해보라고, 잘할 수 있다고 용기를 불어넣어 줄 수도 없다. 아닌 건 아닌 거니까. 체질이 아닌 사람은 장사할 생각은 아예 하지 않는 것이 좋다고 생각한다.

나한테 장사꾼 체질이 있다는 걸 안 건 장사란 걸 처음 해보게 되었을 때다. 30여 년 전 총각 시절, 한 3, 4년 지지리 고생만 하다가 드디어 연기자로 한참 떴을 때였다. 탤런트 선배 한 분이 빛을 못 봐서 어려운 생활하면서 코스모스 백화점 3층에 조그맣게 옹기(도자기) 가게를 하고 계셨는데 내게 도움을 청하셨다.

"너 잘 나가니까 일일 점원으로 3일 정도 가게 좀 나와주면 안 되겠냐?"

CF다, 영화다, 여기저기서 부르는 대로 뛰어다니는 판이니 시간이 빠듯했지만 선배의 청을 거절할 순 없었다. 어려운 생활을 해봐서 그런지 남 어려운 생활은 못 보는 성격이라 3일간 명동으로 출퇴근을 하기로 했다. 장사란 걸 할 수 있느냐까진 생각도 못 했다. 얼굴은 팔렸으니 손님이나 끌어주면 다행이라는 심정이었다.

헌데 도자기 가게에 나가서 직접 물건을 팔아보니까 내가 장사 수완이 있는지 아주 잘 팔렸다. 잘되니까 장사하는 재미도 솔솔했다. 선배네 가게는 세 배를 남기는 장사였는데, 난 3천 원을 내는 손님한테는 5백 원짜리 물건을 집어줬다. 5백 원짜리 물건의 원가는 2백 원밖에 안 되는 셈인데 그땐 원가 계산도 안 했다. 처음부터 그냥 집어주는 걸 좋아했다.

이런 날 보고 선배형은 속이 타는지 말렸다.

"너 이거 얼마나 남는다고 자꾸 집어 주냐?"

하지만 내 생각은 달랐다. 세 배는 남는 장사인데 손님이 또 와서 물건 하나라도 더 팔면 이익이 아닌가? 하지만 선배는 공짜로 나가는 물건의 원가 생각만 했다. 그걸 돈 받고 팔았으면 얼마가 남는데 하면서. 그 후에도 이런 계산에서 벗어나지 못했기 때문인지 선배네 도자기 가게는 계속 고전을 면치 못했다.

아들놈을 봐도 장사 체질이라는 게 따로 있구나, 그건 타고나는 거구나 하는 것을 새삼 느낀다. 아들놈이 대학생 때 방학을 이용해서 우리 가게에 와서 아르바이트를 했었다. 홀에서 처음 뛰는 젊은애들은 특별히 손님상에 갈 일이 없어도 괜히 이리저리 왔다 갔다 한다. 일단 상을 차려 나갔으면 아예 그쪽 테이블은 신경을 끄고 자기 할 일만 하다가 "이거 해라, 저거 해라!" 시켜야만 움직인다.

그런데 우리 애는 손님 테이블에 음식을 나르고서는 한쪽에 서서 유심히 가게 안을 살폈다. 그러다 어느 손님상에 반찬이 하나라도 떨어지면 주방에서 얼른 집어다 갖다주는 것이었다. 그렇게 하라고 가르쳐준 것도 아니다. 아들이 일하는 모습을 보면서 '야, 저 자식 희한하다' 는 생각을 했다.

"너 왜 그러냐?"

대견한 마음을 감추면서 농담조로 물었다.

"아빠, 가게가 내 거라 생각하니까 잘돼."

아들은 대답을 하면서도 홀에서 눈을 떼지 않았다. 난 거기서 아들의 체질을 봤다. 종업원으로 뛰더라도 사장 마인드로 일하는 자세.

아들은 졸업 후 직장 생활 1년을 채우고는 문방구점을 시작했다. 아들의 체질을 알아봤기에 잘할 것이라는 판단은 있었지만 그래도 한편으론 걱정이 많았다. 하지만 곧 안심하고 지켜볼 수 있게 되었다.

아들이 장사를 시작하고 나서 얼마 안 됐을 때 슬쩍 가본 적이 있다.

"이거, 저 오늘 학교에서 필요한 건데…. 쓰지는 않을 건데 사기도 그렇고…. 어떡하면 좋지요?"

여고생이 물건을 만지작거리면서 묻는 소리가 들렸다. 아들이 어떻게 하나 볼 요량으로 옆에 비켜 서서 지켜보고 있는데 아들 입에선 금세 대답이 나왔다.

"그냥 가져가셨다가 가져오세요."

목소리엔 싫은 기색이 없었다.

어떤 손님은 5백 원짜리를 샀는데 아들은 재고로 남아 있는 물건 중에서 하나를 더 주면서 "이것도 가져가세요."라고 했다. 그것도 웃는 얼굴로.

아들은 장사를 제법 잘하고 있었다. 내가 가르쳐주지도 않았는데 퍼주는 게 남는 것이라는 장사 요령을 터득하고 있었다. 손님을 끌려고 머리 싸매고 무슨 전략을 세우지도 않았을 것인데 말이다. 그냥 알게 되고 자연스럽게 행동으로 나오는 것, 그게 바로 장사 체질이라는 것이다. 남 주는 것 아까워하고 내 주머니에서 나가는 것을 생각하면서 벌벌 떠는 사람은 장사를 못 한다.

8. 손님 끊이지 않는 비결

IMF 시대에도 우리 음식점은 어찌된 일인지 손님이 늘었다. 그게 화제가 되면서 무슨 비법이 있나 하고 사람들이 우리 집에 관심을 갖게 되었다. 그런 연유로 해서 어느 라디오 프로에 나가서 가게 이야기를 조금 하게 되었다. 친절하게 하니까 되더라 하는 요지였다.

라디오 프로가 나가고 나서 며칠이 지났을까? 1997년 여름, 늦더위가 한풀 꺾일 무렵 현대증권에서 강연을 해달라는 제의가 들어왔다. 우리 가게 주변이 증권가니까 단골 손님 중에 금융맨이 많은데 현대증권 직원 중에도 낯이 익은 이가 꽤 있었다. 아마도 사장인 내가 종업원이 되어 쟁반도 나르고 걸레질도 하고 맨발로 뛰면서 기를 쓰는 모습은 익히 봐왔을 터. 그래서 아마도 김종결 장사하는 이야기를 들어보자는 의견이 현대증권 본사 차원에서 오갔던 것 같다.

당시는 아무래도 불황의 여파였는지 기업체들이 외부에서 강사를 모셔와 직원들을 대상으로 이런 저런 강연을 많이 했었다. 위기 상황을 이겨내기 위한 방안을 제시하고 새로운 마음가짐도 불어넣기 위해서였을 것이다. 이런 와중에서 나한테까지 강연 요청이 들어온 것이었다. 타이틀은 '친절 서비스 특강'.

강연은 경험도 없거니와 생각해본 적도 없었다. 예기치 못한 제의에 당시 출연하고 있던 KBS 수목드라마 〈욕망의 바다〉가 끝나면 하겠다고 얼떨결에 대답해버렸다. 드라마가 끝나려면 아직 멀었으니 시간이나 벌자는 심사였다. 그때 가서 굳이 내 강연을 들을 일이 없어지면 좋은 것이고.

그런데 돌발상황이 발생했다. 드라마 중간에서 내가 하던 배역이 죽어서 더 이상 촬영할 일이 없어졌다. 그러자 현대증권 쪽에서 연락이 왔다. 이젠 시간이 났으니 2주 후에 강연하자고. 약속은 해놨던 것이어서 이제 와서 거절할 수도 없었다. 그러니 하긴 해야 할 터인데 60분 정도를 혼자 떠들 생각을 하니까 막막하기만 했다.

어떤 얘기부터 시작하나, 사람들이 그런 얘기에 흥미가 있을까…. 도무지 감이 잡히지가 않았다. 무슨 수가 나겠지 하는 심정으로 하루 이틀 지나다보니 강연 날짜가 내일로 다가왔다. 막판에 몰린 심정으로 집에서 부랴부랴 연습에 들어갔다. 그래 하자, 해, 인터뷰하는 식으로 하면 되겠지, 인터뷰는 여러 번 해봤으니까 이력이 붙지 않았는가…. 헌데 녹음기를 갖다놓고 애기를 쫙 풀어봐도 15분이면 끝이 났다. 해도 해도 안 돼서 녹음기를 치워버렸다. 에라, 내가 솔직한 게 장기라면 장기니까 솔직하게 나 살아온 애기를 하자! 말이 막히면 "여러분 궁금한 거 없으세요." 하고 물어보지 뭐! 그야말로 깡이었다.

9월 20일. 가게에서 가까운 현대증권 여의도 본사 건물. 현대증권 전국의 지점장 76명과 본사 마케팅팀 직원 등 1백 여 명을 앞에 두고 난생 처음 강연이란 걸 했다. 탤런트 김종결이 아니라 성공한 기업인의 자격으로.

"점심, 저녁 때 매일 식당에 나와서 손님 신발을 정리하고 음식을 직접 나릅니다. 손님이 끊이지 않는 비결을 가르쳐 달라고 말들 하지만, 친절한 자세로 좋은 고기를 싸게 판 것 외에는 별다른 비결이 있겠습니까?"

친절 서비스 애기를 하다보니 주신정을 열기까지 고생해온 세월을 애기하지 않을 수 없었는데 눈물이 왈칵 솟았다. 워낙 눈물이 많은데 심성이 여리게 태어난 데다가 연기를 오래 하다보니 감성이 발달해온 탓이 크다. 어쨌거나 정신 없이 한 시간이 지나갔다. 박수소리가 터져 나왔지만 주책없이 눈물을 보인 것이 민망하기도 하고 쓸데없는 애기만 늘어놓은 것이 아닌가 해서 부끄럽기도 했다.

이틀 후, 조선일보에 '탤런트 음식점 주인 김종결, 현대증권에서 친절 강연했다' 는 타이틀로 기사가 나왔다. 탤런트가 유명 증권회사에서 강연을 한다니까 신문에 게재할 기리가 되었나 보다.

기사에는 현대증권 손영보 상무의 코멘트가 실려 있었다.

"고객을 왕으로 모시는 자세를 배우기 위해 김 사장을 초청해 강연회를 했다. 이론적인 기업분석 특강도 중요하지만 경영 현장에서 친절 서비스로 성공한 얘기를 듣는 것이 더욱 중요하다."

그 다음부터 가게며 집이며 전화가 불이 났다. 여기저기서 강연을 하자고 난리였다. 강연을 어떻게 해냈는지 돌아볼 정신도 없을 정도로 너무 혼이 나서 못 한다고 뺐다. 사람 심리가 이상한 건지, 내가 빼면 뺄수록 상대방들은 더 하자고 달라붙었다. 그나마 얼굴도 모르는 사람의 청은 쉽게 거절할 수 있었다. 하지만 직원들을 데리고 우리 가게에 와서 회식을 하면서 "내가 전화한 사람인데 해주셔야겠다."고 청하는 경우는 박절하게 물리칠 수가 없었다.

그렇게 해서 강연장에 얼굴을 여러 번 내밀게 되었고, 그게 신문이며 잡지에 기사가 나가고 화제가 되면서 KBS〈TV 인간대학〉에도 나갔다. 소위 인기 강사로 뜬 것이다.

한 3년 전까지 강연을 정말 많이 했다. 동네 기업체들, 실업자 재교육 강연장, 요식협회, 강남대학교 등 총 50회쯤 한 것 같다. 미용업을 하는 사람들이 모인 데처럼 나로선 생소한 장소까지 가서 떠들었다. 횟수가 늘어나는데도 강연하는 게 편안해지지가 않았다.

녹화하기 전에 대사를 외어보는 것처럼 강연장으로 차를 타고 가면서 내용을 계속해서 메모 하는 것이 피곤했다. 강연 장소에 따라 내용도 달리해야 하므로 준비하는 것도 귀찮았다. 자꾸 강연을 하다보니 거짓말도 자꾸 늘어나는 것 같아서 그것도 싫었다. 가게도 신경이 쓰였다. 그래서 차츰 슬슬 빼기 시작했다. 자꾸 거절을 하니까 요즘은 강연 의뢰가 드문드문 들어온다.

기업체에서 날 부르는 이유는 주로 우리 업체의 친절성을 들려달라는 것이다. 당신네는 그렇게 헌신적으로 손님을 모시는데 우리 은행에선 뭘 본받아야 하느냐, 이벤트는 자주 하는 게 좋으냐 등등.

그런 곳에 가선 항상 하는 얘기가 정해졌다.

"손님들이 다소 무리한 요구를 해오더라도 절대로 싫은 얼굴을 하면 안 됩니다. 항상 웃는 얼굴로 고객을 맞아야지요."

장사하는 사람들을 교육시키는 데 가서도 강연을 많이 했다. 요식협회, 미용협회 등 회원들을 교육시키는 강연 프로그램에 초청되는 경우인데, 그런 데 가서 강의하면 신이 나서 했다. 강의하기도 편하다. 질문이 많고 구체적이니까 나는 어떻게 했다는 식으로 대답을 하면 된다. 피드백도 느껴지고 무엇보다 장사하는 사람들은 눈이 초롱초롱하다. 자기네들이 실무로 부딪치는 일을 얘기하기 때문일 것이다. 장사하는 사람들이 가장 많이 묻는 질문도 친절과 관련된 것이다.

"형식적인 친절말고 어떤 친절이 정말 좋은 친절입니까?"

내 대답은 간단하다.

"친절, 필요 없어요. 손님이 정말 고맙다고만 생각하십시오."

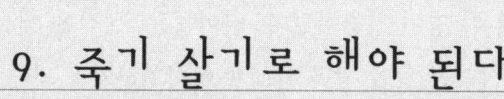

9. 죽기 살기로 해야 된다

처음에 강연을 하러 여기저기 다닐 땐 내 얘기를 듣는 사람들이 모두 내게 호의적인 줄 알았었다. 물론 무슨 무슨 협회에서 불러서 가보면, 인기 강사 탤런트가 오니까 얼굴 보러 많이들 오라는 식으로 이용(?)되는 것 같기도 했지만 불쾌하진 않았다. 그것도 일종의 팬 서비스라면 서비스니까.

그래도 나름대로 바라는 게 있었다. 내 얘기를 듣는 사람들이 탤런트가 이렇게 저렇게 해서 성공했다니까 처음엔 재미로 듣겠지만, 혹시라도 지금 사는 게 힘든 사람들은 내가 고생한 얘기를 들으면서 희망을 가졌으면 했다. 그런 이유도 있고 해서 IMF 때는 실직자를 대상으로 한 강연장에 많이 다녔다.

1998년 12월 경기도 용인시 금호인력개발원에서 했던 강연도 그런 경우였다. 재취업-창업 프로그램을 이수한 실직경력자, 실직자, 명예퇴직자 3백 여 명이 청중이었다. 타이틀은 '실직은 제2의 인생 출발점'. 난 식당업 창업 성공 사례를 이야기하기로 되어 있었다.

강당은 아주 넓고 화려했다. 모인 사람들은 실직자들이라 해도 나름대로 탄탄한 직장에 다니던 건실한 직장인들이었다. 나이들이 있어서 그렇겠지만 모아둔 돈도 어느 정도 있는지 창업을 생각하는 사람들이 많은 것 같았다. 겉모습만 보면 일반 직장인하고 다를 게 없었다. 갑작스런 실직으로 인해, 그리고 불안한 앞날 때문에 어깨에 힘이 좀 빠져 있는 것만 빼곤.

이들에게 가장 필요한 건 용기인 것 같았다. 식당을 차리려면 자본금은 얼마가 있어야 하고, 가게는 어떤 데를 골라야 하고, 손님은 친절로 모셔야 한다는 등등, 음식점 창업 컨설팅과 관련된 얘기는 굳이 내가 아니더라도 해주는 사람이 많을 것이다.

내가 이들에게 해줄 수 있는 건 용기를 북돋우어 주는 것이라고 생각했다. 용기를 잃지 말아야 뭘 하던 할 게 아닌가! 그러다 보니 또 내가 고생한 얘기를 하게 되었다. 어려울 때 난 이렇게 저렇게 버텼으니까 여러 분도 버텨내라고, 위기를 기회로 삼으라고 말이다.

"날 보십시오. 우리 어머니 가게에 불이 났을 때 난 탤런트가 됐습니다. 내 가게가 불이 난 후에 다시 주신정으로 일어섰습니다.

인생 후반기에 들어서 다 잃어버렸을 땐 정말 사는 게 어렵고 힘들었습니다. 하지만 아무리 힘들어도 정신만 잃지 않고, 용기만 잃지 않으면 됩니다. 우리가 하루 이틀 사는 것도 아니고 계속 사는 건데 큰 용기만 갖고 열심히 하면 돼요. 지금 내가 성공했다고는 하지만 음식점이란 게 언제 잘못될지 몰라 항상 노력을 해야 합니다. 용기만 잃지 않으면, 죽기살기로 노력하면 장사든 뭐든 못 할 게 없습니다."

강연이 끝나고 질문을 받는 순서가 왔다. 사람들의 질문을 받으면서 내 애기를 감명 깊게 듣는 사람도 있지만 내가 탤런트라니까 거꾸로 듣는 사람도 있다는 걸 알았다. 미적미적한 태도로 말을 돌려서 질문을 하는 사람들이 있었다. '저게 뭐 고생했다면서 지랄을 하는데 고생을 했으면 얼마나 했겠어? 또 누가 지 고생한 애기 듣겠대?!' 하는 느낌이 전달됐다.

아차 싶었다. 내가 잘못하고 있는 점이 있구나, 내 애기를 부풀리지 말고 사실 그대로만 애기해야겠구나 싶었다. 돌이켜 생각해 보니 난 어려울 때마다 좋은 일이 생겼다, 정말 절망이라고 생각했었는데 그 절망이 행복을 끌어오기 위한 신호등이 아닌가 하는 생각을 한다는 식의 애기는 자칫 '난 지금은 성공해서 행복하다'는 자화자찬이 될 수 있을 터니까.

어쨌거나, 내 애기를 들은 사람들 중에 지금 장사를, 그것도 음식점을 하고 있는 이가 얼마나 되는지는 모르겠다. 비록 지금까지 대단한 성공을 하지 못했다 해도 좌절하지 않고 꿋꿋하게 지금의 어려움을 헤쳐나갔으면 하는 바람이다.

또 현재 직장을 잃고 혹은 사업이 망해서 실의에 빠져 있는 사람도 많을 것이다. 졸업을 앞두고 취직 걱정을 하든, 앞으로 장사를 하든, 다른 일을 하든, 자신감을 잃지 않고 죽기 살기로 매달리는 심정으로 했으면 좋겠다.

강연한답시고 여기저기 창업 강연장을 다녀봤는데 일반 창업 컨설턴트들의 얘기를 들으면서 아쉬운 점이 있었다. 저런 얘기들이 과연 장사를 하려는 사람들한테 실제로 얼마나 도움이 될까 하는 생각이 들었다. 창업 컨설턴트들은 장사 이전의 마인드, 태도에 대한 건 문제삼지 않았다.

죽기 살기로 해야 한다는 마인드는 다루지 않고 너무나도 단편적이었다. 자본금이 얼마면 어떤 업종을 하고, 그 업종을 하면 종업원은 몇 명 두고 하는 식이다. 손님을 불러모으려면 광고는 어떻게 하고, 다른 집들하고는 어떻게 차별화시킬 것이냐 등등. 장사로 꼭 성공하겠다는 마인드 없이 성공 비결만 주르르 꿰고 있다고 해서 성공할 순 없다. 성공하겠다는 절실한 마음부터 다지는 것이 먼저다. 그게 내 생각이다.

사람들이 그토록 알고 싶어하는 성공비결은 그 다음이다. 아무것도 모르고 뛰어들어도 마인드만 확실하면 비결이라는 것은 스스로 터득해갈 수 있다. 시행착오를 겪으면서 시간은 좀더 걸리겠지만. 장사해서 돈 좀 벌어야겠다고 막연하게 생각하는 사람들에게 내가 해줄 수 있는 애긴 딱 한마디다.

"죽기 살기로 하겠다는 마인드가 없으면 장사는 아예 시작도 하지 않는 게 좋다."

10. 내가 할 건 고깃집밖에 없었다!!

INAUGURATION

"김종결 선배 뵐 때마다 마음이 새로워집니다. 중·고등학교 선배여서 어릴 때부터 봐온 분인데, 보기에는 차분해 보이지만 무지하게 끈기가 있으세요. 공부면 공부, 사업이면 사업, 뭐든지 끈기 있게 하시지요. 연기도 30여 년 동안 빈틈없이 해오셨지만, 사업하면서 한 번도 실패하는 걸 못 봤습니다. 사실 선배님이 사업하시는 거 보면서 불안한 마음은 있죠. 우리 같은 연기자들이 사업을 하면 실패하는 걸 많이 봐서…."

작년에 모 방송국 아침 프로에서 후배 탤런트 이덕화가 날 두고 한 말이다. 그의 말처럼 나 역시 장사에는 제법 도(道)가 텄다고 자부했고 주변에서도 한껏 치켜세워 줬다. 한때는 점포를 다섯 개나 운영할 정도로 사업가로 날렸는데 나이 오십을 바라보면서 지푸라기 잡는 심정으로 음식점 하나에 목숨을 걸게 될 줄은 몰랐다.

젊었을 땐 패기도 살아 있었기에 욕심도 맘껏 부려봤다. 그러나 과하면 화를 부른다고 주식에 손댔다가 큰돈을 날렸다. 그 때문에 고달픈 밤무대 생활을 몇 년 했지만, 그래도 난 당당한 사업가였다. 당시 잘 나가는 햄버거 가게가 있었으니까.

하지만 화재로 그동안 벌어놓았던 걸 몽땅 날렸을 땐 앞으로 살아갈 게 정말이지 막막하고 겁이 났다. 내 잘못도 아니요, 그것도 갑자기 당한 일이라 그 충격은 이루 말할 수가 없었다. 이젠 좀 편하게 살 때라고, 돈도 호기롭게 써볼 때가 됐다고 생각하던 때 졸지에 일을 당하니까 그야말로 제정신이 아니었다.

가만히 앉아서 감 떨어지기를 기다리는 성격도 아니요, 얄팍하게 머리 써가면서 편하게 대충 살자는 성격도 아니요, 그래서 정말 열심히 살고, 끈기 있게 버티면서 살아왔다고 자부했었다. 그런데 이 나이에 내가 왜 이렇게 가혹한 일을 당해야 하나, 내가 뭘 잘못했나 하고 하나님이 원망스럽기까지 했다.

그나마 그래도 포기하지 않고, 주저 앉지 않고 다시 일어설 용기를 낼 수 있었던 건 나만 바라보고 있는 식구들 때문이기도 했지만, 붙잡을 지푸라기가 있었기 때문이다. 내가 할 건 고깃집밖에 없다는 단 하나의 생각. 그걸 붙잡고 죽기살기로 매달린 덕분에 주신정은 장사가 잘되었고 연예인 사업가로 어엿하게 인정을 받고 있다.

고깃집과의 인연이 시작된 것은 30대 중반이었다. 그 전에 부업으로 처음 시작한 게 도자기 가게였다. 코스모스 백화점에서 한 2, 3년 했는데 장사가 제법 잘됐다. 신경을 많이 쓰지 않아도 되었고 수입도 짭짤해 탤런트 생활하면서 부업으로 하기엔 안성맞춤이었다.

그러던 어느 날, 1979년도였을 게다. 우리 집이 여의도인데, 아파트 베란다에서 아래를 내려다보니까 이 건물 저 건물에서 나온 샐러리맨들이 근처 음식점으로 새카맣게 몰려들 가고 있었다. 직장인들의 점심 시간이었다. 아, 음식점을 차리면 되겠구나 하는 생각이 번쩍 들었다.

그때만 해도 여의도는 사무실이 먼저 들어오고 음식점은 나중에 들어오던 시절이었다. 메뉴만 잘 고르면 손님 확보는 수월할 것이라는 판단이 들었다. 그래서 무조건 조그만 건물의 빈 가게를 찾아다녔고, 일명 먹자 상가로 불리는 여의도 종합상가 2층에 30평 가게를 얻었다. 업종은 로스 집으로 정했다. 사람들이 주로 삼겹살을 먹던 시절이라 메뉴를 좀 고급화시킨 것이었다. 가게 이름은 '신정'.

사실, 그 전까지만 해도 먹는 장사는 죽어도 안 하려고 했었다. 어머님이 일식집 하시는 것을 보고 자란 터라, 음식점이란 게 얼마나 힘들고 골치 아픈 일인지 알고 있어서였다. 그럼에도, 음식점 경험이 없으면서도 겁도 없이 달려들 수 있었던 건 어머니 옆에서 어깨너머로 보아온 것이 밑천이 되었을 것이다.

명색이 탤런트니까 음식점 규모는 작아도 체면이 깎이지 않을 만큼 내부 인테리어를 예쁘게 꾸몄다. 투지비는 20년도 더 된 일이라 지금의 돈 가치로 환산하긴 힘든데 별로 큰돈이란 생각은 안 들었던 것 같다. 다행히도 도자기 가게 하면서 모아둔 돈도 좀 있었고. 주방인력도 좋은 사람이었고 종업원 15여 명을 구해서 조그맣게 문을 열었다.

장사는 엄청 잘됐다. 도자기 가게의 한 달 매상이 하루에 들어오는 것이었다. '아! 돈이 이렇게도 벌리는구나' 하는 실감을 했다. 하지만 한 달 결산을 하고 나면 남는 게 없었다. 그 이유는 뒷부분에서 자세하게 이야기하겠지만, 세 달쯤 지나서 가게를 세 배로 늘렸고 종업원도 두 배로 늘리니까 돈이 제법 벌리기 시작했다. 먹는 장사의 노하우도 차곡차곡 쌓여갔다. 1980년은 방송국이 통폐합되던 시절이라 방송국들이 여의도로 몰려오면서 '신정'은 굉장히 유명해지고 여의도의 명물이 됐다. 그때부터 여의도에서 재벌 나왔다는 소리를 농담조로 듣기 시작했다. 그때만 해도, 아직 젊었고 패기 넘치던 때라 돈 되는 일이라면 물불을 안 가리던 때였다.

그래서 신정 개업 후 2년도 못 돼서 다른 가게를 내기 시작했다. 민속주점, 만두집, 그리고 요식업과는 별개의 업종까지 손을 댔는데 그래도 주업종은 고깃집이었다. 하지만 몇 년 지나서 가게들을 하나씩 정리했고 마지막으로 붙들고 있던 신정도 다른 사람한테 넘겨버렸다. 10년 가까이 해오던 고깃집까지 정리하니 주변에선 인생관이 바뀌었냐, 몸이 근질근질해서 가만히 있을 수 있겠느냐 말들이 많았다.

"이제부턴 좀 편하게 살아야겠어. 음식점은, 그것도 고깃집은 다신 안 할 거야."

나 스스로 다짐하기 위해서라도 사람들한테는 단호하게 말했고 본업인 연기에만 몰두했다. 하지만 몇 개월을 쉬니 정말로 몸이 근질근질했다. 현금이 솔솔 들어오던 재미도 쉽게 잊을 수가 없었다. 그래서 결국은 햄버거 가게를 새로 시작했다. 고깃집보단 훨씬 편할 것 같아서였다. 초기엔 꽤 고전을 했지만 햄버거 가게도 제법 장사가 잘되었다. 그런데 옆에 있는 가게까지 터서 큰돈 좀 벌어보려는 시점에서 불이 난 것이었다. 그래서 힘들어서 다신 안 하리라 생각했던 고깃집을, 이번엔 생고깃집을 열게 된 것이다.

일반적으로 음식 장사는 부가가치가 높은 편이지만, 고된 노동을 요하는 힘든 업종이다. 또한 독특한 맛과 친절한 서비스가 없으면 망하는 것은 시간문제다. 그러나 노력하는 만큼 얻어지는 게 많다. 그걸 경험으로 알았기에 다시 생고깃집에 매달린 것이다. 메리트가 많으니까.

우선 생산자의 입장에 서야 한다. 프랜차이즈의 경우, 좀 편하게 돈을 벌 순 있겠지만 재료를 본사에서 받아다가 파니까 원재료비가 비싸다. 남는 게 적다는 것이다. 그러나 혼자서 하면 직접 만들어서 파니까 마진이 훨씬 높다. 고깃집의 경우, 매출에서 순수 재료비를 뺀 마진을 55퍼센트 정도 바라볼 수 있다. 100원어치 팔면 55원이 남는 것이다. 우리 가게의 경우, 점심 때 고기 매상만 2백여 만 원인데 고기 값, 야채 값을 45퍼센트 잡으면 백 십만 원을 버는 셈이다.

또한 직접 음식점을 운영하면 창의성을 발휘할 수 있다. 똑같은 메뉴를 그냥 반복하는 것이 아니라, 아이디어를 내서 다양하게 메뉴를 개발할 수 있다. 주신정은 고기 메뉴는 처음부터 똑같은 걸 고수하고 있지만, 식사 위주의 점심 메뉴는 계속 바꾸면서 손님들이 가장 많이 찾는 걸 내는 식으로 하고 있다. 김치말이 냉면도 최근에 인기 메뉴가 되었고, 푸른 밥이니 간장 게장이니 하는 사이드 디시(side dish)도 늘어났다.

또한, 오늘 먹어도 내일도 또 먹어야 하는 것이므로 수요가 늘 있다는 점이 음식점의 가장 큰 메리트다.

물론 애로점도 많다. 애로점들은 뒷 부분에서 얘기가 되겠지만 노력하면서 극복해나갈 수 있는 문제고, 메리트를 생각하면 충분히 감수할 수 있는 것들이다.

주신정은 1993년 오픈 초기부터 한 달에 3천여 만 원씩 내 손에 들어왔고 매상이 계속 늘어났다. '아, 돈은 이렇게 해서 벌리는구나'를 다시 한 번 실감했고, 돈버는 맛에 힘들어도 고생이란 생각이 들지가 않았다.

▶ 주신정 내부전경(2003 현재)

11. 일하는 즐거움, 돈 버는 재미

주신정을 오픈하고 나서 한 3년 되니까 한 달 결산하고 집에 가져가는 돈이 8천만 원 가까이 됐다. 사람 마음이 참 간사한 것이 수입이 일정하게 착착 들어오면 기분이 너무 좋다. 어떤 말로도 표현할 수 없다. 그러다가도 8백~9백만 원 유지되던 하루 매출이 7백만 원으로 떨어지면 순간, 이거 이러다가 망하는 것 아닌가 하는 마음이 든다. 돈은 액수가 많든, 적든 간에 편해지기가 쉽지 않은 것 같다.

전에는 점포를 다섯 개나 했어도 돈을 꿔서 가게를 늘리기도 하고, 여기서 남는 돈을 저쪽에다 메우는 식으로 했기 때문에 큰돈이 들어오는 걸 몰랐다. 사업가 소리를 들으면서도 드라마는 방송국에서 나오라는 대로 하나도 놓치지 않고 따라다녔으므로 본업과 부업의 경계도 없이 허둥대며 살았다.

하지만 주신정을 하면서부터는 딴 데 한눈팔지 않고, 방송도 한 프로씩만 하면서 그야말로 본격적인 경영이란 걸 하게 되었다. 그러자 나이 오십 줄에 들어서 돈 버는 재미라는 걸 알게 되었다. 그 전에 로스집을 할 때는 손님 모으는 재미만 있었지, 돈 버는 재미는 몰랐다. '희한하다, 남들은 이렇게 장사가 잘된다는데 내가 가져가는 돈은 왜 이거밖에 안 되냐?' 의아해했었다.

그러한 의문은 주신정을 하면서 풀렸다. 지금은 재료비에 대한 퍼센티지(percentage)를 열심히 계산하고 있지만, 당시엔 그런 것도 몰랐고 뭐가 남는지도 모르고 손님한테 열심히 퍼주는 것밖에 몰랐다. 물론 규모에 따른 차이도 있다. 로스집 신정은 90평 가게에 종업원이 20명 선이었다. 지금의 주신정은 오픈할 땐 가게 규모나 종업원 수가 그때랑 비슷했지만, 3년 후쯤 가게를 200평으로 늘렸고 종업원도 40명으로 늘어났다. 거기다 가게를 연중무휴로 열고 오로지 여기에만 신경을 쓰니까 매출이며 이익이 2배 넘게 늘어난 것이다.

뒤늦게 돈 버는 재미에 맛을 들이면서 통장이 하나둘 늘어났다. 10년도 더 된 얘기지만, 증권에 투자해서 엄청 날린 쓴 경험이 있어서 주식에는 별 취미가 없다. 그래서 버는 돈은 대부분 비과세 저축 중에서 이자가 높은 상품을 골라서 저축을 해왔다. 2000년도 제37회 저축의 날에 대통령상을 받았을 당시에 은행 통장만 15개가 넘었다. 종업원들 월급도 현금으로 주지 않고 각자 통장을 개설하게 해서 통장에 입금시키고 있다.

솔직히 통장이 그렇게까지 많을 필요는 없다. 통장이 많다고 해서 저축하는 돈이 몇 배가 되는 것도 아니고, 여기저기 관리하는 것도 골치가 아프다. 하지만 고객 확보의 차원에서도 도움이 되는 일이니 통장을 정리할 수도 없다. 가게 주변의 은행들과 거래를 해야 거기 직원들이 우리 집에서 식사도 하고 회식도 하러 와주지 않겠는가.

어쨌거나 버는 돈은 대개 은행에 집어넣다 보니 한 달에 몇 천만원씩 들어와도 우리 집의 경제 규모는 물론, 내 씀씀이도 크게 달라지지가 않았다. 아내나 아이들은 날 '짠돌이'라고 부르면서 원망(?)도 많이 했고 이젠 대충 포기(?)도 한 것 같은데, 난 지금도 이 말을 고수하고 있다.

"굳은 땅에 물이 고이는 것이다."

그런지라, 작은 돈이 허투루 새어나가는 것이 싫고 몸치장하는 데 돈 쓰는 것도 아깝다. 친한 사람들하고 어울려서 맛있는 것을 먹는 자리에선 액수가 얼마든지 돈을 내지만, 술자리에 양주가 한 병이라도 올라와 있으면 지갑을 열지 않는다. 쓸 데 없는 데 돈을 낭비하지 않는 것이 돈에 대한 내 철학이다.

주위에서는 이런 내가 이상한가 보다. 있는 돈 쓰러 다니기도 바쁠 판에, 일요일까지 가게에 나가서 몸을 사리지 않고 일하는 것이 불쌍하기까지 한가 보다.

"형은 무슨 낙으로 살우? 뭐 그렇게 열심히 벌어대? 그 돈 다 쓰지도 못할 텐데! 애들 갖다줄려고? 그래봤자 좋을 게 뭐가 있어요!"

후배 하나가 걱정스럽다는 듯 얘기했었는데 친구들도 대충 비슷한 말들을 한다. 난 그들이 왜 그런 식으로 생각하는지 오히려 이상하다. 그래서 이런 식으로 받아친다.

"야, 너 하와이에 가서 일주일만 누워 있어 봐라. 거기가 무슨 천국이냐! 일하는 즐거움이 진짜 즐거움이다."

진심으로 하는 말인데도, 사람들 얼굴을 보면 내 말이 믿어지지 않는가 보다. 난 지금까지도 일이 제일 중요하다고 생각한다. 일이 좋고, 쉬고 싶은 마음이 안 든다. 느리게, 천천히 살겠다는 사람들도 많지만 난 아니다. 일 그만두고 파삭 늙은 사람들이 얼마나 많은데? 친구들 중에도 그런 애들이 있다.

솔직히 가게 일로 힘들 때도 많다. 간판을 새로 단다, 냉장고가 고장났다, 세금 낼 때가 돌아올 때 등이다. 드라마를 할 때 이런 일들이 터지면 촬영 끝나자마자 가게로 뛰어와서 계속 붙어 있어야 한다. 평상시처럼 손님이 꽉 찰 시간만 와서 움직이고 사우나를 가거나 집에 가서 쉬지도 못한다.

여행을 엄청 좋아하는데 자주 못 가는 것도 아쉽다. 드라마를 쉴 때 겨우 며칠 짬을 내서 갔다 오는 걸로 만족해야 한다. 종업원들한테는 "너희들은 한 달에 세 번 놀지만 난 못 노니까…." 여행 가기 전에 이런 식으로 토를 달면서 눈치를 보면서 말이다.

그럼에도 가게의 잡다한 일들이 골고루 재미가 있다. 결산 맞추고 나서 장사가 안 된 날은 스트레스를 받지만, 오늘 하루 100원 팔면 55원 남는다는 퍼센티지를 꽉 쥐고 있으니까 이익이 모자라면 어디가 새는구나를 아니까, 그런 것 맞추는 것이 귀찮긴 하지만 그래도 재미있다.

"하나님이 주신 즐거움이 뭐냐 따질 때 가정을 거느리는 즐거움, 일에서 얻는 즐거움…."

교회에서 목사님이 그런 말을 했었는데 나야말로 그런 즐거움을 두루 누리고 있으니 행복한 사람이 아닌가?

創業

제 2 장

고단한 삶이 기회였다

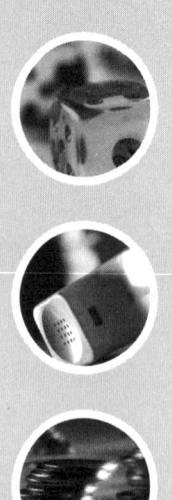

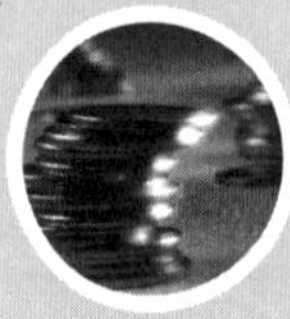

1. 불안해서 버티다 보니까 여기까지 왔다

요즘 웬만큼 사는 집에서 쉽게 볼 수 있는 벽걸이 TV가 우리 집엔 없다. 솔직히 사고는 싶다. 그런데도 아직 못 산 건 비싸다는 생각에서다. 딸한테는 가끔 면세점에서 명품을 사주지만, 내 티셔츠는 동대문에서 사는 2~3만 원짜리다. 사람들 말처럼 내가 검소해서 그런 것만은 아니다.

딸하고 같이 동대문 시장에 가면 티셔츠를 몇 장씩 사는데 2만 원, 3만 원짜리라도 한 10장쯤 사면 꽤 큰돈이다. 두세 번 입으면 그만이니까, 차라리 딸애 말대로 돈을 더 주더라도 제대로 된 것 한두 장 사서 멋지게, 오래 입고 다니면 그게 더 경제적일 것이다. 그런데도 내가 입을 건 10만 원 이상 되면 아예 사질 않는다. 티셔츠는 2만 원 식으로 머리에 꽉 박혀 있다. 가족들한테는 아낌

없이 해줘도 나한테는 뭐 좀 대단한 것엔 돈을 펑펑 쓰질 못한다.

돈을 더 많이 벌어야겠다는 생각은 없지만 막 쓰지는 못하는 걸 보면 아직도 돈에 대한 강박관념에서 벗어나지 못한 것 같다. 아직도 돈의 멍에에서 벗어나지 못한 건지….

20대 초반부터 내 머릿속엔 '돈'이란 글자가 콱 박혔다. 돈이 없으면 무너질 것 같았고, 돈 버는 걸 가장 중요하게 생각했던 것 같다. 인생에서 두 번 돈에 크게 쪼들리면서, 앞으로 어떻게 살아가야 하나 하며 막막해 하던 충격이 평생을 가고, 그때의 심리적 불안이 지금까지도 이어지고 있는 듯하다.

불안해서 버티다 보니까, 하나님의 은총인지 어떻게 여기까지 왔다. 연기 인생 35년, 장사 인생 20년, 그야말로 끈기로 버텨왔다. 이것 아니면 안 된다, 꼭 이걸 해야 한다는 필요성에서 끈기도 나오는 것 같다. 대충 재미 삼아 하는 자세로는 끈기가 안 나온다. 연기도, 장사도 돈이 없으면 안 된다는 절실한 생각에서 매달린 것이었다. 방송 일로만 잘 살았다면 나도 놀러 다니면서 대충 편하게 살았을지도 모른다.

▶ 2003년 KBS-TV 〈아내〉에 출연중

2. 졸지에 가장 신세가 된 대학생

나는 광복 한 해 전에 서울에서 태어났다. 아버지는 1·4후퇴 때 돌아가셨는데 내가 8살 때였다. 어머니는 서른을 훌쩍 넘어서 나를 낳으셨다. 3년 후에 남동생이 태어났는데, 어머니의 출산은 당시로선 꽤 늦은 것이었다.

어머니는 신여성으로 노처녀 소리를 들으시다가 만주에서 아버지를 만나 연애를 하셨단다.

당시 아버지는 첫 부인하고 사별하고 아이들이 있는 상태였다. 내가 대학 2학년 때였던가, 어머니는 우리 형제를 앉혀 놓고 이복 형들이 있다는 얘기를 처음으로 하셨다. 크게 놀라거나 했던 것 같지는 않다. 형들을 만났는데도 특별한 감정은 별로 없었다.

아마도 동생도, 나도 이미 머리가 다 큰 후 만났기에 갑자기 나타난 이복 형들의 존재를 자연스럽게 받아들일 수 있었던 것 같다. 아버지가 일찍 돌아가셨다는 사실도 크게 작용했을 것이고. 만약 그때까지 아버지가 살아 계셨다면, 그래서 우리 형제가 아버지의 사랑을 듬뿍 받으면서 자랐다면 어느 날 갑자기 나타난 낯선 형들하고 부정(父情)을 나누고 싶어하진 않았을 것이다.

결혼생활을 10년도 못 채우고 과부가 된 어머니한테는 우리 형제가 전부였다. 어머니의 큰 보살핌과 사랑을 받았으므로 우리 형제는 아버지의 부재를 크게 아쉬워하지 않았다. 가끔씩, 아버지가 살아 계셨으면 좋을 텐데 하는 마음이 들긴 했지만 큰 아쉬움 없이 자랐다. 어머니가 고생하는 건 알았지만 물질적으로도 사는 데 전혀 부족함이 없었다.

아버지 집안은 대단한 부자였다. 김씨네 집안 땅을 밟지 않고는 수원을 못 건너갈 정도였다고 한다. 그러나 아버지가 돌아가시고 나서 그 많던 재산도 날아갔는지 어쨌는지 그 자세한 내막은 알 수 없지만 우리 식구한테는 별 혜택이 없었다. 그래도 어머니는 시집에 기대지 않고 경제적으로 독립해서 살림을 꾸려나가셨다.

피난 갔다 와서 난 남산 초등학교에 다니다가 후암동으로 이사를 가면서 삼광 초등학교로 전학을 갔다. 그 즈음해서 어머니는 서울 스카라 극장 앞에서 일식집을 여셨다. 음식점엔 당시에 유명한 배우들이 많이 오곤 했는데, 나도 중·고등학교 다닐 때는 친구들을 데리고 가서 혹은 혼자서도 자주 가서 맛있게 먹곤 했다.

여자 혼자서 음식점을 해나간다는 것이 쉬운 일은 아니었을 테지만 다행히도 가게는 잘되었다. 사촌형이니 친척 형들의 친구들이 가게 일을 도와주었으므로 우리 형제는 공부에만 전념할 수 있었다. 머리가 좋았는지 난 서울 사대부중(서울대학교 사범대학 부속중학교)에 들어갔다. 당시로선 똑똑한 아이들이 들어가는 명문이었다. 난 서울 사대부고 진학을 목표로 기를 쓰고 공부했고 거뜬하게 합격했다.

내가 고등학교 들어가면서부터 어머니 가게가 잘 안 되기 시작했던 것 같다. 가게 사정이 예전 같지 않다는 건 대충 눈치채고 있었지만 어느 만큼 심각한 지는 잘 몰랐었다. 머리가 커가면서 나름대로 어머니 가게에 신경은 썼지만, 어머니는 가게 일에 대해선 우리 형제한테 내색을 별로 하지 않으셨다. 한 번은 가게에 도둑이 들어와서 왕창 털렸는데, 그 일 역시 형들을 통해 알게 되었다. "엄마, 어떻게 해?" 하면서 내가 걱정을 하니까 어머니는 "괜찮다, 괜찮아."라고만 하셨다.

"장사가 안 돼서 큰일났다, 어떻게 해야 손님을 끌지?"

"휴, 그러게 말이다."

고등학교 2학년 때인가, 가게를 돌봐주던 형들이 집에 와서 하는 얘기를 듣고서야 가게 사정이 많이 힘들어진 걸 알았다. '이젠 나도 컸으니까 엄마가 가게 나와서 카운터라도 보라고 시키면 좋을 텐데… 하고 생각했지만 어머니한테 말을 꺼내진 못했다. 어머니는 내가 친구들하고 가게에 와서 먹고는 가도 일 같은 건 못 하게 하셨으니까. 그건 내가 대학교에 들어가서도 마찬가지였다.

"엄마, 대학 친구들 중에 돈 잘 쓰는 놈들 많아요. 내가 가게 지키고 있으면 걔들이 와서 팔아줄 거야."

가게 상황이 나쁘다는 걸 알고 가게 일을 거들겠다고 나섰는데 어머니는 한마디로 딱 자르셨다.

"가게엔 나오지 마라."

아마도 어머니는 가게 같은 데는 신성한 곳이 아니라고 생각하셨는지 아니면, 넌 딴 생각하지 말고 걱정 같은 것도 하지 말고 공부나 열심히 해라, 그런 생각을 하셨던 것 같다. 가게 상황이 정말 힘들어졌을 땐 결국 "너도 나와서 도와달라."면서 날 부르셨지만.

어머니 뜻대로, 어머니한테 보답하는 길은 공부를 열심히 하는 것이라 생각해서 고등학교 땐 서울대 의대를 목표로 정말 열심히 공부를 했었다. 집안에 연대 의대 출신 형들이 몇 명 있어서 어머니와 집안 형들도 나한테 연대 의대를 가라고 했었다. 하지만 고등학교에서도 서울대 의대 합격자를 많이 내려고 했었고, 공부 꽤나 한다는 애들과 나까지 여덟 명이 모여서 입시과외를 했었는데 '우리 클럽에서 서울대 톱은 못 나와도 의대는 가야 한다'는 분위기여서 난 서울대 의대로 결정을 했다.

서울대 의대는 무난히 들어갈 줄 알았는데 입시시험에서 떨어졌다. 모의고사 성적이 남들보다 월등하게 뛰어났고 또 교과서를 달달 욀 정도로 열심히 했었기에 시험에서 떨어진다는 생각은 추호도 안 했었다. 서울 사대부고는 반에서 10등만 해도 서울대 단과 톱으로 들어갈 수 있다고 생각할 정도로 당시엔 쌩쌩 날리던 학교였다. 그러니 나 정도 실력이면 의대 정도는 쉽게 들어갈 거라 자신했었다.

　그런데 막상 떨어지니까, 나 잘난 맛에 젖어 살다가 그런 고배를 마시니까, 정말 실망이 컸다. 그동안 한 번도 안 썩혔던 어머니 속을 한꺼번에 왕창 썩히면서 재수를 했다. 다음해에는 한 단계 낮춰서 연세대 의대에 재도전했지만, 떨어졌다고 해야 할지 붙었다고 해야 할지, 2지망에 붙으면서 결국은 연세대학교 이공대학 수학과 64학번이 되었다.

　원하던 과(科)에 들어간 게 아니어서 대학 생활은 재미가 없었다. 수업은 듣는 둥 마는 둥 하면서 여기저기 기웃거리면서 1년가량을 보내고 '연희극 예술 연구회'에 들어갔고, 연극하는 맛에 들여 살던 2학년 말에 엄마 가게에 불이 났다.

　내가 불하고 관련이 있는지, 그땐 몰랐지만, 졸지에 난 가장이 되어버렸다. 화재로 가게가 날아가자 어머니는 당분간 다른 데로 피신해 가 계셨다. 나이 육십을 바라보는 나이에 갑자기 당한 일이지, 아이들은 아직 학교에 다니지, 어머니로선 참으로 막막하셨을 게다.

　어머니가 집에 안 계신 한두 달 동안, 우리 집 살림을 해주시던 아주머니가 고등학교 1학년이던 동생하고 나의 보호자가 돼 주셨다. 당시는 웬만큼 사는 집에는 일을 해주는 아주머니가 있었다. 어머니가 가게 일을 하시느라 지금은 돌아가신 아주머니가 그동안 쭉 우리 집 살림을 도맡아 해주셨다.

　어머니가 집에 안 계신 며칠 째, 밥상에 새카맣게 탄 생선이 올라왔다.

"엄마 가게에서 건져온 거야. 이 아까운 걸 몽땅 버릴 순 없지 않니? 그래도 먹을 만 한데….”

아주머니는 애써 웃으셨지만, 난 반찬 살 돈이 떨어졌다는 걸 눈치챘다. 동생도 불평할 처지가 아니라는 것쯤은 알고 있었는지 묵묵히 젓가락으로 불에 탄 생선을 휘적거렸다. 냄새가 지독했다. 가능한 코로 숨을 쉬지 않으면서 우린 겨우 밥을 먹었다.

며칠만 참고 먹으면 되겠지 했는데 불에 탄 생선은 계속 밥상에 올라왔다. 그나마 쌀은 사 둔 게 있었는지 끼니를 거르진 않았지만, 그 놈의 생선을 꼬박 한두 달을 먹었다.

일식집에 불이 났으니 냉장고니 수족관에는 크고 좋은 생선들이 오죽 많았을까. 하지만 어떤 게 도미인지, 어떤 게 꽁치인지도 분간 못 할 정도로 새카맣게 타버린 생선들을 껍질하고 살을 거의 반은 떼어내고 먹자니 죽을 맛이었다. 그나마 목구멍으로는 넘어가도 그놈의 탄 냄새는 코를 막아도 식초니 향이 강한 소스를 뿌려도 쉬 사라지질 않았다.

그 지독한 냄새는 지금도 생생한데, 나로선 생전 처음으로 맡아본 가난의 냄새였다.

그 전까지는 몇 년 간 어머니 가게가 고전을 하긴 했어도 양옥집에서 살지, 일하는 아주머니도 계시지, 그동안 어머니가 모아둔 재산도 좀 있지 해서 우리 식구는 물질적인 궁핍이란 건 모르고 살았었다.

불에 탄 생선을 먹으면서도 동생하고 난 서글퍼지지 않으려고 애써 씩 웃어가면서 삼켰다. 불이 나서 난리가 난 판에 불평할 처지가 아니란 것 정도는 알 만한 나이들이 됐기 때문이기도 했지만 조금만 참으면 될 줄 알았기 때문이다. 어머니만 돌아오시면, 어느 정도 수습이 되면 다시 예전으로 돌아가리라.

하지만 그건 안이한 생각이었다. 어머니는 돌아오셨지만 우리 집 재산은 후암동 집 하나만 겨우 건지고 전부 날아가 버렸다. 어머니는 화재 수습을 하면서 그동안 여장부답게 씩씩하게 버텨오던 그 힘을 몽땅 뺏기셨는지 뭔가 다른 일을 벌여야 한다는 엄두를 내지 못하셨다. 하긴, 결혼이 늦어지지 않으셨다면 아들이 벌어오는 돈에, 며느리가 해드리는 밥을 드시면서 편하게 여생을 즐기실 나이였으니까.

어머니가 움직이지 않으니까 당장 우리 식구가 먹고 살아갈 길이 막막해졌다. 난 가정교사로 나섰다. 다행히도 잘사는 친구들이 많이 있었고 나도 공부는 웬만큼 했으니 친구 동생들의 과외 선생 자리는 쉽게 얻을 수 있었다. 주로 대입 과외를 많이 해서 지금 돈으로 한 달에 약 2~3백은 벌었다. 대학생 아르바이트로만 치자면 꽤 큰돈이지만, 동생하고 내 학비를 내고 나면 우리 세 식구가 겨우 먹고 살 수 있는 돈이었다.

한 달 한 달을 근근히 버티다보니 자존심 세시던 어머니도 많이 약해지셨는지 미국에 사는 외사촌형한테 우리 집 형편을 써서 보내라고 하셨다. 힘들 때 서로 돕는 게 친척이라지만, 또 언니 아들이니까 어머니로선 당신 형편이 어렵다는 얘기를 어렵게나마 꺼낼 수 있었겠지만, 잘난 맛에 살았던 나로선 그런 편지를 보내는 게 정말 싫었다. 하지만 달리 방법도 없었고 겨우겨우 몇 자 적어서 형한테 보내면 고맙게도 형은 불평하지 않고 500불도, 1천 불도 부쳐주곤 했다. 내가 결혼할 무렵엔 반지라도 하라고 다이아몬드도 하나 보내주었고.

1년, 2년…. 아르바이트를 계속 하자니 지겨웠다. 아니, 내 밥벌이로만 우리 집 식구가 겨우 밥만 먹고사는 게 지긋지긋했다. 친한 친구들말고는 우리 집 사정을 모르니까 대충 알고 지내는 애들 앞에서 돈 때문에 기죽는 것도 싫었다. 버스비가 얼마나 된다고 좀 가까운 데라도 가면 걸어갈까, 말까 생각하고 있는 자신을 보면 화가 났다.

아무런 시련 없이 편하게만 살다가 갑자기 돈에 쪼들리게 되니까, 지금 돌아보면, 그러면서 차츰차츰 나도 모르는 새 돈에 한이 맺히게 된 것 같다. 자존심 때문에 입 밖으로 꺼내진 않았지만 늘 '돈, 돈, 돈' 하면서 살았다.

'하루를 성실하게 살면 좋은 내일이 온다.'

아르바이트 하는 집에 가기가 싫어질 때마다 그 말을 되새기면서 참았다.

고등학교 다닐 때도 공부가 지겨워지면 늘 다짐했던 말이었다. 어머니가 고생하신다는 걸 알기에 그땐 머릿속에 '공부, 공부'란 글자가 박혀 있었다. 그래서 남들 쉬는 시간에도 눈치보면서 책을 꺼내 들었다. 공부만이 어머니한테 보답하는 길이라고 생각해서였지만, 이 험난한 세상을 헤쳐나가려면 나한텐 공부밖에 없다는 생각이 무의식적으로 박혀 있었던 듯 하다.

　그런데 이젠 머릿속엔 '공부' 대신 '돈'이란 글자가 박히게 되었던 것이다. 마음속으론 과연 어떻게 해야 이 험난한 세상을 살아나갈 것인가 조바심을 치면서.

3. 아르바이트로 시작한 탤런트

　가정교사가 주업이 되고 학교 강의는 대충 듣는 날들이 이어졌다. 굳이 아르바이트에 쫓기지 않더라도 전공에는 원래 관심이 없었다.

　창피한 얘기지만, 수학과를 나왔어도 난 수학의 '수'자도 모른다. 1학년 수업에 들어가니까 고등학교 때 배운 걸 다시 가르쳤다. 건방진 마음에 수업엔 안 들어가도 되겠구나 하고 생각했다. 학년이 높아지면서 강의 수준이 높아졌지만 연극이니 아르바이트니, 또 나중엔 탤런트 한답시고 공부를 안 했다. 그래도 시험 볼 때마다 우리 집에 와서 노트를 빌려주던 친구들이 있어서 졸업에 필요한 학점은 겨우 딸 수 있었다.

　대학에 들어갈 때만 해도 나의 건방짐은 하늘을 찌를 정도였다.

세상 무서운 걸 몰랐으니까. 대학입시에서 미역국을 먹고 나서 자존심에 큰 상처가 나긴 했지만, 1년 더 한다고 뭐 대수냐 하면서 억지로라도 오기를 부렸었다. 원하는 대학에만 가면 되는 것 아니냐, 이 정도 실수는 만회하면 된다. 그렇게 생각하면서 마음을 다잡았다.

지금 돌이켜보면 학창 시절에 공부 잘한 애들이 흔히 그렇듯, 공부만 잘하면 세상에 무서울 게 없다는 생각으로 살았던 것 같다. 마음 깊숙한 곳에서는 세상에 대한 자신감이 없었을지라도 말이다. 열심히도 했지만 다행히도 머리가 따라주어서 공부에선 남들보다 앞섰기에, 또 어머니 덕분에 애정에서건 경제적인 상황에서건 부족함을 몰랐기에 난 꽤나 건방졌었다. 지금 생각해보면 어이가 없을 정도로.

그런데 재수 끝에 2지망으로 연세대 수학과에 붙고 나니 다닐 마음이 생기질 않았다.

"거기 가느니 차라리 다시 재수할래요."

난 어머니한테 우겼다. 어머니는 고개를 설레설레 흔드셨다.

"형들 빽 이용해서 의대로 옮겨줄 테니까 일단 들어가."

어머니도 정말 자신이 있어서 하신 말씀은 아니었겠지만, 난 어머니 말에 안심을 하고 대학에 등록을 했다. 그런데 기대했던 전과(轉科)는 안 되지, 과는 마음에 안 차지, 1년 가량을 억지 춘향 격으로 학교에 들락거렸다. 무엇보다도 마음속에서 오만함을 벗어 던지기가 힘들었다. 같은 과 친구들한테는 미안한 얘기지만, 쟤네들하고 어떻게 같이 공부를 하나 하면서 우쭐한 마음이 있었던 것이다.

그러다 학교 연극에 재미를 붙이면서 대학생활도 나름대로 활기를 띠게 되었다. 강의실보단 연극부실에서 보내는 시간이 많았지만. 연극부 생활은 1학년 말에 노천극장에서 공연하는 소인극에 뽑힌 것이 계기가 되어 '연희극 예술 연구회'에 들어가면서 본격적으로 시작되었다.

처음에는 연기가 안 되니까 음악 담당을 맡았는데 다음 해인 2학년 말부터 연기를 하게 되었다. 정확한 기억은 안 나지만 아마도 첫 출연 작품이 〈우리 읍네〉이었던 것 같다. 첫 작품을 하고 나서 연극에 대한 애정으로 똘똘 뭉친 연극부 선배, 동료들과 어울리면서 그 끈끈함에 젖어서 또 연습 과정을 즐기면서 살던 차에 어머니 가게에 불이 난 것이었다. 그러면서 아르바이트도 시작하게 되었고.

용돈 정도 버는 목적에서가 아니라 먹고 살기 위해 아이들을 가르치자니 심리적인 부담이 너무 컸다. 어머니한테 용돈을 받아서 아쉬움을 모르고 쓰다가 그 몇 배나 되는 돈을 벌자니 내 손으로 학비를 벌면서 공부한다는 자부심 같은 건 차라리 사치스런 감정이었다.

한동안은 '우리 집이 망했다'는 사실을 받아들이기도 힘들었다. 나만 쳐다보고 있는 어머니와 동생을 생각하면 가슴이 답답했다. 난생 처음으로 경제적인 곤경을 겪게 되니까 앞으로 어떻게 살아가야 할지 감당이 되질 않았다. 어머니가 만들어준 안전한 온실에서 착한 아들, 모범생으로 별탈 없이 잘 살다가 갑자기 이 넓은 세상 한복판에 홀로 던져진 느낌이었다. 아니, 차라리 혼자였으면 이 한 몸 건사하는 것쯤 못 할까만은 가족을 부양해야 한다는 중압감은 좀처럼 가벼워지질 않았다. 시간이 흘러 학년이 올라가도 상황은 마찬가지였고.

그나마 그런 나를 구해준 건 연극이었다. 아르바이트 때문에 시간에 쫓기면서도, 돈 걱정이 떠나질 않아 가슴 한구석이 늘 답답했어도 손에 연극대본을 들고 있으면 살맛이 났다. 연극부 패거리들하고 어울려 소주 한 잔을 앞에 두고 연극 얘기에 열을 올리다 보면 가슴이 확 뚫렸다.

연출가 오태석, 소설가 최인호, 방송작가 정하연, 작가 오혜령 선배 등이 당시 연희극회 패거리들이다. 얼마 안 되는 학교 예산으로 연극부를 운영했으니까 그땐 모두들 배고픈 연극학도들이었다. 본격적으로 연극 연습에 들어갈 땐 우린 이대 뒷문에서 합숙을 했는데, 가끔 합숙소에서 빠져나와 감잣국이니 짜장면에다 소주라도 먹는 날은 잔칫날이었다. 소품도 우리가 직접 다 만들어서 조달할 만큼 열악한 환경이었지만 연극에 대한 애정으로 우린 똘똘 뭉쳤었다.

난 아르바이트를 계속 하면서도 연극판은 열심히 따라다녔다. 꽤 비중 있는 역할을 맡으면서 연기에서 조금씩 두각을 나타내면서 〈유리 동물원〉의 주인공 역도 하게 되었다. 대학 3학년 무렵엔 몇몇 사람과 '소인극회'를 만들어서 최인호가 쓴 대본으로 YMCA 등지를 돌아다니면서 공연도 했다.

연극하는 재미로 버티다보니 어느덧 대학 3학년이 되었다. 내 아르바이트는 여전히 우리 집의 생계수단이었다. 대학을 졸업할 때까지 이 짓을 계속 해야 하나, 가슴이 답답했다. 졸업하고 어디 취직을 한다 한들 상황이 좋아지리라는 보장도 없었다. 대학 졸업자 초봉은 과외로 버는 돈의 반도 안 되니까 졸업이니, 취직이니 하는 것에 희망을 걸 수도 없었다.

대학 3학년의 봄은 이렇게 심란하게 시작되었다. 그러던 1967년 3월의 어느 날이었다. 연극 대본이라도 보면 기분이 좀 나아질까 해서 연극부실에 들렀다. 머리가 무거워 대본에 집중이 안 돼서 멍하니 있는데 한쪽에서 후배들끼리 하는 얘기가 들려왔다.

"동양방송에서 4기 탤런트 모집한대."

귀가 솔깃했다. 탤런트? 그래, 그거다! 난 그 길로 나와서 탤런트 모집 광고를 찾아봤다. '동양방송(TBC) 4기 탤런트 모집 : 연기 시험, 카메라 테스트, 그리고 마지막으로 필기 시험'

망설일 것도 없이 응시 원서를 냈다. 방송국에 들어가서 6개월 안에 정상을 차지하자, 1년 6개월 동안 돈을 왕창 긁어모으자. 그러니까 딱 2년 만 아르바이트로 탤런트를 하자는 생각이었다.

난 스타가 될 자신이 있었다. 아니, 더 정확히 말하자면 그때도 난 꽤나 건방졌었다. 그렇게 건방질 수 있었던 이유도 나름대로 있었다.

일단 '연희극 예술 연구회'에서 연극을 해본 경험이 있었다. 또한 어릴 때 추억의 앨범 속에는 연기자로서의 끼를 인정해줄 만한 화려했던 날들이 들어 있었다.

초등학교 때 애기지만, 난 학교에서 학예회에 늘 뽑혀 다녔고, 다니던 금성교회에선 크리스마스 같은 때 하는 성극(聖劇)의 단골 주인공이었다. 난 대사를 보면서 외우는 건 싫어했지만 교사들이 말로 대사를 한 번 가르쳐주면 금방 외워서 했다. 가르쳐준 걸 그대로 하지도 않고 임기응변식으로 둘러대면서 하기도 했는데, 그러는 나 자신도 신기했지만 모두들 재미있어 했다. 동화구연대회에 나가서 1등도 했다. 어렸을 때부터 대사 처리에선 일가견이 있었던 것 같다. 중·고등학교 시절엔 신성일 씨가 주연하는 영화도 많이 보면서 배우가 될까 하는 꿈도 잠시 꿨었다. 하지만 그 꿈을 키울 수는 없었고 어머니한테는 감히 입 밖에도 내질 못했다.

그리고 재수 시절의 사건.

대학에 떨어진 충격으로 공부를 때려치우고 잠시 바람이 들었던 시절의 일이다. 무너진 자존심을 만회할 생각이었던 것 같은데, 나 혼자 뭔가 해보겠다며 여기저기 기웃거렸었다. 그 중의 하나가 영화배우를 뽑는 '스타 탄생' 대회였다. 영화가 뜨던 시절이라 영화 협회 비슷한 데서 대대적으로 신인 배우를 남녀 한 명씩 뽑았다. 영화판에는 아무런 연고도 없었지만 외모엔 좀 자신이 있었다. 얼굴이 하얗고 곱살하게 생긴 귀공자 타입이란 말을 들어온 터라, 사진관에 가서 사진을 찍어서 주최측에 보냈다. 최종 후보 20명 선까지는 들어갔으니 거의 결선까지는 올라갔는데 물론 대회에선 떨어졌다. 어린 시절의 연기 경험만 갖고는 떨어진 게 당연했다. 하지만 이젠 그때하곤 사정이 달라졌지 않은가? 연기 실력에도 난 자신이 있었다.

그래서 건방지게도 꼭 붙을 것이라는 마음으로 탤런트 시험을 치렀는데, 운이 좋았는지 정말 시험에 붙었다.

4. 불안정한 엑스트라 생활

대학 3학년 봄은 암울함에서 희망으로 바뀐 시절이었다. 동양 방송(TBC) TV 4기생으로의 연기 인생은 화려하게 시작되는 듯 했다. 당시는 방송국 전속 탤런트가 얼마 안 되었는데 전속만 되면 방송국에선 출세하는 것이었다.

시험 보러 가서 처음 만난 연세대 선배인 서승현 씨, 그리고 박용식 씨가 4기 동기인데, 우리의 전 기(3기)를 뽑을 땐 얼굴 위주로 뽑아서 실패했다면서 우리한테는 마지막에 필기 시험을 치르게 했었다. 그 필기 시험 덕분인 듯 난 1등으로 뽑혔고, 방송국에 들어가자마자 가장 먼저 큰 배역도 맡았다. 큰 배역이래 봤자 조연이지만 그래도 인기 드라마의 조연이니까 신인으로선 대단한 것이었다.

출발이 순조로우니까 연기에만 전념해야겠다 싶어 과외 아르바이트는 모두 정리를 했다. 그런데 경험이 중요하다고 막상 드라마에 투입되어 하려니까 열심히 해도 생각만큼 연기가 잘되질 않았다.

"야, 그것밖에 못 하냐?"

"자연스럽게 좀 해! 카메라 의식하지 말고."

내가 NG를 내면 PD는 화도 냈다가 어떤 땐 한숨도 쉬고 했다.

관객을 앞에 두고 대사는 또박또박, 동작은 크게 연기하다가 PD 말대로 카메라 앞에서 '자연스럽게' 하자니 영 밋밋해서 연기하는 것 같지도 않았고 카메라에 자꾸 신경이 쓰였다. 선배들이 연기하는 모습을 옆에서 지켜보면서, 또 집에선 TV 드라마들을 보고 따라하면서 죽어라 연습을 해도 드라마 연기란 게 공부처럼 쉽게 되어지지가 않았다.

그렇다고 연기를 못 하는 건 또 아니었다. 하기는 하는데 시원치가 않았다. 다행히도 첫 배역이 끝나고 연이어 다음 배역을 맡았지만 한동안은 배역이 들어오질 않았다.

학교 수업도 거의 빼먹고 나름대로 열심히 하는데도 이런 신세이니 자존심은 말이 아니었다. 6개월 만에 스타로 떠서 한 2년 돈 좀 벌고 탤런트 생활을 때려치울 생각으로 방송국에 들어왔는데, 스타는커녕 다음 배역을 기다리고 있을 판이니 계산착오도 이만저만이 아니었다.

그러자니 당장에 가족들이 먹고사는 게 문제였다. 탤런트 수입이라는 게 방송국 전속이 되면 처음 6개월은 월급을 받지만 3일

정도 술 먹으면 없어지는 정도였으니까 품위 유지비도 안 됐다. 6개월이 지나면 드라마 출연 횟수대로 출연료를 주니까 일이 없으면 돈 한 푼 나오질 않는다. 난 속이 타서 아무 배역이라도 하려고 했지만 그것도 PD가 불러줘야지 내 마음대로 되는 게 아니었다. 그래서 다시 과외 아르바이트를 시작했다. 일단은 숨통이 트였고, 작은 배역이라도 들어오면 한겨울 새벽이라도 야외 촬영장으로 달려나갔다.

해는 바뀌고 다시 봄이 되었지만 상황은 좋아지질 않았다. 앞으로도 달라질 게 없을 것 같았다. 탤런트 생활 2년째로 접어드는데 조연은커녕 단역도 고마울 판이었다. 다행히도, 시키면 제법 할 것 같았는지 PD들이 기회는 많이 줬지만 연기가 눈에 띄게 늘지는 않았다.

그야말로 하루하루 버티고 있던 어느 날, 과외를 끝내고 집에 가는 길에 버스 안에서 대학 동기를 만났다.

"야, 반갑다! 그런데 탤런트도 버스 타고 다니냐?"

양복을 쫙 빼 입은 동창생은 놀랍다는 표정을 지었다. 몇 달 전에 졸업을 했으니 어디 회사에라도 다니는 모양이었는데, 내 모습을 위아래로 훑기까지 했다. 아마도 탤런트는 '삐까뻔쩍' 하는 옷만 입고 다닐 거라 생각했나본데, 대충 청바지에 티셔츠를 입고 있던 난 동창의 기대(?)를 배반했다.

"그렇지 뭐."

난 피식 웃었다. 창피하거나 하진 않았다. 속만 좀 쓰렸을 뿐. 버스에서 그 친구를 만나서가 아니라, 그 즈음 내 처지가 그랬다는 것이다. 안부 몇 마디를 주고 받았는데 난 별다른 느낌이 없었다.

친구가 내리고 나서도 버스는 한동안을 더 달렸다. 흔들리는 버스에 서서 어두운 거리를 멍하니 바라보고 있자니 갑자기 속에서 울컥 하고 뭔가 치밀어 올랐다. 결단을 내려야 한다!

난 방송국 따라다니랴, 아르바이트하랴 해서 학점이 모자라 동기들과 같이 졸업을 하지 못하고 한 학기 더 다니던 상태였다. 졸업 날짜가 가까워지면서 갈등도 심해져가고 있었다. 돈 걱정에, 앞날 걱정에 밤에는 잠도 오질 않았다.

'스타로 뜨겠다는 6개월은 지나간 지 이미 오래다. 앞으로도 가망이 없을지 모르는데 탤런트를 계속 해야 하나. 졸업장은 생기니까 어디 취직이나 하는 게 낫지 않을까?'

탤런트냐, 취직이냐, 양손에 떡을 올려놓고 저울질하길 몇 달. 그 어느 것도 만만한 '떡'이 아니었으니 미칠 노릇이었다.

달리는 버스 안에서 난 결심했다. 더 이상은 저울질하지 않기로. 그리고 마음을 다잡았다.

'여기까지 왔는데 포기할 순 없다. 연기를 계속하자! 오기로라도 버티자!'

대학을 졸업하고도 상황은 좀처럼 달라지질 않았다. 대학 졸업한 놈이 탤런트랍시고 하는데, 이것은 가정교사도 아니고 탤런트도 아니고, 내가 도대체 뭘 하는 놈인가 자신이 참으로 한심했다. 그야말로 탤런트는 부업이요, 가정교사가 주업이었다.

과외를 하는 게 부끄럽진 않았다. 과외 하던 애들은 날 '탤런트 과외 선생님'이라고 불렀다. 지금은 모두 중년이 됐을 텐데 내가 TV에 나오면 탤런트 김종결보다는 '선생님이다'라고 생각하는 사람들이 많을 것이다. 어쨌거나 그 애들 집에 갈 때는 여전히 버스를 타고 다녔다. 그래도 방송국을 왔다 갔다 하면서 탤런트로 얼굴은 제법 알려졌는데도, 버스에서 사람들이 내 얼굴을 알아봐도 창피하진 않았다. 당시는 자가용은 별로 없었고, 좀 나간다 싶은 탤런트들은 택시를 타고 다니던 시절이었다.

가끔 단역으로 TV에 얼굴을 내미는 탤런트들은 다들 형편이 비슷했다. 동료 탤런트들하고 사직동에 있던 '대머리집'이니 명동에 있던 '은성'이니 술자리에 모이면 서로 가난했던 시절이라 '뿜빠이'해서 계산했는데, 난 그 중에서도 가난한 축에 끼었다. 그런데도 내가 힘든 사정을 드러내놓지 않아서인지, 아니면 해맑게 생긴 얼굴 때문인지 남들은 내 속사정을 전혀 몰랐다.

일부러 부잣집 아들 행세한 것도 아닌데, 다들 나를 부잣집 아들이거니 하고 생각했다. 비싼 옷은 아니어도 말쑥하게 입고 다녀서 그랬는지도 모른다. 동양방송 탤런트 5기 심사를 할 때 심사위원들 옆에서 심부름을 한 적이 있었다. 내가 무슨 옷을 입고 있었는지 기억은 안 나지만, 김창숙 씨가 붙고 나서 나중에 방송국에서 마주쳤는데 나를 추켜세웠었다.

"오빠 그때도, 지금도 진짜 멋있어."

내가 방송국에선 나름대로 품위 유지는 꽤 잘했던 것 같은데, 탤런트 생활 3년째로 접어들어도 연기자로서는 '비리비리'한 상태를 면치 못했다. 연출자들은 나한테 기회를 많이 줬는데 내가 배역을 소화하지 못하고 자꾸 실패하니까 날 부르는 일도 드문드 문해졌다. 그나마 어쩌다 역할이 들어오면 엑스트라였다. 지나가 는 사람, 시체 연기도 경험이라고 단역이라도 들어오면 난 하나도 놓치지 않았다. 한 3, 4년 그렇게 버티면서 연기란 걸 조금씩 배 워나갔다.

그러니 탤런트 수입은 기대할 수도 없었다. 아르바이트를 계속 했는데도 집안 형편은 나아지지는 않고 계속 기울기만 했다. 늘 돈에 쪼들리니까 돈 걱정이 끊이질 않았다.

'돈이 없으면 안 된다, 딴 놈들은 대충 놀아가면서 살다가 돈 좀 잘 벌면 잘 쓰고 모자라면 또 벌면 되지만, 난 아니다'

그런데 어떻게 돈을 버나? 지금이라도 탤런트를 때려치우고 딴 것을 알아보는 게 낫지 않나 하는 회의도 주기적으로 따라왔다. 그래도 여기서 포기할 순 없었다.

'연기 못 해서 개죽을 쑨 적은 없지 않은가. 연출자들이 잘 불러 주질 않아서 그렇지, 미움을 받는 것도 아니다. 연기 때려치우라 는 말을 들은 적은 없다. 이 고생을 했는데 여기서 포기하고 딴 건 못 한다'

지금 생각해보면 그야말로 오기로 버틴 것 같다. 연기자로 잠깐 뜨고 나서 안 되길 3년. 방송국에 처음에 들어가자마자 큰 배역도 못 맡고 했다면 쉽게 던져버렸을지도 모른다. 〈거북이〉에 아들 역 으로 출연해서는 꽤 인상적인 연기도 했고 여러 드라마에 출연을 했다. 시청자들한테 크게 어필하는 역을 못 했고, 스스로도 연기가 성에 차지 않았을 뿐. 맛은 봤는데 연기가 될 듯 하면서도 안 되고, 연기자로 필 듯 하면서도 못 피니까 그래, 언제까지 이럴지 끝까지 가보자는 심정이었다.

5. 드디어 떴다!

포졸 C, 웨이터 등등의 역할로 TV에 얼굴을 내밀면서 '엑스트라도 좋다, 배역만 들어와라' 하는 마음으로 한 4년 버텼다. 그러던 1971년, 동양방송국에서 김재형 PD와 마주쳤다. 27살 때였다.

김재형 PD가 불쑥 내 머리를 만져보면서 물었다.

"머리 깎을래?"

난 그냥 웃기만 했다. 김재형 감독하면 KBS 〈용의 눈물〉, SBS 〈여인천하〉 등 사극에선 독보적인 존재인데, 그때도 능력을 인정받고 있는 젊은 연출가였다. 〈용의 눈물〉, 〈여인천하〉는 물론이고 그 후 김 감독은 많은 드라마에서 날 불러줬는데, 어찌 된 일인지 그때까지만 해도 나한테 배역을 준 적이 없었다. 방송국 전속 탤런트는 한 기(期)에 서너 명밖에 되지 않아 PD들은 의무적으로라도 돌아가면서 한 번씩은 배역을 시켰는데, 김 감독은 한 번도 날 출연시키지 않았다. 그래서 속으로 고까운 마음이 있었는지, '지가 날 시킬 거야?' 하면서 멀뚱하게 지나쳤다.

김 감독이 사극 〈연화〉를 준비하고 있다는 건 알고 있었다. 배역도 대충 정해진 상태였다. 박병호 씨가 승려 역을 맡았는데 난 김 감독이 그 스님 밑에 있는 새끼 중(사미승) 역이라도 맡기려나 했다. 다른 PD들이 나한테 여러 가지 배역을 시켜봐도 안 되니까 그가 나한테 새로운 걸 시켜보려나 하는 생각도 들었다. 어쨌거나, 김재형 감독하고는 같이 일해보고 싶었었는데 그렇게도 날 안 시켜주더니….

다음날 신문을 보니까, '김창숙, 김종결 출연' 하는 기사가 나왔다. 주연은 김창숙 씨였고, 난 김창숙 씨를 괴롭히는 이복동생 역을 맡은 걸로 돼 있었다. 배역 이름은 재남. 양반의 서출로 아버질 아버지라 못 부르고 반항하는 인물이었다. 아마도 작가인 신봉승 씨가 날 잘 봤던 것 같은데, 난 시시한 역을 맡은 게 아니라 주연급 역을 맡게 된 것이었다. 머리를 깎을 필요도 없었고.

사극 〈연화〉로 난 그야말로 '떴다'. 연기를 잘했는지 어쨌는지는 몰랐지만, 요즘 말로 난 뜨면서 사람들한테 알려지기 시작했다. 당시 TBC에서 한 드라마는 전부 히트했는데 특히 〈연화〉는 장욱재 씨가 나오던 KBS의 〈여로〉와 인기를 다툰 프로였다. 서울에선 〈연화〉를 더 많이 봤던 것 같은데, 어느 정도 인기였냐 하면 최근의 〈여인천하〉보다 더하면 더했지 뒤지지 않았다. 부산에라도 내려가 보면 드라마도 그렇고 내 인기도 대단했는데, 할머니들은 지금도 날 보고 '재남이!' 하고 부르는 분들이 많다. 나로선 엄청 뜬 것이었다.

'인기란 게 이런 것이구나' 하고 정신을 못 차리고 있는데 김세윤 씨한테서 전화가 왔다. 당시 김세윤 씨는 드라마에서도 늘 주연이었고 극단 '신협'에서 연극도 하고 있었다.

"스케줄이 안 맞아서 도저히 난 못 하겠다. 내 대타로 몇 사람이 오디션을 보긴 했는데 신통치가 않나 봐. 내 입장이 곤란하니까 네가 가서 한 번 해봐라."

김세윤 씨는 '신협'에 가서 오디션을 보라고 했다. 나로서는 거절할 입장이 아니었다. 그동안은 드라마를 쫓아다니느라 무대에는 서질 못했지만 연극에 대한 열정까지 식은 것은 아니었다. 난 '신협'에 가서 오디션으로 노배우들 앞에서 대본을 읽었는데 〈연화〉의 인기 여파였는지 그 자리에서 O.K. 결정이 났다. 연극 〈윤지경〉에서 김세윤 씨가 맡기로 했던 주인공 윤지경 역을 하게 된 것이었다. 상대역은 문숙 씨였다. 난 1주일을 연습하고 무대에 섰다. 〈윤지경〉도 대성공이었다.

연극까지 뜨니까 방송도 바빠지고 갑자기 CF까지 연거푸 들어오면서 눈코 뜰 새 없이 바빠졌다. 내가 동양방송에 들어갔을 땐 방송국에 CF 제작부가 같이 있었다. 탤런트 4기 중에선 그나마 잘생겨서인지, 일단 떴으니까 이름 값을 할 것이라 생각해서인지 제작부에서 CF에 나갈 탤런트를 고르러 올라오면 그때부턴 꼭 내가 뽑혔다. 여자 탤런트들 중엔 김창숙 씨가 CF를 많이 했는데, 우리 둘이 코카콜라 CF도 제일 먼저 했다. CF 사진을 찍으러 참 많이도 다녔다. 그때 돈으로 한 편에 30만 원인가, 지금 돈으로 치면 3백만 원 정도 받았는데 여러 편 찍으면 꽤 큰돈이었다. 나폴레옹 꼬냑 CF도 찍었고, 1973년과 1974년엔 CF를 한꺼번에 7편까지 찍어봤다. 텔레비전을 틀면 내가 나오는 CF가 계속 나올 정도로 많이 했다.

〈연화〉로 갑자기 뜨면서 난 연애도 하고 1973년 4월에는 장가도 갔다. 29살 때다. 와이프랑은 7년 차이였는데 친한 친구 누이동생의 후배였다. 친구 누이동생이 자기 후배를 소개해 준 것이었다. 내가 떴다고는 해도 아직은 우리 집이 가난해서, 그리고 처갓집이 제주도라 우리가 처제를 데리고 있어야 할 상황이어서, 처가에선 살림집도 사주고 살림이며 뭐며 많이 해줬다.

연기자로 떴지, 부잣집 딸하고 결혼도 했지, 모든 일이 잘 풀리면서 돈 문제는 다 해결된 줄 알았다. 〈내시의 아내〉를 필두로 영화에도 출연하게 되면서 한꺼번에 3편도 찍고 하니까, 처가에서는 신성일 씨 같은 사위를 얻은 줄 알았는지 집에 요리사까지 붙여 줬다. 아침에 일어나면 예전 우리 집에선 보기도 힘들었던 자몽을 요리사가 잘라 줬다. 난 한참 잘 나가던 때라 요즘 돈으로 한 달에 한 2천 5백만 원쯤 벌었으니 엑스트라 시절에 비해선 엄청 벌어들이고 있었다.

그러다 보니 예전의 나와는 전혀 어울리지도 않는 '개폼'을 잡게 됐다. 생활비가 얼마나 들어가는 지도 잘 모르고, 돈은 그때그때 필요한 만큼 서랍에서 꺼내 썼다. 와이프도 그렇고 나도 그렇고 호사스런 생활에 젖어 살았다. 한 6개월을 그렇게 살았다.

돈을 마구 쓰다보니까 돈 쓰는 데 끝이 없었다. 떴다 해도 잠깐 뜬 건데, 벌어들이는 족족 돈을 써대니 돈은 금방 바닥이 났다. 그렇게 많이 벌어들였는데도 남은 게 없다니? 다음 달엔 들어올 게 얼마나 되지? 정신이 번쩍 들었다. 겨우 현실 감각이 생겼다고 나 할까?

영화를 몇 편씩 찍으러 다니지, 연극하지, 겉은 화려했다. 돈도 꽤 많이 벌었다. 하지만 그동안 돈 못 쓴 걸 한꺼번에 만회하려는 양, 또한 품위 유지한답시고 여기저기 써대니까 손가락 사이로 모래 빠져나가듯이 술술 새어나갔다. 뜨지 못해서 고생할 땐 들어오는 돈이 없어서 고생이었는데, 막상 뜨니까 뜬 대로 또 지출이 많아져서 돈 걱정하고 있긴 마찬가지였다.

내 능력으로 호사스런 생활을 유지해가야 하는데 그게 잘 안 됐다. 역시 뱁새가 황새 따라가려면 안 되는 거였다. 황태자라도 된 듯한 착각에 빠졌던 것이 잘못이었다. 현실 감각이 돌아오면서부터는 계산을 하면서 돈을 쓰기 시작했지만, 그 동안의 지출 규모를 갑자기 줄이는 것도 쉽지는 않았다.

6. 부업 전선에 나서다

1970년대에는 〈연화〉 이후 〈마부〉, 〈아씨〉 등에서 제법 주인공 비슷한 역을 하면서 TV 드라마 배역은 끊이질 않고 계속 했다.

〈연화〉에서만큼 히트를 치지는 못했지만, 〈연화〉로 나름대로 뜨고 '김종결'이라는 존재가 알려지면서 그 인기가 한 6, 7년은 간 것 같다. 그렇지만 CF나 영화 출연은 점차 줄어들었고, 이러다가 드라마 수입만 바라보고 사는 것이 아닌가 하는 불안감이 싹트기 시작했다.

연기자라는 직업이 그랬다. 소위 텔런트로 '떴지만' 프로가 있어야 돈이 들어오므로 일정하게 정해진 수입이 없었다. 많이 들어올 땐 정신이 없어도 워낙 수입이 들쭉날쭉했다. 한동안은 물불 안 가리고 아무 생각 없이 마구 써댔지만, 현실 감각이 돌아오면서부터는 마음 편하게 돈을 쓸 수가 없었다. 그렇다고 당장 필요한데 안 쓸 수도 없는 노릇이고, 또 쓰는 규모는 크다보니 돈 걱정 좀 안 하고 사는 게 소원이었다.

물론 먹고 사는 걸 걱정하며 살았던 때에 비해선 물질적으로는 크게 풍족해진 생활이었다. 하지만 심리적으로 돈에 쪼들리는 건 예전하고 똑같았다. 아니, 오히려 더 쪼들리게 된 것 같았다. 지출 규모는 전에 비해 몇 배나 커졌다. 후암동 집에서 살 때는 지금 돈으로 한 70만 원이면 먹고는 산다고 생각했었는데, 그 정도 돈은 우습게 보였다. 생활 수준을 올려놓으니까 처음엔 한복 같은 것을 하나 맞춰도 고급 집에서 아주 비싼 돈에 맞춰 입었다.

정신을 좀 차리긴 했어도 일단 크게 올려놓은 생활 수준을 단번에 확 줄이긴 힘들었다. 처가에서 보내준 요리사는 내보냈지만 30평 아파트에서 가정부를 두고 자가용까지 굴리며 살자니, 싸구려 티셔츠만 사 입으면서 한 달에 10만 원 쓰던 놈이 백만 원을 지출하면서 살게 된 셈이었다. 그 백만 원이 차지지 않으면 그야말로 전전긍긍이었다.

가령 우리 식구가 한 달에 3백만 원은 꼭 써야 하는데 수입이 2백만 원밖에 안 된다든지, 자동차를 급히 사야 하는데 그 돈이 빨리 안 들어온다거나, 결혼반지라도 내다 팔아야 하는 형편이 된다거나 할 때는 정말 힘들었다. 어떻게 보면 사치라고 볼 수 있지만, 당하는 입장에선 그게 더 어려웠다.

없는 사람이 들으면 욕할지 모르겠지만, 어머니 가게에 불이 난 후 불에 탄 생선을 먹을 때보다도 더 힘들었다. 아들이 태어나고 아파트를 좀더 큰 평수로 옮겼을 땐 금전적으로 특히 힘들었다. 나이는 30줄에 들어섰지, 거느리는 식구는 늘어났지, 그런데 아직도 조연급에 머물고 있자니까 불안한 정도가 심해졌다.

'어이쿠 이러다 큰일나겠다. 조금 있으면 우리 집 망한다. 탤런트 해봐야 뭐하나! 뉴욕제과라도 하나 해야 먹고 사는 게 아닌가'

뭘 하긴 해야 할 것 같았다. 그 동안은 자존심 때문에 감히 밖에 나가서 돈 벌 생각은 못 했었다. 엑스트라로 간간이 TV에 얼굴을 비추고 버스 타고 다니면서 과외 아르바이트를 하던 때와는 사정이 달라졌던 것이다. 출연료만 바라보고 사는 게 늘 불안한데도, 연기자로 얼굴이 웬만큼 알려진 만큼 남들 눈을 의식하지 않을 순 없었다. 하지만 이젠 자존심만 붙잡고 있을 형편이 아니었다. 부업 생각이 간절해졌다.

'그래, 본연의 자세로 돌아가자'

장인 어른한테 편지를 썼다. 뉴욕제과라도 하나 해보고 싶으니 집을 팔아서 해보겠다고.

"장사 경험도 없는데 집 팔면 큰일 난다!!"

장인은 물론 주변에선 모두 반대를 했다. 그래서 마음만 간절했지, 뭔가를 벌일 엄두는 못 내고 있었다. 그러던 차에 선배형이 동업을 제의했다. "몇 푼 안 드는 거니까 이왕이면 같이 도자기 가게나 하자."면서.

괜찮을 것 같았다. 총각시절에 그 선배형네 도자기 가게에 일일 점원으로 나가서 잠시 장사를 거들어준 적이 있는데, 잘만 하면 꽤 수입이 짭짤할 것 같았다. 동업하는 거니까 심리적인 부담도 적었다. 형네 가게일을 봐주면서 '나한테 장사꾼 체질이 있다' 는 걸 느끼긴 했었다. 하지만 경험도 없이 혼자서 일을 벌이는 건 다른 문제였다. 또한 주위 시선도 의식이 됐다. 지금 잘 나가는 스타가 갑자기 도자기 가게를 한다고 하면 주위 시선이 어떻겠는가? 참으로 민망한 노릇인데, 그나마 선배형하고 같이 하면 체면이 좀 덜 깎일 것도 같았다.

그래서 선배형하고 같이 도자기 가게를 시작했다. 31살 때였다. 투자비도 적었고 선배형하고 반반씩 내니까 아파트까지 팔 필요도 없었다. 장사는 그런 대로 잘됐다. 선배형하고 수입을 절반씩 나누니 한 달 생활비를 완전히 해결할 만큼은 안 됐지만 부업으로, 그것도 동업해서 이 정도 벌면 괜찮다 싶었다. 그러나 한 1년 하다가 선배형한테 가게를 완전히 넘겼다. 뒤에서 다시 얘기가 나오겠지만, 동업한다는 것이 쉬운 게 아니었다.

조그맣게 나 혼자서 뭔가 해봐야겠다고 생각하고 있는데 마침 코스모스 백화점에서 연락이 왔다.

"지하에 매장이 하나 나왔는데 도자기 가게 해보지 않겠습니까?"

전화를 받고 나서 한동안 망설였다. 부업을 하긴 해야겠는데 막상 다시 벌이자니 여러 가지 생각이 들었다.

'내가 다시 장사를 하면, 그것도 혼자서 하는데, 더구나 도자기 가게엘 어떻게 나가 서 있나. 남들이 어떻게 생각할까? 결혼도 잘했다는데…'

체면 때문에 도저히 혼자선 가게에 못 있을 것 같았다. 그렇다고 부업을 안 할 수는 없었다. 돈 때문에 늘 불안해하는 하는 것보단 눈 딱 감고 실속을 차리는 게 낫다 싶었다. 그래서 생각을 바꿨다. 이것도 기회라면 기회가 아닌가, 그나마 내가 아는 건 도자기 가게밖에 없는데….

그래서 32살에 도자기 장사를 혼자 하게 되었다. 방송으로 바쁠 때는 같이 하긴 힘들었지만, 사이드로 돈 들어오는 재미에 촬영이 끝나면 곧장 명동으로 달려가 가게를 지켰다. 부업이긴 하지만 본격적으로 장사에 나선 것이다.

다행히도 애초에 우려했던 것처럼 주위의 시선이 따갑진 않았다. 반짝 스타로 떴다가 얼굴 팔아서 장사로 떼돈 버는 게 아니어서 그랬는지, 탤런트로도 어느 정도 자리를 잡고 큰 욕심 안 부리고 나름대로 성실하게 해서 그랬는지는 모르겠지만 밖에선 날 잘 봐준 것 같다.

7. 재벌 소리 들으면서 속으론 곯고 있었다

　도자기 가게는 장사가 제법 잘됐다. 점원을 한둘 두고 하니까 신경을 많이 쓰지 않아도 되었고, 매장은 작았지만 수입도 짭짤해서 생활비 걱정은 안 해도 좋았다. 탤런트 생활하면서 부업으로 하기엔 안성맞춤이었다.

　그 동안 딸아이도 태어났고 연기자 생활도 안정기로 접어들었다. 한때는 나름대로 동양방송(TBC)에서 잘 나가는 탤런트였는데, 노주현·한진희 등 후배들이 튀어나오면서 빛이 가려지긴 했지만, 나보다 젊고 잘생긴 후배들하고 맞서려니 쉽지가 않았다. 사랑하는 연인과의 가슴 아픈 사랑이건, 세상 살맛 나는 멋진 연애이건 멜로 드라마의 주인공 역은 그 후배들한테 돌아갔다. 가슴이 쓰리긴 해도 주인공에 대한 미련은 어느 정도 털어 낼 수밖에 없었다. 물론 그 후에도 아니 얼마 전까지만 해도 톱스타에 대한 미련은 끝까지 포기가 안 되었지만.

어쨌거나 서른 중반을 바라보면서는 '조연이라도 비중 있는 역을 꾸준히 하면서 시청자들한테 오래 기억되는 연기를 하자'는 쪽으로 많이 생각했다. 한참 인기를 끌었던 〈결혼행진곡〉에서처럼. '염소'란 닉네임으로 주인공인 한진희 친구로 나왔었는데, 지금도 날 '염소'라고 부르는 사람이 있으니 연기자로서는 보람을 느낀다.

1979년, 방송 일을 꾸준히 하고 부업도 5년째로 접어든 해였다. 나이 서른 여섯에 고깃집을 시작했다. 처음 도자기 가게를 할 때와는 달리, 내가 음식점을 한다는 게 전혀 창피하지가 않았다. 연기자로서도, 사업가로서도 어느 정도 관록이 붙고 내실이 있었기 때문일 것이다. 그래서 손님상에 직접 음식을 나르고 연신 웃으면서 "어서 오세요." 인사를 챙기면서 지금처럼 발로 뛰었다. 지금과 다른 점이 있다면, '이거 아니면 난 죽는다'는 절실한 마음은 덜 했다는 것뿐.

앞부분에서 잠깐 언급했지만, 사무실이 밀집한 여의도, 점심 시간에 직장인들이 새카맣게 몰려나오는 걸 아파트 베란다에서 내려다보면서 '음식점 하면 되겠다'는 아이디어가 떠오른 건 지금 생각해도 괜찮은 발상이었다. 여의도 종합상가의 30평 매장에 들어가 내부 인테리어도 예쁘게 꾸미고 주방인력도 좋은 사람을 쓰고 해서 종업원 7명을 구했다. 다른 고깃집들은 삼겹살이 주종이었는데 메뉴를 좀 고급화시켜서 로스집으로 나가는 게 좋을 거란 생각도 맞아떨어져서 '신정'은 초기부터 장사가 엄청 잘됐다.

그런데 이상하게도 그렇게 손님이 많은 데도, 나도 종업원들도 쉴 새 없이 바쁘게 뛰는데도, 매상이 그 전에 하던 도자기 가게하고는 벌써 만지는 액수가 틀리는데도, 한 달이 지나서 결산해보니까 내가 찾아갈 돈이 없었다.

인건비로 나가고 집세로 나가고 재료비 빼고, 또 가게에 모자라는 물품 사들여놓고 하다보니 남는 게 없었다. 가게를 오픈하고는 '매상 대비 순이익이 얼마' 하는 개념도 없이 그저 손님 느는 재미에 열심히 서비스만 했었다. 한 달 결산을 해보고서야 얼마가 들어오고 얼마가 나가면 얼마가 남는다는 걸 계산하기 시작했지만, 두 달이 지나도 가져갈 게 없기는 마찬가지였다.

아이쿠, 뭔가 잘못됐구나 싶어 왜 그런가 이리저리 생각을 해봤다. 결론은 가게가 작다는 것이었다. 단위면적이 작으니 손님이 아무리 많아도 종업원들 월급 주고 가게 월세 내고 또 여기저기 빼고 나면 남는 게 없는 것이 당연했다. 그래서 세 달쯤 지나서 가게를 세 배 크기로 늘렸다. 부부 둘이서 순두붓집 정도 하면서 모든 걸 다하는 경우라면 몰라도, 고깃집을 번듯하게 하려면 매장이 80평 이상은 돼야 하는데, 그걸 몰랐던 것이다.

인력도 두 배로 보충했다. 고깃집이나 한식집을 하려면 고정으로 들어가야 하는 인력이 있었다. 주방에 5~6명, 홀에 약 10명, 그리고 카운터. 인원이 그 정도는 되어야 운영이 되는 거였다. 그래서 반찬 만들고 설거지하는 사람 2명, 홀에서 서빙하는 사람 너댓 명을 더 구했다. 홀 서빙하는 인원은 인건비가 제일 싸니까,

몇 명 더 늘었다고 해서 총인건비가 두 배로 나가는 것도 아니었다. 매장도, 종업원도 제법 규모를 갖추고 나니까 그때부터 이익이 나기 시작했다.

방송 일이 들어오면 하나라도 놓칠 새라 따라다니면서도 장사도 참 열심히 했다. 거기다 운이 좋았는지, 1980년 방송국이 통폐합되면서 방송국들이 여의도로 몰려왔고 그 덕에 '신정'은 아주 유명해졌다.

신정이 여의도의 명물이 되니까, 또 내가 그때만 해도 젊었고 패기도 있어서 욕심이 생겼다. 신정 개업 후 2년도 못 돼서 다른 가게를 시작한 것이다. 업소 선정은 여의도에 한정했다. 방송 일도 해야 하고 신정은 기둥업체로 유지해야 하니, 다른 지역에 매장을 열면 관리하기가 힘들 것 같아서였다.

처음 투자한 게 커피숍이었다. 여의도 백화점이 생기면서 그 안에 들어가 내 이름의 이니셜 K를 따서 '커피숍 K'를 차렸다. 다방이 많던 시절이었는데, 뭔가 색다르게 나갈 요량으로 아이스크림도 팔기로 했다. 내가 직접 뛸 순 없어서 관리는 다른 사람한테 맡겼지만 한동안은 커피숍에 집중했다. 자리가 어느 정도 잡히니까 투자한 만큼 뽑을 수 있다는 확신이 생겼고 사업 욕심이 더 나기 시작했다.

여의도를 돌아다니다가 적당한 위치의 건물을 보면 저기 지하나 2, 3층에 들어가서는 뭘 하면 되겠다는 아이디어가 떠올랐다. 어느 정도 투자하면 내 손에 얼마가 들어온다는 계산이 되니까 마음은 더욱 급했다. 그래서 하나 골라잡은 게 민속주점 스타일의 음식점이었다. 이름은 '삼돌네'. 63빌딩을 짓던 무렵이었는데, 장래를 봐서 그 앞에다 가게를 내고 고기가 부담스러운 사람들을 위해 빈대떡이니 동동주를 팔면 꽤 수지가 맞을 것 같았다.

그런데 돈이 모자랐다. 돈이 마련될 때까지 느긋하게 기다리고 있을 수가 없어서 여기저기서 돈을 조달했다. 그래서 어렵지 않게 문은 열었는데, 당장의 이익을 보고 한 건 아니었지만 가게에 돈이 계속 들어갔다. 돈까지 빌렸으니 이자도 갚아야 할 판인데, 빈대떡 팔아서 번 돈으로는 월세랑 종업원 월급 주기에도 빠듯했다. 다른 가게에서 들어온 돈으로 급한 대로 갖다가 메우고 하는 식으로 그야말로 정신이 없었다. 그렇게 하길 몇 달, 가게는 이익이 나기 시작했고 그러니까 또 새로운 사업을 생각하고 있었다.

결국 또 일을 벌였다. '기??????'이란 이름으로 만두집을 연 것이다. 처음 작은 규모로 신정을 열었을 때 손님이 미어 터져도 돈이 안 되던 게 생각이 나서, 가게 면적은 작아도 배달을 많이 하고 나중에 체인으로 늘려볼 생각으로 시작했다. 규모가 작으니까 투자비는 적었지만 가게가 4곳으로 늘어나니까 더 정신이 없어졌다. 방송 일이 없어도 하루에 가게 네 군데를 돌보는 게 쉬운 일은 아니었다. 더군다나 관리만 하는 것도 아니고, 가장 바쁜 시간에 가서 한두 시간이라도 자리를 지키자니 여유가 없었다.

고깃집 신정은 매상이 조금씩 줄어들고 있었다. 전처럼 방송 일 말고는 거기에만 매달리질 못하니까 당연한 결과였다. 종업원들이 아무리 잘해준다고 해도 주인이 가게를 지키지 못하면 매상에서 약 20퍼센트는 까먹는다고 봐야 한다. 그래도 어쩔 순 없었다. 이왕 벌여놓은 사업인데 접을 수도 없었고, 또 신정에서 줄어든 이익은 다른 가게들에서 벌충하고는 있으니까 감수할 수밖에 없었다.

그러던 차에 선배형이 돈을 엄청 벌 수 있는 사업이 하나 있다며 해보라고 했다.

"여의도에 라이프 빌딩이라는 건물이 크게 세워졌는데 그 안에 오락시설이 없더라. 너 거기 들어가서 오락실 하면 노가 날 거다."

당시 '뿅뿅' 게임이 처음 들어와서 아주 유명했었다. 선배형은 일본에서 게임기를 수입해오는 일을 하고 있었는데 도와주겠다 하니 금방이라도 큰돈을 만질 수 있을 듯했다. 그래서 패기가 좋다고 덮어놓고 라이프 빌딩을 찾아가서 담당자들을 만났다.

"내가 일본에 가서 오락실도 가보니까 이런 게 유행하던 데 여기도 휴식 시설이 필요하지 않겠습니까? 길거리에 있는 조그만 오락실을 생각하지 말고, 난 여기 지하에서 사격장 비슷하게 하나 해보려고 하니까…."

사실 그때까진 일본은 구경도 못 해봤는데, 지금 생각하면 뭐 그렇게 거짓말까지 했을까 싶어 부끄럽다. 어쨌거나 담당자들은 내 얘기에 막 웃기만 했는데, 3~4일 후에 연락이 왔다. "오락실 해보십시오."

인테리어도 잘 꾸며놓고 선배형이 밀어줘서 오락 프로그램도 사다놓고 간판은 '레스트룸'으로 하여 오락실 문을 열었다. 가끔

"화장실 아니냐?"면서 들어오는 사람도 있었는데, '뽕뽕'의 인기 덕에 초창기에는 장사가 아주 잘됐다.

이렇게 해서 '신정'까지 합쳐서 여의도에서만 점포가 다섯 개로 늘어났다. 방송가에선 "여의도에 김재벌 나왔다! 장사 도사다!" 하며 치켜세웠다. "그 돈 다 벌어서 뭐할 거냐?"면서 부러워하는 사람도 많았다.

하지만 실속은 없었다. 아니 그때만큼 돈 계산으로 머리가 복잡한 시기도 없었다. 돈 걱정하며 살던 것 하고는 다르지만 정신은 하나도 없고, 남들한테 내 속을 다 드러낼 수도 없으니 속은 타들어가고 있었다. 점포 다섯 개를 했다고 해서 돈을 왕창 벌어서 한 게 아니라 여기저기서 돈을 빌려서 한 것이라 갚을 돈도 많았다. 방송은 들어오는 대로 하나도 놓치지 않고 했는데, 야외 촬영이 늦게 끝나서 피곤한 날도 집에서 편하게 쉴 수가 없었다. 냉장고가 고장났다고 전화가 오면 밤중에라도 신정으로, 삼돌네로 뛰어나가야 했다.

이런 와중에 내 나이 마흔이던 1983년에 어머니가 돌아가셨다.

8. 편하게 살고 싶어 사업 모두 접었는데

어머니의 죽음으로 인해 인생관이 바뀌면서 편하게 살아야겠다는 생각이 들었다. 겉만 재벌이다 뭐다 했지 속으론 곯고 있어서 결단을 내려 신정만 남기고 하나씩 정리를 했다. 그래도 잘되던 업소들이었기 때문에 오락실은 사촌 형수한테 물려주고, 커피숍은 친구 누이한테 넘기는 식으로 해서 점포 네 개를 다 정리하는 데만도 2~3년이 걸렸다. 빌린 돈도 다 갚고 나니 마음이 홀가분했다.

음식점 하기는 사실 힘들지만 그래도 내가 좋아하는 일만 해야겠다 싶어 한 2년 신정 하나만 붙들고 했는데 1988년에는 그나마도 손을 털었다. 주위에는 이미 큰 갈비집들이 많이 들어와 있었고, 우리 가게는 낡은 건물에 있어서 장사가 되기는 해도 썩 잘되지는 않았다. 그래서 '이름이 있을 때 팔아버리는 게 낫다' 싶어서 그때 돈으로 권리금을 꽤 많이 받고 팔았다. 아쉬움도 있었지만 홀가분하기도 했다.

"사업을 그렇게 많이, 또 오래 한 사람이 일을 안 하면 좀이 쑤셔서 견디겠어?"

주변에선 15년 가까이 부업을 했으니 이젠 좀 쉬라고 하면서도 걱정을 해주었다. 나 역시 뭐라도 하지 않으면 한시도 가만히 있질 못하는 체질이라는 걸 아는지라 일 안 하고 얼마나 오래 버틸지 걱정이 안 되는 건 아니었다. 하지만 일단 결단을 내린 이상 끝까지 가보자는 심산이었다. '방송 일이나 하면서 쉬어야 되겠다'고 거듭 생각하면서.

한 6개월쯤 쉬었을까, 정말 몸이 근질근질해졌다. 방송 일은 아무리 바빠야 일주일에 3~4일이었다. 나머지 3~4일은 시간이 참으로 더디 갔다. 처음 한동안은 친구들하고도 자주 어울리고 방송국 쫑파티 같은 데선 끝까지 자리를 지켰다. 장사하느라 바쁠 땐 그 핑계로 자주 어울리기도 힘들었고 겨우 얼굴만 내밀곤 했었기에 아쉬움이 많았는데, 막상 시간 여유가 너무 많이 생기니까 그런 자리에 나가도 별로 뿌듯하지가 않았다. 집에 있는 시간이 많아지니까 잔소리도 늘어나는 것 같고 아내는 아내대로, 또 아이들은 아이들대로 이것 저것 챙기면서 간섭하려 드는 남편이나 아버지보단 자기 친구들하고 어울리는 게 더 편한 듯도 싶었다.

무엇보다도, 일하던 사람이 쉬니까 식당 생각이 아물거리고 현금이 솔솔 들어오던 재미가 쉽게 잊혀지질 않았다. 또 쓰던 규모는 있는데 많이 벌어놓은 건 아니므로 장사 생각에 마음도 싱숭생숭했다. 다시 음식점을 하긴 해야겠는데 뭐 좀 편한 게 없을까, 패스트푸드점이나 해볼까 하는 생각이 들기 시작했다. 그럴 즈음, 친하게 지내는 탤런트 노주현 씨가 잠실에서 피자 집을 개업한다고 해서 거기엘 같이 가려고 원효대교를 넘는데, 당시 용산에 지어지고 있던 전자랜드(구관) 옆을 지나가게 되었다. 건물 공사는 거의 마무리 단계에 있는 상태였다.

"우리 저기 내려서 구경이나 하고 가자."

우린 전자랜드 안엘 들어가게 되었다. 내부는 거의 완성돼 있고, 2층 식당가는 페인트칠이 거의 끝나가고 있었다. 그쪽 관리사무실에서 "사장님이 어떻게 오셨냐?"고 하기에 "지나가는 길에 들렀는데 자리가 괜찮으면 여기서 뭐 하나 해볼 수도 있다."고 대답했다. 일이 잘되려고 했는지 그쪽에선 이런 말을 했다.

"2층 식당가 한가운데에서 우리가 다방을 하려고 마음먹고 있었는데 거길 패스트푸드점으로 바꿔서 해볼 의향이 있으십니까? 김 사장님 능력이야 우리가 잘 아니까요."

바라던 바였다.

"좋습니다."

이것도 기회다 싶어서 흔쾌히 대답했다. 별로 힘들 것도 없을 것 같아서 햄버거 가게를 크게 시작했다. 1989년 10월, 내 나이 46살 때였다.

'위너스'라는 햄버거 가게를 오픈했는데 1년은, 과장 좀 하자면, 파리만 날렸다. 전자상가가 활성화되지 않아서 손님은 없고 상가 주인들만 가득 찬 상가였기 때문이다. 그렇다고 1년을 내리 적자만 보고 버틴 건 아니다. 나름대로 연구도 하고 일본에 가서 먹어본 도시락 집 생각이 나서 점심식사 메뉴를 개발해서 7개월 쯤 후부터는 현상유지는 됐다.

힘들 때도 노력하면 된다는 걸 경험으로 알았다고나 할까? 그렇게 파리만 날리던 시절에도 연구하고 새로운 아이디어를 내고 노력하니까 되더라 하는.

전자상가가 활성화가 안 된 상태여서 처음엔 손님이 정말 없었다. 그래서 생각에 생각을 거듭했다. 외부 손님은 없어도 점포 주인들이 있지 않은가, 그 사람들이 점심에 햄버거 먹을 건 아니고 그들을 위해서 개발할 수 있는 메뉴가 뭐 없을까? 아이디어를 떠올린 게 배달 도시락이었다.

도시락은 내가 어렸을 때부터 익숙한 메뉴였다. 어머님이 일식집을 하셨으니까 닭튀김이니 삶은 고기가 들어간 일본식 도시락 '벤또'에 대해선 많이 알았었다. 일본 가서 먹어본 것도 있고 해서, 반찬은 우리 입맛에 맞게 하고 보기에도 좋게 담아서 배달까지 해주면 될 것 같았다.

일단 도시락 용기부터 골라야 했는데 맘에 쏙 드는 용기가 없었다. 그런데 우리 집 찬모가 센스가 참 대단한 여자다. 지금의 주 신정에서도 반찬을 책임져주고 있는데, 찬모 하고 같이 청개천 도시락 용기 파는 데 가서 어떤 게 있나 찾아보길 여러 번. 찬모 말이 여기에는 뭐 놓고, 회도 한두 점 들어가야 하니까 저 용기로는 안 되겠고, 이 걸로 하면 메인 반찬 넣을 공간이 작고, 세세한 부분에서 실용적인 안을 내놓았다. "그래도 이게 낫겠다."는 찬모의 말에 내 맘에 딱 들진 않았지만 그 용기를 사용하기로 했다.

음식을 도시락에 담아서 광고전단 사진을 찍었다. 비싼 건 대형 나무 도시락 용기에 담고, 일반 도시락은 작은 용기에 담아서 가격은 3천 원 정도로 싸게 했다. 광고전단이 뿌려지고 배달 주문이 엄청나게 밀려들었다. 상가 내부에서 배달이 많아지면서 차츰 전자상가 밖에까지 배달을 나가면서 현상 유지는 하게 된 것이다.

1년 넘게 버티니까 다행히도 햄버거 가게는 차츰 잘되기 시작했고, 전자랜드 신관까지 생기면서 우리 가게는 센터에서도 중요한 위치가 됐다. 가게가 확실히 자리를 잡고 상승가도를 타게 되자 위너스 옆에다 식당을 하나 또 냈다. 돈이 남아돌아서 투자를 한 건 아니었다. 위너스에 투자한 돈을 회수하려면 아직 멀었고, 설상가상으로 주식으로 큰돈까지 날려서 잃어버린 돈을 만회하려면 밤무대라도 뛰어야 할 형편이었다. 하지만 겁이 없는 건지, 된다 싶으면 이것 저것 따지지 않고 또 돈이 부족하면 꿔서라도 밀어붙이는 성격인지라 과감하게 일을 벌였다.

전자상가 2층 식당가 가운데에 있는 동그란 점포(총 80평)를 반으로 잘라서 위너스를 하고 있었는데, 그 나머지 반은 다른 사람이 돈까스 집을 하고 있었다. 위너스를 한 지 1년 반쯤 지나서 그 가게가 나간다는 얘기가 나와서 1991년 초에 거길 사서 '고향' 식당을 냈다. 그쪽 가게는 지나다니는 사람이 많아서 점심에는 일반인이 좋아하는 메뉴 중에서 설렁탕, 냉면 등 서너 품목만 골라서 했다. 다들 우리 집 음식이 맛있다고 했고 장사는 잘되었다.

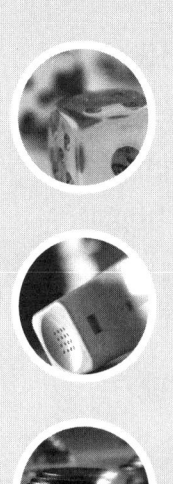

9. 주식으로 돈 날린 밤무대의 스타

INAUGURATION

햄버거 가게를 차려놓고 들어오는 돈이 성에 차지 않으니까 주식에 욕심을 내게 되었다. 6~7개월간 장사가 안 되고 현상 유지도 못 하니까 증권으로 만회할 욕심을 부리게 된 것이다. 위너스에 투자하고도 여윳돈이 좀 있었는데, 처음엔 조금씩 넣으면서 돈 불어나는 재미에 맛을 들이게 되면서 점점 더 많이 넣다가 액수가 꽤 커지게 되었다.

사실 주식에 맛을 들인 건 위너스를 하기 전부터였다. 1980년대 말, 가게들을 정리하고 남은 돈을 어떻게 굴려야 하나 하고 생각하던 차에 주식 붐이 일어났었다. "당신 친구들도 하니까 1백만 원 갖고 주식이나 해봐라." 하면서 아내한테 1백만 원을 쥐어줬다. 그랬더니 증권사에 갔던 아내가 씩씩대면서 돌아왔다.

"1백만 원 갖고 가니까 피식거리면서 상대도 안 해주더라."

아내의 말을 들으니까 열이 받쳤다. 어떤 새끼가 그래? 가서 얼굴이나 봐야겠다 싶어 증권사로 찾아갔다. 내 얼굴을 보니까 담당자는 놀라는 눈치였다. 속으론 괘씸한 마음도 없지 않았지만, 객장을 가득 메우고 있는 사람들을 보니 돈 1백만 원 정도야 우습게 볼 만도 하다는 생각도 들긴 했다.

그래서 아내를 무안하게 만든 친구를 면박이라도 주고 올 양으로 찾아갔다가 3천만 원을 맡기면서 "알아서 잘해달라."고 하고는 돌아왔다. 주식이 막 오르니까 증권사에선 제법 돈을 벌어주었다. 담당자가 전화로 "오리온 전기 샀습니다." 하면 "그래요? 잘했네요." 하고 기다리기만 하면 돈이 불어났다. 주식으로 몇 번 재미를 보니까 '야, 할 건 이거밖에 없구나'는 생각이 들었고.

단기간에 3천만 원이 4천 5백만 원까지 올라가자 '에라, 크게 벌자' 하는 마음에 7천만 원 정도를 주식에다 더 쏟아 부었다. IMF가 일어나기 훨씬 전의 일이고 주식이 1천 포인트까지 올라간다 하던 호황기였다. 그런데 주가가 자꾸 곤두박질치기 시작하는데 팔 수도 없고 살 수도 없는 상황이 되었다. 증권사에서 "팔았습니다." 하면 다음날 조금 오르고, "샀습니다." 하면 떨어졌다. 사람 마음이 참 간사한 게 돈 벌어줄 땐 그렇게 고마울 수가 없었는데 원금을 자꾸 까먹으니까 '야, 왜 네 마음대로 사냐, 내 허락받고 사야지!' 하고 원망 비슷한 감정이 생겼다.

마침 위너스 앞에 증권회사 지점이 들어와서 나는 시간이 나는 대로 가서 주가를 체크했다. 집에선 또 신문으로 확인하고. 좀 오르는가 싶으면 다음날은 곤두박질치면서 주가는 춤을 춰댔다. 밤낮으로 눈앞에서 숫자만 아른거리니 사람이 환장할 노릇이었다. 원금에서 반이라도 건질까 싶어 이리 신경 쓰고 저리 신경을 쓰고 해봤지만 뾰족한 수가 없었다.

시간이 지나면서 주가를 체크하는 것도 포기했다. 보는 것도 귀찮아진 것이다. 1990년 여름에 들어서면서 상황은 더 악화되었다. 그 무렵에 친구 한 명이 날 따라서 3천만 원을 갖고 주식에 뛰어들었는데 우리 둘이서 미치고 팔짝 뛰는 심정으로 보냈다. 그리고 결국은 1년 6개월 만에 내가 산 주식은 깡통이 됐다. 원금 1억을 고스란히 날린 것이었다. 큰일났다 싶었다.

'이건 타의에 의해서 망한 것도 아니고, 모두가 내가 잘못해서 이렇게 된 게 아닌가. 노름하러 가서 돈 잃은 것이나 진배 없으니…. 내가 다 알아서 한 거니까 집에 가서 깡통 됐다는 말은 할 수도 없는데, 이걸 어떻게 하나. 어디서 회복하지…'

그때부터는 주식으로 잃은 돈을 만회해야 한다는 생각이 머릿속을 가득 채웠다.

그 날도 까먹은 돈 생각에 머리가 아픈데, 옛날 '신정'을 하던 건물 2층에서 태권도장을 하던 친구가 찾아왔다. 태권도장을 하면서 가수 설운도 씨를 좀 따라다녔던 친구였다.

"형, 내가 요즘 참 어려운 입장에 있어요. 내가 매니저할 테니까 같이 밤무대 뜁시다. 형이 밤무대에서 노래 불러주면 나도 좋고 형도 좋지 않겠어요?"

"그래? 생각 좀 해보자."

그 친구는 자기가 악보도 만들어 주고 유행가를 테이프에 녹음해 줄 테니까 그 안에 든 노래들을 따라 부르면서 연습하라는 거였다. 내가 드라마 세 편에 겹치기 출연할 정도로 인기 스타니까 밤무대에서도 인기가 높을 것이라고도 했다.

선뜻 "O.K."가 나오진 않았다. 밤무대가 나랑 어울리기나 한 건가. 아니, 나한테는 정말 어울리지 않는다는 생각만 들었다. 하지만 그 친구한테 도움이 된다니 도와주는 의미도 있고, 또 증권에서 까먹은 돈을 회복하고 싶은 마음도 들어서 결정을 내렸다.

그 친구 말대로 난 밤무대에서 인기가 높았다. 오십을 바라보는 나이에 밤무대 스타가 된 것이었다. 너무 인기있는 연예인은 출연료를 몇 천만 원씩 줘야 하니까 너무 비싸서 못 쓰고, 주인공보다 한 단계 떨어지면 연이어서 쓸 인물이 많지가 않으니까 내가 잘 팔리는 듯 싶었다. 그 동안 쌓아놓은 유명세랄까, 오래 나와서 얼굴도 그런 대로 알려졌고 주인공 비슷한 이미지도 약간 있고 품위 있게 생겼으니까, 또 적당히 받고 나가니까, 또 열심히 하니까.

노래는 주로 아줌마들이 좋아하는 노래들로 빠르고 경쾌한 곡을 많이 불렀다. 슬픈 노래는 노래 실력이 없어서 못 할 것 같아서. 슬로(slow) 곡은 카바레 무대에서만 불렀다. '이별', '싫다 싫어', '잘 있어요 잘 있어요' 등 참 많은 노래를 불렀다. 교회 다니면서 독창도 하고 해서 난 내가 노래를 잘하는 줄 알았었다. 그런데 막상 해보니 그게 아니었다. 초기에 큰 무대에서 '사랑은 연필로 쓰세요'를 부르는데, 밴드 반주보다 내 노래가 꼭 두 소절은 먼저 끝났다.

"어떻게 된 겁니까?"

밴드한테 이유를 물었다.

"좋아요, 좋아요, 그냥 가세요."

밴드는 그 말만 되풀이했다.

다음에도, 또 그 다음에도 마찬가지였다. 그래서 매니저한테 얘기했다.

"야, 이거 안 되겠다, 녹음을 해봐라."

매니저가 녹음한 걸 들어보니 가운데 소절을 빼먹고 부르고 있었다.

개런티는 한 업소에서 150~200만 원을 받았는데 거의 10년 전 일이니까 꽤 큰돈이었다. 7군데만 돌아도 1천만 원이니까. 하루에 제일 많이 뛴 게 8군데인데 평균 최소 5군데는 뛰었다.

매니저한테는 30퍼센트를 줬다. 난 어느 정도 목돈이 되는데, 그 친구는 '째지게' 가난해서 그 정도로는 돈이 별로 안 되는 것 같았다. 그래서였는지 매니저는 날 통해서 알게 된 탤런트들을 자꾸 찝쩍거렸다.

가만히 보니까 연기자들 쪽에서도 내 매니저한테 추파를 던졌다. 내가 밤무대에서 잘 나가니까 '저 놈이 노래도 못 부르는데 어떻게 7, 8군데씩 뛰지? 매니저가 능력이 있구나' 생각하면서 매니저의 실력을 부러워한 것인지, 자기들끼리 손발이 맞은 것 같았다. 그래서 '그래, 똥은 똥끼리 모인다, 니들끼리 해라' 하고는 나 혼자 뛰기 시작했다. 신정에서 지배인을 하던 친구가 내 차 기사를 하고 있었는데 그 친구가 매니저처럼 대신하고.

어쨌거나, 오십을 바라보는 나이에 밤무대 스타가 된 것, 그게 말이 스타지 고달픈 인생이 시작된 것이었다.

저녁 먹고 나서 기사하고 같이 저녁 7시부터 움직여서 새벽까지 7, 8군데 업소를 도는데 중노동이 따로 없었다. 오류동, 봉천동, 가좌동(인천), 천호동 등 서울 외곽 전체를 누볐다. 인천의 경우, 가좌동에 업소가 한 10군데 모여 있는데 한 군데씩 빼먹으면서 코스를 잡았다. 여기 몇 달, 저기 몇 달 뛰면서 서울 외곽에 있는 술집 치고 안 한 데가 없을 정도였다. 다음 업소에 가야 하니까 팬들이 주는 술을 받아먹을 새도 없었다. 코스가 너무 멀고 또 급하게 가니까.

차를 타고 교문리에서 부천을 가려면 30분에 돌파를 해야 했다. 얼마나 빨리 차가 달리는지, 손잡이를 잡고는 '차라리 눈을 감자'였다. '야, 이거 빨리 날짜 채워서 끝내야지' 하는 생각뿐이었다. 의정부까지 갈 때는 북한산을 넘어 가는데 깜깜해서 아무것도 보이질 않았다. 그저 앞만 보고 달릴 뿐. '피아트(Fiat) 크로마'를 새로 구입했는데 그 차가 '고물'이 될 정도로 변두리 도시들을 쌩쌩 내달렸다.

나중엔 팔목의 실핏줄까지 터졌지만 대충 손수건으로 칭칭 동여매고는 무대에 섰다. 차에서 잠깐씩 졸다 깨면 3년만 버티자고 이를 악물었다. '조금만, 조금만 더 참자, 길어봤자 3년이다', 이런 마음으로 견뎠다. 밤무대 일을 5년 이상 하게 될 줄은 꿈에도 몰랐던 것이다.

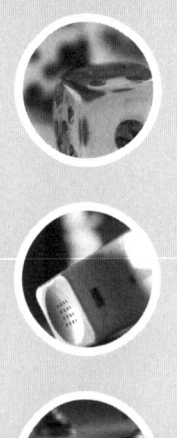

1o. 내 인생의 IMF

방송국으로, 전자랜드로 뛰어다니면서 밤업소들까지 3년 넘게 출근도장을 찍다보니 위너스에서 까먹은 돈, 주식으로 날린 돈은 어느 정도 만회하게 되었다. 다행히도 위너스와 고향 식당은 장사가 본 궤도에 올라 있었다. 조금만 더 뛰면 고생은 끝나는 줄 알았다.

그런데 내가 운이 없는지, 아니면 불하고 관련이 있는지 나이 오십에 화재를 또 당하게 되었다. 밤업소 일을 하는 내내 일주일에 한두 번은 지방으로 내려가 공연을 했는데, 특히 부산 공연을 많이 했었다. 화재가 난 날은 1993년 5월 12일, 내가 부산에 내려가 있던 날이었다.

공연을 끝내고 무대에서 내려오는데 기사가 다급하게 날 한쪽으로 데려갔다. 표정이 심상치 않았다. "무슨 일이 터졌나?" 하는데, 기사가 다급하게 내 손에 전화기를 쥐어주었다.

"사장님, 약혼자가 전화를 했는데 뉴스 보니까 전자랜드에 불이 난 것 같데요. 빨리 서울에 확인해 보세요."

뭐야, 불? 불(火)에 크게 당해본 경험이 있는지라 지레 겁이 나면서 심장이 쿵쿵거렸다. 애써 마음을 진정시켰다. 설마, 우리 집 (가게)은 괜찮겠지, 전자랜드가 얼마나 넓은데 건물이 다 탔다면 몰라도 일부만 그렇다면 설마 그 일부에 우리 집이 끼진 않았겠지. 희망적인 쪽으로 생각하면서 전자랜드 관리사무소에 전화를 했다. 그런데!!

"불이 너무 많이 나서 접근할 수 없습니다. 아무래도 불 난 지점이 식당가인 것 같아요. 김 사장님 가게 옆인 것 같은데…."

심장이 멎을 것만 같았다. 얼굴에 핏기가 싹 가셨고 다리가 후들거렸다. 내가 곧 쓰러질 것 같았는지 기사가 얼른 부축을 했다. 잠시 정신이 나간 듯 했는데 하염없이 넋을 놓고 있을 순 없었다.

"당장 올라가자."

허둥지둥 서울에 올라오면서 집으로 전화를 했다. 아내도 경황이 없는 것 같았다.

"형사한테 전화 왔었어. 통화가 왜 안 돼?"

카폰이 가다 끊기고 해서 애간장이 더 탔다. 겨우 가게 종업원하고 통화가 됐는데 화재가 난 것도 모르고 있었다.

"종업원들 깨워서 가게에 나가 봐."

고속도로를 달리는 내내 마음은 용산에 가 있었다. 제발, 피해가 크지 않게 해주십시오, 기도하면서.

서울에 도착해 화재 현장에 가보니 가게는 다 타버린 상태였다.

"가스 잘 잠갔니?"

종업원 애들한테 재차 물어봤다.

"잘했어요. 직접 가서 확인했는데 밸브가 잠겨 있었어요."

전자랜드 화재는 우리 가게에 가스가 폭발해서 난 불이 아니었다. 가게 종업원들은 저녁 7시 30분에 퇴근했는데 불이 난 건 그 후이고, 다른 원인으로 인해 불이 난 것이니 우리 책임은 아니었다. 그러니 형사한테 가서 조서 쓰고 시설만 새로 하면 되는 줄 알았다. 시설비도 적은 돈은 아니지만 그나마 이 정도에서 피해를 본 게 천만다행이다 싶었다.

그런데 그게 아니었다. 화재 현장에 도착했을 때 전자랜드 측에선 화재 책임을 우리한테 돌렸다. "위너스에서 가스가 폭발해서 이렇게 됐다."면서 불이 처음 난 게 우리 가게에서부터인 건 틀림없지만, 원인이 가스 폭발이라 하니 그것 때문에 난 심적 타격을 많이 받았다.

다행히도, 가스공사에서 나와보더니 하는 말이 "가스 폭발 때문에 불이 난 것이면 건물이 다 날아간다."는 것이었다. 가스 폭발로 우리한테 책임을 전가하려던 게 안 되니까 전자랜드 측에선 다시 우리 가게에서 전기가 어떻게 됐다는 식으로 나왔다. 화재는 형사 문제라 책임 소재에 따라 일이 예상 외로 커질 수 있었다.

용산 경찰서의 사건 담당 형사는 처음엔 내 편이었다. 밤무대

옷을 갈아입을 새도 없어서 반짝이가 달린 양복을 입고 경찰서에 출두해서 앉아 있으니까 경찰은 내게 힘이 되는 얘기를 해줬다. 난 형사가 시키는 대로 했다. 현장 사진을 찍어라 하면 종업원 애들 시켜서 사진 찍고 하라는 대로 그대로 다 했다.

그런데 시일이 지나니까 경찰 말이 슬슬 달라졌다.

"아, 그 사람들 좋은 사람들입니다."

'아이쿠, 내가 지는구나' 하는 생각이 들기 시작했다. 전자랜드 측하고 얘기를 해보려고 해도 똑같은 말만 되풀이했다.

"여기는 안 돼요. 신관을 짓고 있으니까 좀 쉬었다가 거기가 다 지어지면 한 자리 하십시오."

뻔한 말 아닌가? 화재 보수가 끝나도 가게에선 손떼라는 얘기였다.

방법이 없었다. 우리 직원들을 다 데리고 경찰서에 들어가서 이 조서 저 조서 다 쓰고 나왔지만 나로선 힘이 없었다. 화재 원인은 누전이었다. 누전은 어디서 불이 났는지 모르는 건데, 우리는 7시 30분이면 퇴근하는데 퇴근한 후에 불이 난 거니까, 경비 소홀이 문제지 우리가 뒤집어쓸 이유가 없었다. 그런데 따지고 들면 그쪽이 강자라면 난 약자였다. 싸우면 내가 어떻게 이기겠는가?

전자랜드 점포를 다 뺏기냐 마느냐 얘기가 오고갈 때 한 2, 3개월은 너무 힘이 들었다. TV의 멍한 소리라도 듣지 않으면 잠을 자지 못하고, 자다가도 깨고, 담배를 서너 대 계속 피워도 속이 풀리지 않았다. 그때부터 시련이 시작되었다. 시련이 너무 컸다. 다 뺏길지도 모른다는 불안감에다 억울함도 문제였지만, 매일 현금이 들어오다 딱 끊기니까 갚을 돈도 많은데 돈 막는 것도 급했다. 내 인생의 IMF가 시작된 것이었다.

참담한 심정에도 밤업소 일은 계속 해야 했다. 밤무대는 일주일 내내 한 달이면 30개 도장을 찍는데, 못 나갈 일이 생기면 업소에다 통보만 하고 안 나가면 된다. 하지만 변두리에 있는 술집에선 되도록 한 달 내내 채워주길 원하고, 또 나도 돈이 필요하니까 쉴 수가 없었다. 참담한 심정에도 밤무대에 서서 흥겨운 노래를 불러 댔다. 무대에 선 순간은 일종의 연기니까 자기 감정은 치워두고. 하지만 무대에서 내려오는 순간 바로 자기 감정으로 곤두박질치 게 된다. 그야말로 '피에로의 비애'였다.

"야, 나 아무데나 기도원 좀 데려가라."

1993년 초여름으로 접어들었을 때, 가슴이 미어지고 너무나 답 답해서 기사한테 부탁을 했다. 전자랜드 상가는 거의 포기해야 할 듯 했는데, 이렇게 빼앗기고 말아야 하는가 싶어 너무나 억울했 다. 기사는 포천에 기도원이 있다는 얘길 어디서 들었는지 날 그 리로 데려갔다.

기도원이란 데에 간 건 그때가 처음이었다. 기도원은 한적한 곳 에 있었는데 교회 안에서는 설교를 하고 있었다. 난 얼굴이 알려 져서 그 안에까지는 못 들어갔다. 창피했던 것이다. 그래서 바깥 벤치에 앉아서 교회 안에서 흘러나오는 소리를 듣고 있었다.

"수고하고 무거운 짐진 자들아 내게로 오라."

그 말을 듣는 순간 갑자기 눈물이 솟구쳐 나왔다. 얼마나 울었을까, 가슴속에 맺힌 응어리가 조금은 풀어진 듯한 기분이었다. 이 성경 구절은 나하고는 굉장히 관계가 깊은 구절인 듯 하다. 남동생이 암으로 죽어갈 때에도 그 말씀에 매달리면서 견뎠는데, 아마도 내 무의식 깊숙이 내가 참으로 힘들게 살고 있구나 하는 생각이 뿌리박고 있는지도 모르겠다.

기도원에도 가고 그때부터 절실하게 하나님한테 매달렸다. 기도원의 기도굴에 들어가서 기도에 매달렸는데 믿음에 큰 확신이 온 건 아니지만 언뜻언뜻 하나님이 내 편이라는 생각이 들기 시작했다. 기도원에서 파는 설교 테이프를 수십 개 사서 차 안에서 내내 그것만 들었다. 찬송가도 듣고 설교 얘기도 듣는데, 가만히 들어보니 각계 각층의 사람들이 기적으로 살아났다. 거기서 확신을 얻었다.

'이게 뭐(하느님)가 있다, 뭐가 있으니까 이렇게 사람들이 죽을 지경에서 살아나기도 하는 거지. 저 사람들이 다 거짓말을 하는 건 아닐 테고…'

이상하게 확신이 생기면서 하나님이 내편이라는 생각이 들었다. 시일이 지나면서 죽겠다는 심정도 좀 풀렸고, 전자랜드 측과 협의하는 과정에서도 하나님이 내 편이다, 이런 생각이 들면서 위안을 받고 있었다.

"어차피 전자상가가 하나 더 생기니까 사장님은 거기서 가운데 자리에 20평만 갖고 하면 될 겁니다. 저희가 생각해주는 거니까 이것만 갖고 하십시오."

전자랜드 측에서 제시한 최종안이었다. 우리 가게(위너스하고 고향) 전체가 실평수 80평이었는데, 신관에서 20평만으로 만족하라는 것이었다. 그나마 20평이라도 받지 않으면 하나도 못 건질 판이어서 울며 겨자 먹기로 받긴 했는데, 얼마 안 있어서 관리사무실 측에서 전화가 왔다.

"김 사장님이 들어갈 점포를 남대문에서 누가 2억에 사겠다는데 어떻게 하겠습니까?"

전화를 받고 보니 괘씸했다. 80평 대신 20평을 받은 것이 2억이면 얼마를 날렸단 말인가? 거기다 20평 가게 줄 땐 언제고, 적당한 임자가 나섰으니 팔겠냐는 건 또 뭔가?

그 내막을 알고 보니까 내 가게 자리가 탐이 나서 나만 빼놓고 자기들끼리 뒷거래를 한 것이 아닌지 의심이 갔다. 생각할수록 괘씸했지만, 그것마저 다 날릴까봐 속 쓰리고 신경 쓰이고 심적 고통이 말이 아니었는데 더 이상 끌다가는 사람 모양새만 처참해질 것 같았다. 그래서 가게를 사겠다는 사람을 만나서 얘기하고는 팔아버렸다. 지옥 같은 날들에서 벗어나려면 그 수밖에 없을 듯했다.

그러나 한동안은 분해서 잠을 못 이루었다. 집만 빼고 그 동안 벌어놓은 돈은 다 까먹은 셈이었다. 동창들이 와서 "힘들겠다."며 위로를 해도 귀에 들어오지도 않았다. '다 뺏기고 난 이제 끝이구나' 하는 생각에 제정신이 아니었으니까.

創業

제3장
주신정 성공 비결 &
김종결의 음식점 성공 포인트

1. 목숨을 걸었다

2억을 딱 받아놓고는 포기가 빨랐다고 해야 하나, 그 때부턴 앞으로 먹고 살 생각만 했다. 방송으로 먹고 살 순 없는 거고, 먹고사는 게 막막해지니까 돈 날린 좌절감에 계속 빠져 있을 순 없었다.

내 얼굴만 바라보고 있는 가족도 가족이지만, '큰일났다'는 감정이 앞서서 뭘 해서든 돈을 벌어들여야만 했다. 그나마 2억도 하나님이 주신 건데, 장사해서 빨리 회복하자, 빨리 '반까이' 해야겠다는 생각만 했다. 뭐든 물불 가리지 말고 해야겠다는 생각뿐이었다.

내가 가장 잘 아는 것이라곤 고깃집밖에 없었다. '신정'도 장사가 안 된 건 아니었고 만두집이니 뭐니 이것 저것 해봤지만, 그래도 고깃집이 제일 나을 거란 판단이 섰다. 해본 경험이 있어서 자신도 좀 있었다.

독산동 컨셉으로 하면 여의도 생리를 아니까 좀 될 거다, 음식점은 최소 70, 80평은 되야 하니까 그만한 자리만 찾자, 그렇게 결론을 내렸다. 그리곤 곧바로 지금의 주신정 지배인인 길영이하고 자리를 알아보러 다녔다.

우린 여의도에서 큰 가게만 찾았다. 전에 하던 고깃집 신정도 여의도 먹자 빌딩1(종합상가)에서 했고 또 20년 넘게 여의도에서 살았기에 여의도에 대해선 내가 잘 알았다. 여기저기 큰 건물 내의 상가들을 찾아 다녀봤는데, 대영빌딩 지하에 나온 커피숍(호프집)이 규모 면에서는 그래도 제일 컸다. 평수는 90평이었고, 바로 옆이 MBC이고 주변에 증권사들이 많아서 몫은 좋은 편이었다. 보증금 3~4천에 권리금으로 1억 조금 넘게 해서 계약을 했다.

인테리어 비용으로 6천을 잡고 그 때부턴 어떡하면 가게를 예쁘게 꾸밀까 하는 생각만 했다. 기존의 인테리어를 아예 무시하고 시설을 시작하는데 6천 갖고는 턱도 없었다. 거기다 광고비니 개업 준비금은 생각도 못 했었다. 시설비를 줄이고 줄여도 이런 저런 돈이 늘어나면서 2억 갖고는 부족해서 그 때부터는 돈 꾸러 다니느라 또 바빴다.

불 난 사람한테 쉽게 돈을 꿔주는 사람은 없었다. 겨우 이모한테 좀 빌리고, 신정에서 일하던 주방장이 2천만 원을 꿔줘서 급한 불은 껐지만, 계속 돈이 들어가서 밤업소에서도 돈을 당겨 썼다. 모두 들어간 돈이 2억 6~7천이니 6~7천은 빚인 셈이었다.

가게 인테리어를 한 달 만에 끝내고 나선 음식은 뭐로 할까, 주방장은 누구로 해서 데리고 다닐까만 생각했다. 그렇게 해서 가게 터 찾기부터 시작해서 2, 3달 만에 드디어 생고기 전문점 주신정을 개업했다. 1993년 9월 8일이었다. 내 나이 오십.

★point 개폼 잡으면 망한다

체면 생각한답시고 가게를 크게 벌일 생각은 처음부터 없었다. 자기가 감당할 수 있는 것 이상으로 '개폼'을 잡으면 망하게 돼 있으니까. 그건 내 경험을 통해서, 또한 다른 사람들이 장사하는 걸 오랫동안 봐 오면서 알게된 사실이다. 자기 능력 이상으로 가게를 크게 열고 인테리어에 필요 이상으로 돈을 많이 들이는 사람, '내가 여기 사장인데!' 하면서 손님 앞에서 개폼 잡는 사람, '내가 하니까 무조건 잘될 거야' 라는 생각으로 뛰어드는 사람은 결국은 다 망했다.

고깃집으로 다시 인생의 승부를 걸었다. 정말 이를 악물고 뛰어다녔다. 돈벌기 위해 혼신의 힘을 기울였다. 가게에 얼마가 들어갔으니 앞으로 어떻게 해서 얼마를 벌어야겠다는 계산 같은 것은 하지도 못했다. 가진 건 이것밖에 없다! 실패를 겪고 마지막이란 생각에 매달렸고, 맨발로 뛰면서 기를 쓰니 손님은 계속 늘어났다.

오전 11시 30분이면 가게에 나와서 점심 시간에 꼬박 자리를 지켰다. 일주일에 며칠은 녹화하느라 가게에서 짬짬이 방송 대본을 외우면서도 저녁 시간에는 다시 가게에 나와서 손님들을 일일이 챙겼다.

　밤무대에서 당겨 쓴 돈을 갚아야 했으므로 밤무대도 계속 뛰었다. 나이 오십에 몸을 너무 혹사시켰는지, 장사를 시작하고 나서 3개월쯤 있다가 급기야 쓰러졌다. 강북삼성병원(구고려병원)엘 가니 폐에 '구멍'이 났다며 폐기흉이라고 했다.

　장사 준비에 돈 끌어 모으느라 하루도 쉬지 않고 한 달 내내 밤업소를 뛰고, 일일연속극 〈서른살의 반란〉도 하느라고 이리저리 뛰어다니다 보니 몸이 상한 것도 무리가 아니었다.

　10일 가량 병원에 입원을 했다. 입원해서도 전화로 가게 일을 체크했다. 모든 걸 내가 다 꿰고 있어야 마음이 놓이는 성격인지라 맘놓고 있을 순 없었다. 병실은 가게 일 시키기도 쉽고 편해서 종업원들한테 지키게 했다. 제주도에서 대학교를 다니고 있던 아들애가 서울에 올라왔다. 병실에 누워서도 온갖 신경을 다 쓰면서 고민하는 아버지를 보니 마음이 아팠는지 밤샘을 할 종업원한테 "아저씨, 아저씨는 가세요. 여기선 제가 잘게요." 하면서 제법 기특한 말을 했던 기억이 난다.

　퇴원하고 나서는 다시 일상으로 돌아왔다. 다시 밤업소를 뛰고 '주신정'으로 출퇴근하고 방송 촬영을 다녔다. 그야말로 악으로 버텼다. 밤업소는 차츰 정리했지만, 그 때 정신력이 무섭다는 걸 실감했다. 내가 원래 끈기라면 지지 않는 사람이지만 내가 그 정도까지 독한 줄은 나도 몰랐다.

사람들이 성공의 커다란 비결이 뭐냐고 묻는다. 내 대답은 이것밖에 없다.

"여기서 끝나면 마지막이란 생각 때문에 죽기 살기로 열심히 뛰었습니다."

초기부터 내가 얼마나 처절하게 장사에 매달렸는지, 그런 내 모습이 남들 눈엔 불쌍해 보이기도 했었나 보다. 퇴원한 지 얼마 안 돼서 주방에서 일을 도와주고 있는데, 어느 스포츠 신문 기자가 처량한 모습의 내 사진을 찍고 불쌍하다는 논조로 기사를 내보낸 적이 있다. 자존심이 크게 상했었다. 살기 위해 혼신의 힘으로 일하는 것이 동정 받을 일은 아닌데!

▶ 모든 결정은 과감히 밀고 나가라

'주신정'을 오픈할 때 큰 자신감이 있었던 것은 아니다. 그렇다고 준비하는 과정에서 절망하지는 않았다. '가능하냐? 그래 열심히 하면 가능하다'는 판단에, 또한 장사를 빨리 시작해야 되겠다는 생각에 밀어붙였다. 아마도 내가 생각을 많이, 깊이, 그리고 오래 했다면 용기가 없어서 시작을 못 했을 것이다. 이것마저 날리면 끝이라는 생각에 그 땐 물불 안 가리고 뭘 해야겠다는 생각만 했다. 어떻게든 먹고 살아야 했으니까. 어디 가야 장사가 잘될 거다, 어떻게 시작할 것인가 생각만 했다.

가게를 고를 때 다른 동네는 쳐다보지도 않고 무조건 여의도에서 큰 빌딩만 찾아다녔는데, 새로 짓는 건물보다는 기존 상가를 찾아다녔다. 새로 짓는 건물에 들어가면 권리금이 없으니 투자비가 크게 줄긴 해도 위험부담이 높았다.

커피숍 자리를 세 얻어서 인테리어를 새로 하는데 한 달이 걸렸다. 인테리어는 최고 수준의 업자한테 맡긴 건 아니었다. 인테리어 하는 사람이 내 아이디어를 순순히 따라서 해줬는데, 이런 걸 직영으로 한다고 한다.

★ point 인테리어 컨셉과 비용

인테리어를 직영으로 할 때는 사장의 인테리어 컨셉이 확실해야 한다. 인테리어 전문가한테 맡기더라도 주방은 어떻게 해야 한다는 등등은 주인이 컨셉을 쥐고 있어야 한다. 그냥 맡기면 편하고 좋겠지만, 돈도 많이 들 뿐더러 실용적인 공간을 못 만든다.

주인이 직접 인테리어 공사를 지휘할 때 난점은 돈 생각을 자꾸 하니 최고급으로 할 수 없다는 것이다. 예를 들어 80평 매장을 공사하면 인테리어 비용이 평당 1백만 원씩 기본으로 8천만 원 정도 들어간다. 거기다 집기며 주방기구 비용도 많이 들어간다.

난 돈이 없어서 인테리어 비용을 6천 잡고 시작했다. 훨씬 더 들어가야 하는데 그 돈으로 하자니 많이 아껴 써야 했다. 아껴서 한 이유는 돈도 없었지만, 복잡하지 않고 심플한 인테리어가 좋다는 내 생각 때문이다. 네모난 공간에 테이블만 놓고 장사하는 게 가장 좋다고 생각했다.

전에 신정 인테리어를 했을 땐 많이 꾸미려고 노력했었다. 명색이 탤런트가 하는 데니까 예쁘게 꾸밀 생각으로 의자도 머리 위까지 올라오는 걸로 맞췄었다. 그렇게 해놓고 보니 공간이 굉장히 비좁아 보였다. 들어와서 보면 '고급스런 분위기이다' 하는 생각이 들긴 했지만, 나중에 생각해보니 음식점에는 굳이 필요 없는 인테리어였다.

그래서 주신정 인테리어는 내 생각대로 했다. 음식점을 오래 하다 보니 꾸미는 것보단 실용적인 쪽으로 자꾸 찾게 된다. 나무 탁자는 조경 집에 맡겼다. 당시에는 시멘트 탁자를 실내에 들여놓는 음식점이 없었다. 우리 가게의 의자와 테이블은 10년이나 됐는데도 그렇게 낡아 보이진 않는다. 처음부터 실용적인 걸로, 즉 '만년 묵기' 쪽으로 선택했으니까.

벽 마감재나 바닥은 주로 스테인리스 자재와 타일로 했다. 벽 밑은 나무로 돌릴 걸 스테인리스로 돌렸는데, 나무로 하면 보기 좋고 예쁘긴 한데 물걸레질을 하면 자꾸 더러워진다. 내가 금기시하는 부분이 나무를 많이 쓰지 말아야 한다는 것이다. 나무를 많이 쓰면 그 안에 바퀴벌레도 많이 생기기 때문에 나무는 최소한으로 쓰고, 유리나 타일을 썼다.

내 생각대로 실용 위주로 인테리어를 해놓으니까 와서 보고는 정말 형편없는 인테리어라고 하는 이들도 있었다. 조화라든가 그런 게 없다고. 부족한 부분은 인정한다. 하지만 사람들이 음식점을 찾는 건 기본적으로 음식 맛과 친절한 서비스 때문이지, 멋진 인테리어 때문은 아니다. 단, 분위기 때문에 그 집에 가기 싫다는 마음이 들면 안 된다는 것, 그게 인테리어에 대한 내 기본적인 생각이다.

실내는 밝고 깨끗하게 했다. 우리 집 불(전구)은 엄청나게 환한 것을 켜놨는데, 이 점도 인테리어 하는 사람들하고 나의 차이다. 인테리어 하는 사람들은 보통 조명을 침침하게 한다. 무드 때문인데, 직접 음식점을 하는 사람들이 아니므로 실용성보다는 분위기를 먼저 찾는 듯하다.

▶ 너무 많이 생각하면 용기가 없어진다

일하는 데 너무 망설이면 아무것도 못 한다. 내 경우는 '깡'이 좋았다. 인테리어 할 때도 돈을 아무리 아껴도 자꾸 더 초과하게 돼서 돈을 빌리러 다녀야 했다. 이 돈을 갚을 수 있겠나 하는 걱정은 하지 않았다. 빚이 늘어나는 게 부담스럽긴 했지만 아무리 아껴도 돈이 모자란 게 현실이었고, 모자란 돈은 어디서라도 꿔와야 일을 진행시킬 수 있었다. 그래서 벌어서 갚자고 용기를 냈고, 즉시 돈을 꿔왔다.

이처럼 그것이 어떠한 문제이든 무엇인가를 결정할 때 너무 많이 생각했다면 아마 지금의 성공은 거두지 못했을 것 같다.

그래서 내 경험에 비추어 말하자면, 장사하는 데 있어서 중요한 것은 모든 결정을 물불 안 가리고 과감하게 밀고 나가야 한다는 것이다. 하나하나 세부적으로 고려하고 일어날지 안 일어날지 모르는 일까지 모두 세고 있다 보면 용기가 없어져서 일을 못 벌이게 된다는 것이다. 창업을 준비하는 과정에서 더 들어갈 수밖에 없는 추가 비용만 해도 그렇다.

★point 창업 비용이 모자랄 때

그렇다면 일단 돈을 빌리는 문제는?

장사해서 빌린 돈을 갚을 자신이 있다면 꿔서 해도 된다. 물론 이건 어디까지나 내 생각이다. 그렇다고 총투자 비용을 몽땅 꾼다는 것은 말도 안 되는 얘기다. 본인이 비용의 약 3분의 2는 가지고 있고, 준비 과정에서 아끼다가 초과되는 부분은 좀 꿔서 해도 상관없지 않을까? 하지만 처음부터 꿔서 한다는 전제로 장사를 시작하면 절대 안 된다.

가령, 한 5천만 원이면 작은 규모로 철판 볶음집은 할 수 있다는 판단에서 일을 벌이는 경우를 보자. 처음부터 모든 비용을 철저하게 알아보고 계산하고 나서 시작하기는 힘들다. 그래서 보통은 큰 비용만 생각하게 된다. 그 비용이 5천만 원이라면 그 돈은 내 수중에 갖고 시작해야 한다. 그런데 정작 일을 벌이게 되면,

문 열기까지 인테리어 하고 그릇을 사들이고 간판 달고 광고지 돌리고 하는 과정에서 돈이 2~3천만 원은 더 들어가게 된다.

그 모자라는 부분은 꿔서 해도 된다는 것이 내 생각이다. 처음부터 5천만 원을 전부 꿔서 시작한다면 나중에 모자란 액수까지 꿔야 하는데, 그렇게 되면 빚이 너무 크게 늘어난다. 그러면 부담감 때문에 남들한테 베푸는 마음을 갖기가 힘들다는 것이다.

point 고깃집 창업비용

고깃집은 가게 평수가 최소 80평은 되어야 한다. 가게 얻는 데 들어가는 돈, 인테리어 비용 8천만 원을 포함해 투자비가 3억은 있어야 한다. 투자비가 조금은 넉넉해야 여유로움 속에서 시작할 수 있고 그래야 손님들한테도, 종업원들한테도 베풀 수 있다. 돈에 너무 쪼들리면서 시작하면 곤란할 것 같다.

▶ 장사 마인드와 체질부터 파악하라

"음식점 하나 해보려고 하는데 어떻게 하면 됩니까?"

이런 질문을 받으면 막막하다. 가령, 누가 "커피숍을 하려고 하는데 어떻게 해야 합니까?" 하고 묻는다면, 커피숍은 내가 해봤으니까 구체적으로 얘기해줄 수가 있다. 물론 내 경험 한도에서이긴 하지만. 커피숍을 하면 규모는 어느 정도 돼야 하고, 얼마를 팔면 얼마가 남는다 식으로 말이다. 하지만 업종도 정하지 않고 막연히 "음식점 하나 해볼 생각인데 어떻게 해야 하지요?" 하고 물으면 해줄 말이 없다. 그래서 난 일단 이렇게 묻는다.

"장사해서 성공하겠다, 장사로 먹고 살아야겠다는 마인드가 확실합니까?"

그러면 대개는 이런 대답이 나온다.

"물론입니다. 아니면 제가 왜 찾아왔겠습니까?"

상대의 눈빛을 보면 그 말이 사실인지 아닌지 알 수 있다. 말만 그렇지, 경험 삼아서 장사 한번 해보겠다는 마음으로 찾아온 사람한테는 더 이상 해줄 말이 없다. 그저, "장사는 아무나 하는 게 아닙니다." 식으로 얼버무릴 수밖에.

"장사란 게 원래 그렇지만, 특히 음식점 장사는 자질구레하게 신경 써야 할 일이 얼마나 많고 또 힘든 일인데요!"

장사해서 돈을 벌겠다는 마인드가 확실하게 서 있는 사람이라도 체질적으로 장사로는 성공하기 힘든 사람도 있다. 장사 체질은 누가 가르쳐줘서 아는 것도, 부족한 부분은 노력해서 고쳐지는 것도 아니다. 내가 보기에 장사 체질이 아닌 사람한테는 그래서 이렇게 말을 한다.

"자신을 먼저 파악하고 나서 과연 내가 장사 체질인가부터 판단해야 합니다."

마인드도 확실하고 장사 체질도 보이는 사람한테는 성의 있게, 용기를 북돋는 방향으로 얘기를 해준다.

"그럼 업종을 선택하고 가게부터 얻으세요. 그런 다음에 오면, 종업원은 어떻게 구하라 등등 구체적으로 어드바이스를 해줄 수 있습니다. 업종과 장소 선택만 끝났다면 그 다음부턴 모든 결정은 과감히 밀고 나가세요. 열심히 하면 안 되는 게 없습니다."

⭐point 음식점 창업 A B C

장사를 하려면 일단 품목(업종)을 결정해야 한다. 자기가 하고 싶어하는 품목을 정해야 한다. 가령 한식집을 하고 싶다면 한식집에 대해 연구하면 된다. 물론 한식집은 투자비가 얼마 들어가고 또 이익은 얼마 나오고 식으로 계산은 해야겠지만, 투자비부터 생각해서 거기에 맞는 업종을 정하면 안 된다. 자기가 원하는 일을 해야 신이 나서 할 수 있고 힘들더라도 포기하지 않고 끈기를 발휘할 수 있는 건 상식 아닐까?

업종 선택에 있어서 덧붙이고 싶은 얘기는 쉬운 길만을 보지 말라는 것이다. 내 생각에는 어려운 걸 선택해서 하는 게 좋을 듯 싶다. 예를 들면, 커피숍을 하는 것보다는 해장국집을 하는 게 낫다는 것이다. 투자하고 고생도 좀 하면서 본인이 노력해야만 땀의 대가를 바로 볼 수 있으니까. 쉽게 돈 벌려는 생각으로 업종을 선택하면, 물론 생각처럼 된다면 우선은 좋은 일이겠지만 장기적으로 볼 때는 손해다.

업종을 정했다면, 그 다음으로 중요한 것이 장소를 잡는 것이다. 장사는 웬만하면 외진 데서 혼자 손님들을 끌어들이는 것보다는 백화점이니 상가니 하는 데서 하는 것이 좋을 듯하다. 즉 기존 상권이 형성된 곳에서 이미 자리를 잡고 있는 업소들하고 경쟁해서 이기는 것이 좋다는 얘기다.

그 다음 해야 할 일은 종업원 확보다. 심성 좋고 기술 좋은 주방 인력, 믿을 만한 카운터, 홀 인원까지 다 구해지면 다음은 재료를 사와서 팔면 된다. 말은 쉽다. 하지만 사실 좋은 사람 구하는 것부터가 힘든데, 이 부분은 뒤에서 따로 얘기하겠다.

▶ 힘들 땐 종업원들한테 호소했다

문을 연 이후 주신정은 계속 승승장구 하다가 1년 후쯤 매출이 고정이 되면서 안정세에 접어들었다. 그런데 호사다마라고 우리 집이 잘되니까 주변에 큰 음식점들이 생겼고 한 업소에선 우리 집 주방장을 빼갔다. 음식점을 하는 데 있어서 애로점 중의 하나인데, 한 군데가 잘된다 하면 옆에 비슷한 데가 들어선다. 가게문을 못 열게 할 순 없지만, 사람까지 빼가면 정말 환장할 노릇이다.

주방장은 우리 집 단골 손님이 빼갔는데, 아마도 우리 집이 장사가 잘되는 것을 보고는 우리 집하고 비슷하게 음식점을 차리면서 주방장한테 눈독을 들인 것 같다. 주방장한테 월급을 더 주고 자동차까지 주고 데려갔는데, 일하는 사람들은 다른 데서 월급을 파격적으로 주면서 오라고 하면 대부분은 그리로 간다. 오로지 정 때문에 한 곳에 있는 사람은 없다.

어쨌거나, 갑자기 주방장 자리가 비었으니 큰일이었다. 급하다고 아무나 데려다 놓을 수도 없는 노릇이었다. 주방장이 바뀌면 손님들이 귀신같이 알아차린다. 실력이 더 좋은 사람을 데려다 놓아도 손님들 입맛이 기존의 맛에 익숙한지라 음식 맛이 예전하고 다르다느니 하면서 손님이 떨어져나가기 십상이다.

고민 끝에 새로 사람을 뽑지 않고 두 명의 보조 주방장을 승진시켰다. 한 명의 주방장 밑에는 두 명의 보조 주방장이 있는데, 그들을 승진시킨 것이다. 그 두 사람은 주방장이 하던 걸 봐왔을 터이니 새 사람을 데려와서 다시 손발을 맞추고 입맛까지 맞추는 것보다는 그게 나을 듯 싶었다.

보조 주방 인력들은 일에 능숙하지 못해서 한동안은 일을 척척 해내지 못했다. 그래서 난 홀에서 뛰는 인원들을 주방으로 들어가게 해서 돕게도 했다. 내가 솔선수범으로 주방에 들어가 이리저리 뛰었다. 종업원들한테 솔직히 부탁하면서 호소도 했다.

"요즘 우리 집이 힘들다. 나 좀 살려줘라, 우리가 좀더 단결하자."

처음엔 종업원들도 일이 벅차 힘들어 했다. 홀에서 뛰는 사람한테 주방 일까지 하라니 '저게 내 일인가? 난 이 일만 잘하면 되는데…' 하는 심사였는지, 시키니까 들어준다는 식으로 겨우 움직여줬다. 그래서 종업원들이 안 되는 부분은 내가 솔선수범했다. 홀에서 손님들을 맞다가 주방을 체크해서 빨아야 할 행주가 밀려 있으면 주방에 들어가서 행주를 빨았다. 일부러 씩씩거리면서 행주를 빨았다. 그래야 홀에서 뛰는 종업원들이 '사장이 화났구나'

생각하고 내 눈치를 보면서라도 주방으로 가서 손에 물을 묻히니까.

그렇게 내 식대로 1, 2년 힘들게 끌어갔는데 어느 시점이 되니까 종업원들도 똘똘 뭉쳐서 일사불란하게 움직여주기 시작했다.

또 손님이 줄어서 매상이 떨어지면 적극적으로 나서줬다. 초기엔 보쌈김치에 들어갈 야채를 다듬는 게 귀찮은 일이어서 다듬어진 야채를 사다가 사용했었다. 그렇게 하니까 남는 게 없었는데, "야채는 우리가 직접 다듬어서 하자", "누룽밥은 귀찮지만 해봐요." 하면서 단가를 줄이는 아이디어들을 내놓았다.

1997년 가을의 O-157 파동, 소위 소고기 파동이 났을 때도 좀 힘들었다. 대부분의 고깃집이 문을 닫거나 업종을 바꾸고 난리였는데, 우리 집도 몇 달 고전했지만 우린 계속 소고기 생고기를 팔았다. 손님이 줄어드니까 종업원들도 불안해했지만 "우리 집은 괜찮다."면서 용기를 북돋워줬다. 사장인 내가 풀이 죽어 있으면 종업원들도 일할 기분이 안 나고, 종업원들 표정이 우울하면 손님들도 기분이 좋을 리가 없으니까. 종업원들은 인상을 밝게 하고 생고기를 자신 있게 서빙했다. 그러니까 손님들도 '이 집 고기는 안심할 수 있는 것'이라고 믿을 수 있었는지 한동안 발길이 뜸했던 손님들도 다시 우리 집을 찾아왔다.

요즘은 주변에 큰 음식점이 생기거나 해서 우리 집이 장사가 좀 안 되면, 종업원들은 "사장님이 아이디어 내세요." 한다. 그런데 이젠 난 아이디어가 '바닥'이 난 듯하다. 20년 장사하면서 많은 것을 해봤지만 이젠 귀찮아서 못 하는 것도 있다. 물론 지금 주신정이 장사가 잘된다고 해서 마음을 푹 놓을 순 없다. 위기란 게 또 어느 순간 느닷없이 닥칠 수 있으니까. 그래도 불안하지 않은 건, 위기가 닥쳐도 날 믿고 따라주는 종업원들하고 똘똘 뭉쳐서 그 위기를 넘길 수 있다는 확신 같은 게 있어서다.

point 위기는 함께 헤쳐나가면 된다

장사를 해보니까 소위 '힘든' 시기가 오는 건 피할 수가 없다. 그럴 때 난 좋은 아이디어를 내면서 더욱더 노력했고 종업원들한테는 "도와달라!"고 호소했다. 고맙게도 종업원들은 내 호소를 외면하지 않았다. 종업원들 덕분에 여러 번의 위기를 조금은 수월하게 넘길 수 있었고 뒤돌아보면, 몇 번의 위기를 겪으면서 결국은 우리 집이 승리를 했다. 주위 집들은 잘 안 되는데 우리 집은 늘 손님이 넘친다.

▶ 주신정에서 일하는 김종결 씨

2. 맛으로 승부를 걸었다

우리 집은 각종 매체에서 '맛집'으로 소개되었고, LG그룹-KBS-대우증권 직원들의 각각의 설문조사에서도 '베스트 5' 음식점에 뽑혔다. 조선일보에서 선정한 '샐러리맨들이 줄서는 집 20선'에도 꼽히는 등, 매스컴을 여러 번 탔다.

'주신정'이 성공한 음식점으로 자리를 잡은 제1의 비결은 뭐니뭐니 해도 음식 맛이 좋아서다. 음식값이 아무리 싸다 해도, 종업원이 친절하다 해도 맛이 없는 집에 손님이 몰릴 리는 없는 법이다.

가게를 내면서 컨셉으로 잡은 것이 독산동 뒤쪽에 있는 가게들 분위기를 내자는 것이었다. 주방에서 직접 생고기를 잘라 주면 분위기가 색다르겠다고 생각하고 음식점을 하는 친한 이들을 만나서 얘길해보니까 다들 좋은 아이디어라고 입을 모았다. 그래서 그

쪽으로 가자고 생각을 굳혔지만, 사실, 생고기를 고추장에 찍어 먹는 마니아가 많다는 것은 가게를 오픈하고 나서야 나도 새삼 알았다.

생고기를 취급하니까 익힌 고기도 당연히 따라 올 터인데, 우선은 맛있는 고기를 조달해오는 게 급선무였다. 그래서 고기를 대주는 사람부터 찾기 시작했다. 당시 영동에 유명한 음식점이 있었는데, 무조건 거길 찾아가서 부탁했다.

"고기 대주는 사람 좀 알려주십시오."

음식점 사장은 머뭇거렸지만 내가 거듭 부탁을 하자 야박하게 굴진 않았다.

"흠, 우리한테 대주는 사람은 알려주기가 그렇고, 고기가 부족할 때 거래하는 사람이 있긴 한데…."

고맙게도 그 사람의 이름과 연락처를 받을 수 있었다. 지금도 그 사람하고 거래를 하고 있는데, 그 사람이 직접 다니면서 좋은 고기를 수거해서 우리 집에 대주는 덕을 톡톡히 보고 있다. 일단 신선한 고기를 산지에서 직접 가져와 제공할 수 있게 되니까, 그 다음으로 시급한 게 주방장을 구하는 일이었다.

▶ 맛의 컨셉은 확실하게 쥐고 있어라

주인이 직접 요리를 더 만들어내는 것도 아닌 이상, 음식 맛은 주방 인력에 의지할 수밖에 없다. 그래도 맛의 컨셉은 기본적으로 주인이 꿰고 있어야 한다.

집에서 살림하는 가정주부들 중에 음식솜씨가 좋다고 식당일에 뛰어드는 사람들이 간혹 있는데 잘 생각해보고 달려들 일인 듯 하다. 맛의 컨셉을 확실히 정해야 하는데, 자기 집 반찬이 맛있다고 해서 그 맛대로 나가는 경우 실패하기 쉽다. 자기 집 식구들이 좋아하는 반찬일 뿐 손님상에 내놔서 대중적으로 다 좋아한다고 할 수는 없기 때문이다.

★ point 독특하되, 대중적인 맛

이런 경우가 있었다. 우리 가게 뒤에 미원을 안 쓰는 칼국수 집이 있었는데, 주인은 교사 출신의 여자였다. 아마도 집에 손님들이 찾아 왔을 때 미원이 안 들어간 칼국수를 만들어서 내놓으면 다들 좋다고 했었던 것 같다. 그래서 그걸 많은 사람들이 좋아할 거라는 생각에 식당을 냈는데 손님이 별로 없었다. 보통 사람들 입맛은 미원 맛에 배어 있기 때문이다. 독특한 맛도 좋긴 하지만 대중적인 맛이 중요하다는 얘기다.

음식 맛이 좋으려면 주인은 어떤 음식은 어떻게 나가야 되겠다는 기본 컨셉을 확실하게 꿰고 있어야 한다. 가령, 동치미는 얼음을 어떻게 띄우고, 또한 무는 비싼 데 미역이 싸고 건강에도 좋으니까 원가 생각해서 무 대신 미역으로 바꾸고 등등.

그 다음으로 중요한 게 믿고 일을 맡길 수 있는 주방 인원을 확보하는 일이다. 주방장과 찬모가 사장의 말을 잘 알아들어서 사장의 컨셉에 맞춰서 음식을 맛있게 만들어주면 되는데, 그렇게 하려면 주방장과 찬모의 노력과 공이 많이 들어간다. 그래서 일단은 성실하고 또한 실력이 있는 주방 인력을 확보해야 한다. 다행히도 난 그런 주방장과 찬모가 확보된 상태였다.

▶ 믿고 맡길 수 있는 주방 인력을 확보하라

전에 실력 있는 주방장을 구해보니까 확실히 차이가 있었다. 그 전에 위너스 뒤편을 늘려서 고향 식당을 했을 때 냉면을 해볼까 해서 오장동 냉면집 할머니한테 부탁을 드린 적이 있었다. "우리도 냉면을 하려고 하는데 냉면 맛 좀 가르쳐 주십시오." 하고. 오장동 냉면집에는 자주 갔었기에 주인 할머니랑 잘 알고 있었다. 감사하게도 할머니는 할머니 가게에서 주방장으로 일하는 조카를 열흘 정도 우리 가게에 보내주셨다.

처음 냉면을 시도하는 것이어서 주방에서 일하는 사람들도, 나도 열심히 준비를 했다. 주문이 들어오면 제때제때 내보내려고 반죽을 미리 다 해놓고 이것 저것 챙겨놓았다. 손님들이 12시에 들어오니까 그 전에 다 차려놔야 한다고 생각해서 우린 바쁘기만 했다. 그런데 주방장은 한쪽에 서서 그냥 보고만 있었다.

"아이, 빨리 하지!"

조급한 마음에 난 주방장을 은근히 몰아세웠다.

"자신 있어요."

주방장은 태연하게 얘기하더니 그대로 가만히 서 있었다. 난 조바심이 났다. 하지만 며칠이지만 우리 집에 특별히 모셔온 주방장인데 그런 티를 내서 그의 기분을 상하게 할 순 없었다. 그래서 조바심을 누르면서 '어디 두고 보자'는 심산으로 기다렸다.

12시가 되면서 손님들이 밀어닥쳤다. 그 동안 가만히 서 있던 주방장은 그때서야 후딱후딱 일을 해치웠다. 손놀림도 빨랐지만 정확한 물 온도에서 냉면발을 삶아냈다. 그 모습을 멀거니 지켜보면서 난 알게 되었다. 그 전까지 주방장은 가만히 서서 놀고 있던 게 아니라 냉면의 물 온도를 생각하고 있던 것이었다. 이 정도 되는 주방장을 만나면 운이 아주 좋은 거다. 유명한 음식점은 이렇듯 나름대로 다 이유가 있는데, 가장 큰 이유는 실력이 좋은 주방장이 있다는 것이다.

주신정을 열면서 난 그런 주방장을 데리고 와야 했다. 전에 신정에서 데리고 있던 주방장은 실력도 좋았지만 무엇보다도 내 말을 잘 따라줬었다. 그래서 당연히 그 친구를 써야 했는데, 그 즈음 그 친구가 교통사고를 당해서 당장 일을 할 수가 없었다. '누구를 구하나' 하고 난감해하는데, 그 친구가 선배 주방장을 소개해줬다. "저보다 성질은 열 배쯤 좋고 기술은 두 배쯤 높다."면서.

찬모 역시 사장을 철저히 믿고 따라주면 정말 고마운데 난 운이 좋았다. 찬모도 함께 오래 일한 사람인데, 어디 유명한 음식점에 데려가서 먹여주면 그 맛대로 잘 만들어주는 사람이다.

▶ 함께 다니면서 메뉴를 개발하라

소개받은 주방장이랑 찬모랑 난 여기저기 음식점들을 다니면서 유명한 음식은 거의 다 맛보면서 정성스럽게 메뉴를 짰다. 파무침은 이렇게 하자, 상은 이렇게 보자, 생고기를 도마 위에 올려 내가면 신선해 보일 것이다, 된장도 지져서 내면 향수를 일으킬 거다, 누룽밥도 하긴 귀찮아도 별미가 될 거다, 오이소박이는 양념 잘 밴 통 오이 두 개를 숭숭 썰어서 내자.

조금이라도 독특한 메뉴를 정하려고 주방장하고 난 온갖 아이디어를 짜냈다. 오색약수로 밥을 지어서 밥에 푸른 기가 도는 '파란밥'도 메뉴에 들어갔다. '파란밥'은 전에 음식점하면서부터 내가 생각했던 아이디어였는데 이번에야 본격적으로 시작한 메뉴였다. 불에 지져서 따스하고 구수름한 맛의 쌈장, 집에서 만든 간장게장도 우리 집 별미다.

그 전에는 머릿속에만 넣어두고 있었던 아이디어들이었다. 맛있고 독특하긴 해도 만드는 게 너무 어렵거나 어디 가서 알아보고 하는 게 귀찮아서도 실천은 하지 못했었다. 하지만 이젠 온갖 아이디어를 다 꺼내서 하나라도 더 구체화하려고 노력했다. 가령,

전에 수원의 어느 음식점에서 맛있게 먹었던 파김치가 떠오르면 직접 그 집에 가서 만드는 법을 배워왔다.

메뉴뿐만 아니라 테이블 세팅하는 데도 많은 아이디어를 냈다. 고기 메뉴는 처음부터 지금까지 똑같지만, 우린 점심 메뉴는 이것 저것 시도하면서 손님들의 반응을 보면서 바꾸고 있다. 처음엔 토란국이 엄청 인기를 끌었다. 아마도 우리 집엔 오고 싶은데 고기 먹기는 부담스럽고 해서 토란국을 선호했던 듯하다. 지금은 점심 메뉴로는 갈비전골, 김치찌개가 많이 나간다.

메뉴가 일반적이고 다양하니까 손님 층은 30, 40대 직장인, 계모임 아주머니들, 노인분들 등 다양하다. 저녁 땐 회식이 많고, 고기 손님은 점심 손님이 더 많다. 물론 우리 집엔 고기 먹으러 오는 사람들이 많다.

⭐ point 유명 음식점들을 순례하라

음식점을 시작하게 되면 다른 음식점에 가서 먹더라도 예사롭게 먹지 않게 된다. 돌아다니면서 먹으면 그게 다 재산이다. 물론 음식점을 열기 전에는 특히 열심히 돌아다녀야 한다. 어느 집에 가면 뭐가 맛있고 어떤 건 어떻게 하는 게 맛도 좋고 보기에도 좋고 하는 식으로 머릿속에 입력된 게 많아야 한다. 또한 주방장의 요리 실력을 파악하려면 주인이 맛에 정통해야 한다. 맛에 정통하려면 같은 업종의 유명한 음식점들을 찾아다니면서 가능한 많이 먹어봐야 한다.

▶ 심성 좋은 주방장을 만나야 한다

음식점 장사 경험이 없는 사람이 혼자서 80여 평 규모의 고깃집을 한다면 쉽지는 않을 것이다. 고기 대주는 집, 야채 대주는 집을 잡을 때도 초보자는 주방장한테 의지하는 수밖에 없다. 그런데 과연 믿을 수 있는 주방장을 어떻게 만나느냐, 그게 음식점 초보 창업자의 애로점이다.

누군가의 소개로 만났건, 유명한 음식점에서 돈을 더 주고 데려왔건, 어쨌거나 처음 만난 사람이다. 그래서 어떤 주방장을 쓸 것이냐 문제를 놓고 나름대로 연구를 많이 해야 한다.

point 인간성이 먼저, 요리 기술은 그 다음

내 경우는, 주방장을 구할 때 가장 중점을 두는 건 인간성이다. 요리 기술은 그 다음이다. 주방장이 기술이 있답시고 어느 날 느닷없이 '강짜'를 부리고 나가버리면 어찌 되겠는가? 그러니 일단은 심성이 좋은 주방장을 만나야 한다.

초보 사장들은 잘되는 음식점들을 찾아다니면서 그 집 주방장한테 심성 좋고 기술 좋은 사람을 소개해 달라고 부탁하는 방법이 가장 빠를 듯 싶다. 웬만큼 사람을 겪어봤다면, 소개받은 사람이 심성이 좋은지 정도는 어느 정도 파악할 수 있을 것이다. 이 사람이면 괜찮겠다 싶으면 기술이 어느 정도인지 알아봐야 한다. 그건 두

세 가지 기본 요리의 컨셉을 말해주고 해보라고 하면 알 것이다.

그런데 심성 좋은 주방장을 못 만날 수도 있다. 그럴 경우는 사장이 자기 경험을 바탕으로 밀고 나가야 된다. 하지만 사장이 경험이 없으면? 그럼 문제가 커진다. 사장 말이 주방장한테 '말발'이 안 서니까 밀어붙일 수가 없다.

⭐ point '초짜' 사장, 주방장 '곤조'

주방장들이 '곤조'가 있다는 건 일반 상식처럼 되어 있는데, 내가 겪어보니까 주인이 뭘 모르면 '곤조'가 더 많이 나오는 것 같다. '초짜' 사장이 이건 이렇게 하고 저건 저렇게 하라고 지시하면 주방장은 그대로 따라주질 않는다. '아무것도 모르면서 잘난 척 하냐?'는 마음에서 사장을 깔보는 거다. 그러면 사장은 자기의 컨셉대로 나갈 수가 없다.

그렇다고 아예 주방장 마음대로 하게 내버려둘 수도 없다. 주방장 '곤조'가 심해져서 누가 주인이고 누가 종업원인지도 모르는 상태가 된다. 더 심각한 건, 주방장이 음식점 맛의 컨셉을 좌지우지하다가 어느 날 갑자기 나가버리면 가게 전체가 올 스톱(all-stop) 될 수도 있다.

그만큼 음식점 초보 창업자들의 경우에는 심성 좋은 주방장을 만나느냐, 못 만나느냐에 장사의 성패가 달려 있다고 봐도 된다.

난 장사 경험이 20년이니까 내 '말발'이 꽤 먹히고 있지만 그렇다고 주방장이 무조건 내 말을 따라준다는 건 아니다. 내가 겪어 본 주방장들은 내 말을 따라주지 않는 데 대해 나름대로 이유가 엄청 많았다.

주방장이 바뀌면서 물김치가 덜 시어진 것 같아서 내가 한마디 했었다.

"야, 나도 음식점은 오래 했는데 내 말대로 좀 해라. 물김치는 좀 시게 해."

"그럼 너무 시어서 못 먹어요."

주방장의 대답은 단호했다.

다른 주방장하고는 이런 일이 있었다.

"반찬 하나 더 내자. 어디 가니까 파김치에다 뭘 무쳐서 주는데 맛있더라. 우리도 그거 해보자."

"그러지요."

내가 부탁조로 얘길 해서 그런지 주방장은 의외로 순순히 나왔다. 헌데, 일단 내 말을 따라주긴 했지만 해보니까 일이 힘든지, 아니면 귀찮은지 슬슬 하기 싫어하는 눈치였다. 그러더니 결국은 이런 이유를 대면서 나왔다.

"그거 그냥 빼지요. 손님들이 싫어하던데요."

하지만 내가 누군가? 이 정도에서 물러설 만큼 나도 호락호락 한 사람은 아니다. 난 밀어붙였다.

"내가 먹어보니까 맛만 있더라. 계속하자구!"

▶ 모든 걸 주방장한테 의지하면 안 된다

좋은 주방장이 확보되고 또 모든 준비가 끝나서 가게가 돌아가면 한 가지 하고 넘어가야 할 일이 있다. 주방장이 빠지면 주방이 안 돌아가는 상황을 만들지 않아야 한다는 것이다. 모든 걸 주방장한테 의지하고 있으면 안 된다.

장사 시작하고 나서 한 1년쯤 됐나? 우리 집이 장사가 잘되니까 다른 집에서 우리 집 주방장을 빼갔다. 난 주방장 밑에 있던 보조 주방장 두 명을 주방장 자리로 올려서 일하게 했다. 처음엔 그들은 능력이 부치니까 굉장히 힘들어했다. 상황이 다급해서 난 홀 인원까지 주방에 들어가서 일을 돕게 했다. 그러면서 차츰 주방장들도 손이 빨라졌고 일이 손에 익어서 자기 역할을 잘하겠다 싶어 난 마음이 놓였다.

그런데 이게 웬걸? 주방장이 다른 집으로 가겠다는 것이었다. 나가겠다는 사람을 붙잡을 순 없었다. 묘한 배신감 때문인지 붙잡고 싶지도 않았다. 그래서 내보내고 지난번처럼 보조 주방장을 주방장으로 올려 보냈다.

지난번처럼 또 나도, 홀에서 뛰는 사람들도 주방을 들락거리면서 힘들어졌고 겨우 다시 편해질 즈음, 이번 주방장도 또 다른 데로 가겠다고 했다.

다시 이런 일을 겪으니까 이런 식으로는 안 되겠다는 생각이 퍼뜩 들었다. 지난번에도 그렇고 이번에도 그렇고 주방장이 빠지니까 일시적이긴 하지만 가게 전체가 굉장히 힘들었다. 그래서 내 나름대로 방식을 강구했다. 주방장이 없어도 주방이 제대로 원활하게 돌아가게 시스템을 만들기로 했다.

⭐ point 전체가 같이 일하는 시스템을 구축하라

> 난 우리 가게에서는 아무나 주방에 들어가서 요리를 할 수 있게 해놨다. 그러기 위해서 전 종업원들한테 이런 인식을 심어놓으려고 노력했다.
>
> '우리 집 일은 전체가 같이 한다. 내가 주인이 돼서 모든 일을 체크하고 처리하는 식으로'
>
> 지금은 우리 집 종업원들은 주방이든, 홀이든 그쪽 인원이 부족하다 싶으면 자기 역할이야 어떻든 그리로 뛰어들어가서 그쪽 일을 하는 것을 당연한 것으로 알고 있다.

주방장들 중에는 간혹 이런 사람이 있다. 다른 사람이 자기 대신 음식 만드는 걸 못 봐주는 사람, 자기가 음식 만드는 걸 누가 보기라도 하면 덮어버리면서 가리는 사람. 아마도 자기 기술이 대단한 기술인 줄 알고 있나 본데, 어쨌거나 그런 사람을 주방장으로 '모시고' 있으면 불안하다. 갑자기 나가버리면 상황이 크게 힘들어지니까.

그런데 이젠 주방장이 나간다고 해도 큰 타격을 안 보고 "어? 그래, 그만 둬." 하고 말할 수 있게 됐다. 주방장 3명이 모두 안 나와도 홀에 있는 사람이 들어가서 주방 일을 할 수 있으니까. 주

방 인력뿐만 아니라 다른 누가 빠져도 무리 없이 돌아갈 수 있는
체계가 잡혔기 때문이다.

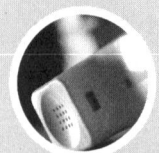

3. 손님한테는 무조건 친절하게

음식 맛이 아무리 좋아도, 저렴한 가격에 푸짐하게 나와도, 사장을 비롯해서 종업원들이 서비스가 엉망이라면 손님은 떨어진다. 아니 다소 맛이 떨어지더라도, 주인하고 종업원들이 너무 친절하면 그게 미안해서라도 한두 번 더 가주는 게 인지상정인지도 모른다. 그러니까 손님한테는 무조건 친절해야 한다. 고객을 왕으로 모셔야 하는 것은 장사의 기본이다. 그런데 수많은 사람들이 그렇게 말은 하지만 실천하는 사람은 적은 것 같다. 처음엔 누구나 그런 마음가짐으로 시작하지만 장사가 좀 된다 싶으면 좀 해이해지는 것인지?

처음 90평으로 가게를 시작했을 때, 매장 안 한쪽 벽에 크게 써붙여놓은 게 있다.

'손님은 항상 옳습니다, 노력하는 주신정'

'고기가 나쁘다고 생각되시면 즉시 말씀해 주십시오, 감사합니다'

광고 전단에도 이렇게 썼다.

'엎드려 감사드립니다'

절박한 마음에 시작한 장사라 그런지, 우리 집에 오시는 손님 한 분 한 분이 그렇게 고마울 수가 없었다. 손님들 덕분에 내가 돈을 버는 것이 아닌가, 그러니 고마운 마음이 드는 건 당연했다.

⭐point 친절 서비스의 비결

'친절강연'을 다니면서 내가 강조한 말은 "손님한테는 무조건 친절해야 한다."는 것이었다. 그러면 어떻게 하면 손님들한테 친절하게 할 수 있느냐는 질문이 많이 나오는데, 비결은 따로 없다. 손님에게 진정으로 마음속으로 고맙다고 생각하면 친절은 절로 우러나온다. 손님들 입에서도 자연스럽게 "그 집에 가면 친절하다."는 소리가 나오고.

가게를 오픈하고 1년쯤 지나서 뒤쪽으로 50평을 더 늘렸다. 그랬는데도 손님이 계속 늘어나서 3년 후쯤에는 옆으로 또 늘려서 '주신정 2' 간판을 달면서 전체 평수가 2백 평이 됐다. 오전 11시 30분부터 오후 10시까지 연중무휴로 가게를 여는데, 우리 집이 이렇게 성공하게 된 것은 맛으로 승부한다는 원칙에 더해서 손님을 무조건 친절하게 모신 것 때문이다.

▶ 손님은 항상 옳다

사실, 장사를 하다 보면 별 손님이 다 있다. 늘 최고의 육질을 엄선해서 가져오는데도 손님 입맛은 제각각인지, 고기 맛은 늘 그 대로인데 맛이 없어졌다고 트집 잡는 사람도 많다. 그런 경우, 부드럽게 대해야 한다. 난 일단은 손님 말은 무조건 옳다고 해준다. 주인인 내가 변명을 하면 안 된다. 하지만 그냥 있을 순 없다. 어쨌거나 손님의 기분도 풀어줘야 하고, 또 고기 맛이 없어진 건 아니므로 가만히 있으면 그걸 인정하는 꼴이 되니까. 그래서 난 이런 식으로 얘기한다.

"소가 다 같진 않으니까 바꿔 달래서 드세요! 맛없어 보이는 고기는 갈아서 불고기로 나갑니다. 손님은 맛있는 것만 드세요!"

서비스가 느리다고 종업원에게 욕하거나 "지배인 불러와!" 하면서 목청 돋구는 손님들도 그 앞에서는 손님 편에 서서 손님 말을 들어줘야 한다. 그리고 나서 손님이 안 보이는 데 가서는 안 좋은 소리를 들어서 기분이 상한 종업원을 위로해줘야 하고. 가끔 생각한다. 장사는 도(道) 닦는 길이라고.

나도 사람이니까 손님이 좀 과하다 싶으면 솔직히 짜증스러워질 때도 있었다. 처음엔 그런 내 속을 겉으로 드러내지 않으려고 애도 썼다. 그런데 워낙 많은 사람을 겪다보니까 웬만한 일에는 마음이 흔들리지 않게 됐다. 기본적으로는 모든 손님이 고맙다는 생각이 마음 깊이 새겨져 있어서 그게 가능했을 것이다.

음식에서 머리카락이 나왔다고 돈을 안 내고 간 여자 손님도 있었다. 내가 가게에 없었을 때여서 그런 일이 있었는지도 모르고 있었는데 나중에 가게로 전화가 왔다.

"당신 위해서 해주는 말이에요. 머리카락도 그렇고, 당신 없을 때 가니까 종업원들이 지저분하게 하던데…."

목소리의 주인공은 꽤나 깐깐했다. 우리 집을 헐뜯는데 기분이 좋을 리는 없었다. 그것도 머리카락이 나왔다니? 하지만 불평을 하는 손님이라도 일단은 네, 네 하면서 들어준다.

"네, 시정하도록 하겠습니다. 전화 주셔서 감사합니다. 네, 네."

전화를 끊고 지배인한테 확인을 해봤다. 지배인은 평소 어투로 머리카락이 나오지도 않았는데 트집을 잡으면서 돈을 안 내고 간 손님이 있었다고 했다. '그래? 그럴 수도 있지' 하고 지배인 말은 그대로 받아들였다. 하지만 손님한테 안 좋은 얘기를 들은 직후여서 내 목소리 톤은 어쩔 수 없이 좀 날카로워졌다.

"그건 그렇고, 지저분하다는 얘기는 왜 나오는 거야?"

"점심 시간 끝나고 종업원들이 쉬는 시간에 좀 풀어진 모습을 보고 그러는 가 봐요."

지배인은 좀 억울하다는 말투였다. 괜히 손님 말 때문에 지배인을 몰아붙인 것 같아서 난 좀 미안한 마음이 들었다. 그래서 톤을 낮춰서 얘길 했다.

"그래, 알았다."

이런 일들을 겪으면서 난 고객의 불만도 고마운 마음으로 받아들이게 됐다. 어쨌거나 우리 집을 생각해서 해주는 말들이니까.

▶ 주인이 건방지면 손님은 오지 않는다

아마도 내가 건방진 마음이 있었다면 손님들의 불만을 고마운 마음으로 받아들이기가 참 힘들었을 것이다. 좀 과하다 싶은 손님 앞에서 저자세로 나가는 것도 무진장 노력해야 했을 것이고.

난 마음을 비웠기 때문에, 처음부터 매장에만 들어오면 건방진 마음이 없었다. 거만해지려는 마음을 죽이려고 노력했다기보다는, 손님 앞에 서면 자연스럽게 겸손함이 우러나왔다. 아마 이런 점도 내가 장사 체질인 듯 하다. 그리고 다행히도, 나의 겸손한 자세가 손님들한테 전달되는지 간혹 불평하는 손님이 있어도 손님 대부분은 내 편인 것 같다.

부업으로 처음 도자기 가게를 하면서 정한 장사 원칙 하나가 있었다. 얼굴이 알려졌다고 손님 앞에서 거만을 떤다거나 잘난 척 하면 안 된다는 것이었다.

"얼굴이 알려질수록 겸손해라, 마음에서 우러나오지 않으면 겸손한 척이라도 해라!"

그래야 손님들이 내 편이 된다는 걸 알았다. 누가 가르쳐준 것도 아니고, 경험을 통해 터득한 것도 아니다. 손님이 한두 번 나를 관찰하러 왔다가 주인인 내가 거드름 피우는 걸 보면 그것은 곧 적이 되는 것이다. 주인이 겸손하면 많은 걸 얻을 수 있다.

어느 단체에서 대표를 뽑을 때도 후보의 인간성을 보지, 그 사람이 하는 말은 듣지 않는다. 탤런트가 장사하면 사람들이 한 번씩은 와보지만 계속 오게 하려면 주인이 겸손하고 폼이 아니라 마음에서 우러나와서 겸손해야 한다. 주인이 얼굴이 알려진 사람이 아니더라도 마찬가지일 것이다. '내가 지금 돈이 필요해서 여기 나와 있는 거지, 너보다 못나서 나와 있는 줄 아냐?!'

주인이 이런 마음을 갖고 있다면 그 마음은 그대로 손님한테 전달된다. 겉으론 웃고 사근사근하게 행동해도 속마음을 감출 순 없다. 그러니까 건방 떠는 사람은 장사는 안 하는 게 좋다.

⭐point 겸손한 척이라도 하라

> 손님한테 감사하다는 마음이 우러나오면 자연히 겸손해진다. 그런 사람은 장사 체질이라고 할 수 있다. 장사 체질이 아니어도, 겸손해지려고 노력이라도 하는 사람이라면 겸손한 척이라도 해야 한다. 척 하더라도 진심인 것처럼 해야 한다. 그럴 자신이 없으면 장사는 안 하는 게 좋을 듯하다.

▶️ 모든 걸 손님 기준으로 : 박리다매

내 인생에서 마지막 기회란 생각으로 장사를 시작해서 난 무조건 손님 입장에서 생각을 했다. 결국은 손님들 주머니에서 나오는 돈이 날 부자로 만들어주는 것이었다. 그렇다면 당연히 손님들 입장을 우선해서 생각해야 했다.

손님 입장이란 게 무엇인가? 아무리 맛있는 음식이라 해도 비싸서 쉽게 먹지 못한다면 손님한테는 그 음식이 그림의 떡이 아닌가? 손님 입장에서 보면 '박리다매' 쪽으로 가야할 듯 했다. 손님 주머니에서 한꺼번에 돈을 왕창 뺏을 것이냐, 아니면 길게 보고 조금씩 저축할 것이냐, 난 그걸 결정해야 했는데 후자로 가기로 마음먹었다. 물론 화재로 모든 걸 날린 후였으니까 빨리 복구해야 한다는 조바심이 없지는 않았다. 그래서 내 조바심에 제동을 걸어야 했다. 스스로에게 이렇게 말하면서.

'작은 돈에 고마워하면 큰돈이 된다. 1천만 원 들여서 장사를 시작했는데 1백만 원도 안 나왔다, 이렇게 생각하면 안 된다. 몇십만 원이라도 고마워하면서 조금씩 키워 가면 된다'

박리다매에 의거해서 맛있는 음식을 비싸지 않게, 거기다 모든 음식을 푸짐하게 차려 나가는 것, 그게 우리 집 원칙이다. 재료를 정직하게 쓰는 것도.

음식값은 1년에 한 번 올리거나 안 올릴 때도 있는데, 원재료비가 상승하면 어쩔 수 없이 올리는 경우가 있다. 재료비가 올랐는데 원가를 줄일 요량으로 질이 떨어지는 재료를 쓸 수는 없어서다. 그렇다고 음식 값을 한꺼번에 많이 올릴 수는 없어서 술값만 5백 원씩 올리기도 한다. 술은 우리 집 가격 기준에서는 조금 비싸게 받는다. 술을 덜 마시자는 생각에서다.

현재, 얼리지 않은 갖가지 생고기(1만 5천~1만 7천 원), 당면을 많이 넣은 생불고기(7천 원), 곱창전골(8천 원), 김치전골(5천 원), 두툼한 돌판에 소박하게 구워 먹는 돌판구이 정식(1만 원), 푸짐한 고기 건더기와 진한 국물 맛이 별미인 왕창갈비탕(5천 원)이 점심 시간에는 최고의 인기 메뉴이다. 디저트로 커피와 누룽밥이 제공되니까, 맛도 맛이지만 저렴하고 푸짐해서 인기가 높은 듯하다. 짜지도 쓰지도 않고 약간 싸아하고 시원한 맛의 '1년 묵은 김치'가 서비스로 나간다.

⭐point 손님상에는 먹을 만큼만 내가자?

쓰레기 처리 문제도 있고 해서 음식점의 식탁 이론은 '먹을 만큼만 내가고 간단히 하자'이지만, 현실적으로는 그게 잘 안 된다. 우리 정서가 그렇지를 못하다. 만일 우리 집에서 음식을 인색하게 내가면, 좋아하는 사람은 백 명 중 세 명이나 될까? 한국인의 정서는 아직까지는 뭔가 푸짐한 것, 상다리가 부러지게 차려놓고 많이 먹는 것이다. 딱 먹을 만큼만 내놓으면 한식집 하지 말고 일식집을 해야 한다. 사람들이 '먹을 만큼만 내놓자'는 인식은 많이들 갖고 있지만, 현실적으로는 '푸짐히'라는 고정관념을 깨지 못한 것 같다.

손님들한테 푸짐한 식사를 하게 하려고 여러 가지 아이디어를 짜냈다. 가령, 소 내장의 맨 위 부분인 양고기는 얼음과 함께 나가는 1년 묵은 김치로 싸서 먹을 수 있다. 된장찌개는 설악산 한계령에 있는 필레마을에서 수송한 약수로 지어 밥에 푸른 기운이 도는 공기밥하고 같이 나가는데, 밥은 열무김치를 넣고 비벼서 비빔밥을 해 먹을 수 있다. 거기다 디저트로 나가는 누룽밥까지 합하면 식사량이 적은 사람은 다 먹지 못할 만큼 푸짐하다.

푸짐하게 차릴 경우 물론 쓰레기 처리비용도 생각해야 한다. 우리 가게는 농장하고 연결해서 쓰레기를 처리한다. 음식찌꺼기를 사료로 쓰는 사람들하고는 연계가 많이 돼 있는데, 음식 쓰레기를 포함해서 쓰레기 봉투 값만 한 달에 120~130만 원 정도 들어간다. 손님이 하도 많아서 자원을 아낀다든지, 쓰레기를 줄인다든지 하는 건 솔직히 아직은 못 하고 있다.

⭐point 잔칫집 분위기여야 한다

손님 입장에서 내가 노력하는 게 또 하나 있는데, 바로 분위기다. 손님이 있건 없건 음식점은 늘 잔칫집 분위기여야 한다는 게 내 생각이다. 썰렁한 데서 먹는 게 맛이 있을까? 그래서 활기찬 분위기를 만들기 위해 끊임없이 노력한다. 또한 잔칫집에서 인색하면 되겠는가? 그러면 안 되겠기에 식탁을 푸짐하게 차려내는 것이다.

▶ 베푸는 게 남는 것이다

손님이 반찬을 더 달라는데 종업원이 머뭇거릴 때가 가끔 있다. 주방에 한 번 더 갔다 오기가 귀찮아서 그러는 건 아니다. 자기 생각엔, 손님이 돈 내고 먹는 음식보다 서비스로 달라는 게 더 많아서 그러는 것이다. 즉 배보다 배꼽이 크다고 생각해서 자기 가게로 생각하고 사장 이익을 생각해주는 것이니 나로선 싫진 않다. 하지만 내가 원하는 건 그게 아니다. 그래서 난 그 종업원한테 눈짓으로 말을 한다. '더 갖다 줘라'. 내 신호를 받으면 종업원은 반찬을 챙겨서 손님 테이블에 갖다 주고 오면서도 그 손님이 얄미운지 귀엣말로 나한테 한마디 한다.

"저 손님 벌써 다섯 번째에요. 남는 것도 없는데⋯."

난 피식 웃으면서 달래듯 대꾸해 준다.

"내 방침 몰라? 내 식대로 해, 알았지?"

그렇다, 하나 더 준다고 뭐가 대수냐? 그게 내 마음이다. 음식점 하는 사람이 음식 갖고 손님한테 야박하게 굴면 안 된다는 것이 내 장사 원칙이다. 원칙도 원칙이지만, 고마운 손님들한테 인색하게 굴고 싶진 않다.

경영하는 면에서 손님한테 더 주는 것이 고객확보 전략인지 어떤지는 모르겠지만, 장사하는 사람은 더 주는 게 남는 것이라는 걸 체질적으로 알아야 한다. 오랜 장사 경험을 통해서 난 내 생각이 옳다는 걸 검증했다.

또한 파김치를 만드는 데 파가 7단 들어가는데 "6단만 쓰면 얼마 줄일 수 있지 않느냐?"고 하면서 종업원한테 재료를 아껴 쓰라고 재촉하는 사람, 전깃값 아끼겠다고 손님이 좀 뜸하다 싶으면 대뜸 전등 몇 개는 꺼버리는 사람, 손님한테 '딱' 줄 만큼만 주고는 더 이상 베풀지 않는 사람, 종업원들한테 '짠' 사람치고 장사 잘하는 사람은 못 봤다.

　당장의 이익에만 너무 연연해하는 것은 좋지 않다. 작은 이익에 연연하면 음식 장사는 망하기 마련이다. 베푸는 게 남는 것이다. 베푸는 만큼, 아니 그 이상이 돌아온다.

point 아까워 하는 사람은 장사 못 한

　음식에 대한 투자는 절대 인색해서는 안 된다. 무조건 아끼는 사람도 음식점 장사를 하면 안 된다. 본인 스스로는 자기가 인간성이 아주 좋고 대인관계가 좋다고 떠벌려도, 손님이나 종업원한테 베푸는 게 아깝다고 느끼는 사람도 안 된다. 손님한테 하나라도 더 갖다주는 걸 아까워 하는 사람치고 장사 잘하는 사람을 난 못 봤다.

The Commencement Of An Enterprise

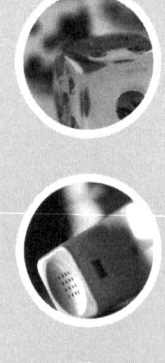

4. 종업원과 함께 간다

사장인 내가 아무리 친절해도 종업원들이 손님한테 친절하지 못하다면 말짱 허사다. 우리 집이 맛과 친절로 성공한 것은 종업원들 덕이다.

내가 손님들에게 할 수 있는 것은 그렇게 많지가 않다. 손님들 얼굴 하나라도 더 기억하려고 노력하고 손님들 기분 좋게, 적어도 우리 집에 와서 기분이 상하는 일은 없게 하려고 웃는 얼굴로 손님들께 인사 챙기고, 가게가 바빠지면 손님들께 조금이라도 불편 드리지 않으려고 열심히 뛰어다니는 정도다.

직접 손님들께 자리를 안내하고 주문을 받아서 음식을 갖다드리고, 부족한 음식이 있으면 더 갖다드리는 등 손님들이 좀더 기분 좋고 편하게 식사를 할 수 있게 해주는 것은 홀에서 뛰는 사람들이다. 홀 청소도 하고 쓰레기도 처리하고 주차장 관리도 이들의 몫이다.

어디 그들뿐인가? 주방에서는 손님들께 맛있는 음식을 제공하려고 반찬 하나라도 더 맛있게 만들어내고, 또 청결함을 중시하는 손님들의 신뢰를 깨지 않으려고 열심히 그릇 닦고 불판 닦고 하는 사람들이 있다. 그리고 단순히 음식값을 계산해 받는 게 아니라 손님들과 우리 집과의 인연을 다음으로 이어주는 카운터, 이 모든 걸 총괄하면서 든든한 버팀목이 되어주는 지배인, 다양한 역할을 해주는 이들이 묵묵히, 또한 힘껏 그리고 가급적 즐거운 마음으로 일을 해주고 있다.

이 모든 것은 손님들에게 친절하게 봉사하겠다는 마음에서 나오는 것일 게다. 그리고 '친절! 무조건 친절!' 을 잔소리처럼 외쳐댄 사장인 나의 마음을 받아들여 준 것일 테고. 기본적으로는 물론 자기 일에 대한 성실함에서 비롯되는 것이고.

▶ 종업원 손발 맞추기

물론 처음부터 모두들 마음이 맞아서 손발이 척척 들어맞았던 것은 아니다. 사실 1, 2년은 직원들이 손발이 맞지 않아서 좀 힘들었다. 내가 힘들게 끌어온 부분도 있다.

처음엔 20명의 종업원에서 시작했다. 가게 문을 열면서 난 직원들한테 호소했다.

"난 여기 목숨을 걸었다. 날 좀 도와달라. 우리 같이 시작하는 기분으로 손이 좀 힘들더라도 고생해달라. 우리가 고생하면 같이 잘되는 것이다."

지배인, 카운터, 찬모 그리고 홀 인원 몇 명은 내가 오랫동안 같이 손발을 맞춰온 이들인데 내 스타일을 잘 알아서 잘 따라줬다. 믿고 맡길 수 있는 사람들이 있어서 그나마 다행이었지만, 새로 온 사람들을 내 스타일대로 끌어올리자니 그렇게 수월하지가 않았다.

시간이 지나면서 새로 온 사람들도 어느 정도 손발을 맞추고 일하게 되었는데 1년 만에 직원이 30명 넘게 늘어났다. 기존 인원들도 내 생각만큼은 따라와 주질 않은 상태에서 인원이 또 늘어난 것이다.

직원들 입장에서도 깐깐한 사장 밑에서 일하는 게 힘들었을 테지만, 나도 힘들었다. 절박한 마음에서 시작한 가게여서 난 내 나름대로 최선을 다한다는 자세로 가게에 매달렸다. 그런데다 내겐 완벽을 추구하는 경향이 좀 있다. 그러다 보니 '직원들도 이 정도면 됐다' 하고 마음을 놓을 수가 없어서 내 스타일대로 밀어붙인 부분이 있다. 직원들 입장에선 다른 집에서 일하는 것에 비해 일이 힘에 부칠 정도로.

내가 밀어붙여서 서비스도 많이 늘어났다. 파쇼적으로 "이것 해보자."고 밀어붙이면서 서비스를 늘려나갔다. 서비스가 늘어나서 홀에서 서비스 하다가 막히면 주방에서 힘이 든다. 귀찮고 힘들고 하면 직원들은 슬슬 서비스를 줄이고 싶어하는 눈치들을 보였다. 그러면 난 "그 정도도 못 하냐?"로 나갔다. 직원들도 사장의 성질(?)을 아는 터라 썩 내키진 않더라도 일단은 따라와 줬다.

　그런데 어느 정도 시간이 흐르니까 자발적으로 움직여주기 시작했다. 사장인 날 믿고, 딴 집에선 힘들고 잘 못 하는 일들도 열심히 해줬다. '무조건 친절하게' 라는 내 원칙도 잘 따라주었고.

⭐ point 사장이 원칙이 있어야 종업원이 따른다

물론 내 원칙을 직원들이 완전히 이해하기까지는 시간이 꽤 걸렸다. 보통 사람이 우리 집에 와서 일해보면 이해가 안 갈 것이다.

　'탤런트가 손님 신발을 정리하지 않나, 손님이 집적거리면서 더 달라고 한다고 더 주면 분명히 밑지는데도 불구하고 사장이 갖다 주라 하지 않나…'

　이젠 직원들도 내 스타일을, 내 원칙을 잘 안다. '저 사람은 손님한텐 간이라도 빼줄 듯이 하는구나'를 안다는 것이다.

　또 자기들이 일하는 게 마음에 들지 않으면 내가 열 받고 좀 씩씩거리면서 솔선수범(!)하는 게 내 스타일이라는 것도 잘 안다. 물론 손님들은 모르게 하고.

　우리 집은 저녁 10시 이후에 들어오는 손님은 받지 않는다. 전에 이런 일이 있어서다. 종업원들은 밤 9시경에 반찬을 싹 치워놓고 그 후에 손님이 오면 미적거리면서 잘 움직이질 않았다. 그걸 보고 홀에 앉아 있던 내가 가서 냉장고문을 '확' 열고 반찬을 꺼냈다. 종업원들은 '저게 또 지랄났구나'를 알고 그 때부터 분주하게 움직였다. 그 후에는 아예 시간을 정해줬다. "반찬은 9시 50분에 치워놓고 10시까지 들어오는 손님은 받아야 한다."고.

그 동안 물론 일이 힘들어서 나간 종업원들도 있다. 인원이 자꾸 빠지면 새 사람이 올 때까지 남아 있는 사람들이 그 자리를 보충해야 하니 일이 많아져서 힘들어지니까. 하지만 내 스타일이 싫어서 나간다는 사람은 없었던 것 같다. 그들도 느끼고 아는 것 같다. '아, 저렇게 해서 손님이 많아지는구나…'

직원들이 지금에 오기까지 엄청 힘들고 시행착오도 많이 겪었다. 난 "이건 이렇게, 저건 저렇게."를 말이 아니라 직접 내가 해보이면서 직원들을 끌어왔는데 내 방식이 다 옳았던 것은 아니었다.

하지만 그런 과정을 거치면서 우리 집 스타일이 만들어졌고 직원들도 일사불란하게 움직여주게 되었다. 만드는 게 힘드는 데 비해 잘 안 팔리는 메뉴는 빼고 새로운 아이디어도 개발했다. 전골은 투구같이 생긴 냄비에다 내서 손님들이 직접 끓여먹을 수 있게 하고, 고기는 접시 대신 도마에다 올려서 내가고 등등.

지금은 직원이 40명이다. 주방 인원은 12명이다. 고기 담당하는 사람 2명, 반찬하고 냉면 만드는 사람 3명, 그릇 닦는 사람 3명, 불판 닦는 사람 1명, 밥하는 사람 1명 등이다. 홀 인원은 28명이다. 남자들은 주로 여자들을 보조해서 무거운 것을 나르고 그릇을 치워주고 쓰레기 치워주는 일을 한다. 여자들은 카운터, 그리고 손님상에 서빙하는 이들이다. 홀 인원은 남녀 구분 없이 일을 하는데 남자들은 담당 테이블은 정해놓지 않고 그때 그때 필요한 데서 뛰고 있다. 김칫거리를 다듬거나 물수건을 빠는 등의 잡다한 일들은 직원들이 자기네들이 순번을 정해서 알아서 하고 있다. 주방이 바쁘면 홀 인원들도 들어가서 하게 되어 있고.

▶ 종업원들이 돈을 벌어 준다

안면이 좀 있는 잡지사 기자하고 인터뷰를 했는데, 음식점 하는 데 있어서의 애로점이 뭐냐는 질문에 난 종업원 문제를 짚었다.

"사장이 제 아무리 잘나고 똑똑해도 종업원이 내 일처럼 움직여 주지 않으면 못 하는 게 음식점이야. 다른 업종도 그렇겠지만. 더구나 우리 집처럼 종업원 수가 많으면 사장 혼자서 종업원 관리하는 것도 힘들어."

음식점의 애로점을 시시콜콜이 들자면 여러 가지 얘기가 나오겠지만, 그 중에서도 인적 구성은 아주 중요하면서도 또 어려운 부분이다.

가령, 주인이 직접 주방을 맡으면 카운터나 홀은 지휘하지 못한다. 주방장을 데려오려면 성격 좋고 기술도 좋은 사람을 구해야 하고, 나처럼 두 가지 일을 하거나 음식점 규모가 크면 내가 없을 때 믿고 맡길 수 있는 지배인도 있어야 한다. 홀에서 뛰는 사람도 마음에 드는 사람을 구하려면 시간이 필요하고 또 여러 사람을 겪어보면서 사람 보는 눈도 있어야 한다. 그렇게 해서 뽑은 사람이 일을 잘한다 싶어서 마음놓고 있는데 어느 날 갑자기 나간다고 하면 그 자리를 채우는 것도 간단한 문제가 아니다. 급히 사람을 뽑으려 해도 적당한 사람이 제때 나타나 준다는 보장도 없고, 그렇다고 그런 사람이 나타날 때까지 기다리고 있자니 기존의 종업원들이 힘들어지니까.

처음 먹자빌딩에서 신정을 했을 때도 처음엔 7명으로 시작했는데, 물론 모두 새로 만난 사람들이었다. 사람을 구한다는 광고를 보고 찾아온 사람들을 내가 면접을 보고 채용했다. 나중에 사람이 더 필요해졌을 땐 우리 집에서 일하는 종업원들이 자기 친구들도 데려 오고, 알음알음으로 해서 연결된 사람들이 와서 같이 일하게 된 경우가 많다.

그렇게 모인 사람들 중에서 오랜 시간을 거쳐서 서로 뜻이 통하고 "저 놈 착하고 일 잘한다."고 신뢰할 수가 있어서 지배인도 시키고 했다. 새로 인원을 구하는 일은 지배인한테 맡기는 식으로 해서, 다행히도 난 사람 구하는 어려움은 몰랐다. 주신정을 열 때도 20명 선에서 시작했는데 기존에 형성됐던 멤버들이 있어서 부족한 인원도 좀 수월하게 충원했다.

음식점을 해보니까 과연 음식점은 종업원이 돈을 벌어 준다는 얘기가 사실이었다. 돈을 벌어 주는 종업원들은 오래 붙들고 있어야 한다. 물론 처음부터 일 잘하고 사장 스타일을 잘 따라주는 건 아니니까, 돈 벌어 주는 종업원들이 되도록 사장이 가르치고 끌어 줘야 한다. 그러려면 소위 말하는 '종업원 관리'를 잘해야 한다.

부업으로 처음 도자기 가게를 했을 땐 종업원이 2~3명이어서 특별히 관리라는 게 없었다. 그냥 마음으로 잘해주고 믿어주고 농담도 주고받으면서 편하게 해주는 정도였다. 도자기 가게 점원이 하는 일은 손님한테 물건을 파는 것이므로 점원을 밀어붙이면서까지 특별히 가르칠 것도 별로 없었다. 손님한테 좀 뚱하면 "좀 친절하게 해라." 그 정도만 얘기하면 됐다.

point 종업원 관리의 노하우

하지만 음식점은 다르다. 종업원이 하는 일이 다양하고 각자 또 자기 역할이란 게 있어서 전체 일이 제대로 돌아가게 하려면 사장은 여러 가지 신경을 써야 한다. 또 사람이 많다보면 각기 다른 성품과 기질을 일일이 헤아리면서 종업원들을 끌어갈 순 없지만, 기본적인 방침이라든가 하는 게 필요하다. 종업원을 다스리는 관리 노하우 같은 것을 빨리 터득하는 관리자의 체질 같은 것이 중요하다.

그런데 내겐 종업원을 다스리는 체질은 없는 것 같다. 그렇지만 사랑하는 체질은 있는 것 같다.

우리 집에서 일하는 젊은 사람들은 어찌 되었거나 나보다는 처지나 상황이 못 한 사람들이다. 그런 생각이 드니까 정말 마음으로 불쌍하고 안됐다는 걸 많이 느낀다. 마음속으로 '저건 저러니까 저렇게밖에 못 살지' 하는 생각은 해본 적이 없다. 또 같이 이런 저런 얘기도 하고 술도 먹고 하면 내가 흐뭇하기도 하다.

우리 집엔 아줌마들이 많다. 아줌마들은 가정을 이끌어가는 사람들인데 그들에겐 여기가 직장이다. 그걸 아니까 난 그들에게 책임감을 갖게 된다. 그래서 가급적 잘해주고 싶다.

전에 내가 모(某) 방송국 아침 프로에 나갔을 때 일이다. 내 밑에서 일했던 주방장의 인터뷰가 중간에 짤막하게 나갔었는데 그 친구가 이런 말을 했었다.

"사장이 너무 잘해주니까 나이 어린 직원들이 막 대한다."

내가 애들을 좋아해서 가족같이 흉허물 없이 하기 때문에 나온 얘기 같다. 아마도 사장인 내가 권위를 좀 지켜야 한다는 말 같다.

철이 좀 없어서 그런지, 나랑 친해져서 그런지 젊은 사람들은 날 사장님이라 생각하지 않고 농담도 잘한다. "사장님이 탤런트이긴 한데 인기가 없어서 우린 TV에서 사장님 안 봐요." 같은 농담을. 물론 내가 딸하고 놀 듯이 종업원들하고도 다 그렇게 놀아서다. "이 새끼야 저리 가~." 하면서.

그런 내 모습이 어떤 면으로 보면 사장으로서 품위가 없는 듯 보이기도 할 것이다. 하지만 더 크게 보면 내가 그들을 사랑하는 모습이라고 생각하는데, 이 생각이 옳든 그르든 이게 내가 종업원을 대하는 기본 태도이다.

난 집에서도, 가게에서도 밀고 나가는 것은 다 내 생각대로 밀고 나간다. 그러면서도 우리 집 애들도 그렇고, 종업원들도 그렇고 허물없이 같이 놀고 한다. 우리 딸이 전에 나랑 같이 TV 프로에 나와서 그랬다. "아빠는 놀 땐 잘 놀아주는데 무서울 땐 무섭다."고.

⭐point 종업원을 대하는 기본 태도와 자세

여러 인원을 데리고 가게를 꾸려나가려면 종업원 관리 노하우는 물론 중요하다. 그런데 그런 건 장사를 하면서 차츰 터득해가면 될 것이고, 전문가들의 조언을 받으면 크게 도움이 될 것이다. 하지만 그 이전에 종업원들을 대하는 기본 태도와 자세가 중요하지 않을까?

▶ 종업원 대우가 좋아지면 사장한테 이익이다

개업하고 3년 후쯤에 속이 쓰린 일을 당했었다. 우리 집이 장사가 잘되고 너무 유명해지니까 헐뜯는 사람이 많아졌는지 세무조사를 받게 된 것이다. 담당자는 "주위에서 당신을 헐뜯어서 조사할 수밖에 없다."는 식이었는데, 난 그 어려운 시기에 모아놓은 돈 1억 원을 세금으로 물었다. 솔직히 빼앗긴 기분이었다. 그 동안 세금을 안 낸 것도 아닌데….

한동안은 속이 쓰렸지만 이럴 바에야 차라리 투명 경영으로 가는 게 마음이 편할 듯 싶었다. 손님들이 현금보다는 카드로 결제하는 일이 점점 많아져서 카드 수입은 어차피 밖으로 드러나고 있었다. 세무사에서도 법인이 되면 경비 쓰는 부분도 편안해질 거라고 충고를 해줬다. 그래서 '그래, 모든 게 투명한 게 좋겠다'는 생각을 했다.

괜히 세금 좀 줄여보겠다고 마음 졸이면서 눈치보는 것도 싫었다. 또 40명으로 늘어난 직원들한테 안정적인 고용환경을 마련해 줄 수도 있다 싶었다. 그래서 가게를 법인으로 등록했다. 세무조사 때문에 결과적으로는 난 그 후 세금문제에서 편해졌는데, 종업원들한테도 이익이 되었으니 전화위복인 셈이다.

법인으로 바뀌면서 월급에다 주일 수당, 산재보험, 고용보험, 의료보험, 연금보험, 퇴직금, 종업원들한테 돌아가는 게 많아졌다. IMF 때도 매상은 좀 줄었지만 종업원들의 월급을 올려줬는데 그러니까 종업원들은 내게 고마움을 갖고 더 열심히 일해줬다. 그래서 그 험한 IMF 한파에도 우리 집은 위기를 거뜬히 넘길 수 있었다.

'광에서 인심 난다'고 직원 대우가 많이 좋아지니까, 내가 간혹 좀 심하게 몰아붙여도 내 마음을 좀더 알아주는 것도 같았다.

'하긴 저도 우리랑 같이 잘해보자고 하는 뜻에서 그렇게 하는 거겠지…'

내 마음을 이해하고 종업원들은 내 말을 좀더 선뜻 따라주게 되었고, '한마음'까진 아니겠지만 나를 중심으로 좀더 뭉쳐주었다. 종업원들이 다른 데로 가거나 하는 일도 없어지니까 서로 손발이 척척 맞아서 일사불란하게 움직였다. 서비스의 질도 좋아졌고 그만큼 손님들도 만족해했다.

종업원들은 이젠 나한테도, 또 같이 일하는 동료들하고도 익숙해졌고 서로를 잘 파악하고 있다. 내 눈초리가 어디로 돌아가는 걸 보면 '저 사람이 뭘 원하는구나'를 안다. 또 내가 싫어하는 점이 뭔지도 알고 자기네들끼리 알아서 척척 돌아간다.

▶ 사람들을 이끌고 가는 건 도 닦는 길

난 40명 종업원의 이름은 대부분 알고 있다. 이름을 자주 부르진 않으니까, 더구나 이름 부를 일이 거의 없는 사람도 있으니까, 솔직히 다 알진 못한다. 하지만 이름은 몰라도 특징이라도 알고 있다.

종업원들의 입장에서는 사장인 내게 불만이 있을 수도 있을 것이다. 그렇다고 내가 40명을 다 데리고 왔다 갔다 할 순 없다. 그렇지만 큰 불만을 털어놓으면 들어준다.

종업원을 잘못 두면 교육시키다 끝난다. 쓸 만 하면 나가니까.

사람을 많이 써보니까 일 못 하는 사람은 혼을 내도 안 된다는 것을 알게 되었다. 그렇다고, 일 못 한다고 사람을 함부로 내보낼 순 없다. 그래서 그런 사람은 홀에 배치하고 잘하는 사람은 뒤에 배치하고 하는 식으로 했다. 그래야 전체 일이 좀더 원활하게 돌아가니까.

종업원들한테 화도 많이 났었다. 지금도 물론 화날 때가 있다. 지금도 난 장사하기 위한 원칙들이 마음에 정해져 있는데, 손님한테 불편을 주는 일은 전혀 하면 안 된다는 것이다. 종업원들이 그걸 어길 때는 화가 났다. 자기네끼리 싸우는 건 난 신경 안 쓴다. 하지만 난 종업원들이 어떻게 하면 장사가 잘된다는 걸 '1, 2, 3, 4…' 머릿속에 넣고 있는데 그걸 자꾸 어기면 화가 났다.

내 머릿속에 넣고 있는 '1, 2, 3, 4…'는 이런 것들이다. 서비스

음식을 더 갖다줘야 하는데 움직이려고 안 한다든지, 남들 생각해서 빨리빨리 치워야 하는데 저 혼자만을 생각해 팁 받는 데만 신경을 쓰는 것 등등. 지금은 종업원들이 자율적으로 잘 돌아가고 있지만, 전에 보면 공동생활을 하면서 저밖에 모르는 사람들이 있었다. 그럴 땐 솔직히 미웠다.

⭐ point 화는 전략적으로 내라

> 그렇다고 그럴 때마다 벌컥벌컥 화를 내진 않았다. 속으론 화가 나도 일단은 참았다. 자기네들끼리 누가 뭐 때문에 그런다는 식으로 안 좋은 소리가 들려도 마음속에만 두고 아는 체 하지는 않았다. 그러다가 '이건 도저히 안 되겠다' 싶을 때 혼을 냈다. 마음속에 담아두었던 것들을 한꺼번에 폭발시켰다.
>
> 바쁠 때 종업원들이 미적거려서 내가 돌로 된 불판을 던졌던 일도 그런 맥락에서다. 화도 났지만 종업원들을 잡아야겠다는 생각도 있었다. '내 성질을 한 번 부려야 휘어잡겠구나' 하는 계산이 나도 모르게 있었던 것 같다.

처음엔 몇몇 종업원한테는 특히 성질을 심하게 부렸다. '우리 집에서 나갔으면' 하는 마음에서. 그런데 희한하게도, 그런 사람은 안 나갔다. 그런데 또 묘한 것이, 20년 동안 내가 사람을 내친 적은 없었다. 그게 마음속에 있어서 그런지, 지금 당장 내보내고 싶은 사람도 그냥 참고 적당히 눈치만 주게 되었다.

모두 내 마음에 드는 종업원을 둘 순 없다. 보통 사람들 기준에서 봤을 때 그냥 충분하다 싶으면 사장으로서는 다행한 일이다. 그 사람들이 원하는 것이 돈이니까, 딴 집보다 덜 주려는 마음만 없으면 그들이 우리 집에 와서 오래 있는 것이고.

20년 장사를 해오면서 종업원들한테는 접어가는 마음이 많이 생겼다. 이런 생각을 많이 했다.

'아, 여기서 접자. 여기서 내가 성질 내고 끌고 갈 것이냐, 아니면 그냥 접고 갈 것이냐? 아유, 참자'

역시 '장사는 도(道) 닦는 길'인 듯하다.

5. 어차피 혼자 가는 길, 홀로 서라

위너스 화재로 그 동안 내가 번 돈을 몽땅 날리느냐, 마느냐의 기로에 섰을 때, 혼자란 생각이 절실했었다. 옆에 '새끼들'도 있는데 가정을 끌고 가야지, 그러려면 우선 생활을 책임져야 했다. 그 전에도 쉽게 끌고 온 건 아니지만, 화재로 죄다 잃어버리니까 타격이 정말 컸다. 내 인생에서 가장 힘든 시기였다.

돈버는 것도, 돈 꾸는 것도 막막했다. 주위에서 도와주는 사람은 많았지만, 오로지 책임은 나 혼자 져야 한다. 그래서 혼자란 생각을 많이 했다.

처갓집은 제주도에서 부잣집에 속한다. 좀 부끄러운 얘기지만, 항상 마음으로는 도움을 원하고 있었다. 하지만 부모 돈 얻어 쓰는 것도 힘든데, 처갓집에서 얻어 쓰는 건 정말 힘든 일이다. 그런데 돈을 꿔서 갚고 하는 것은 처갓집말고는 내가 철저히 믿을 데가 없었다. 사업자금은 처가집 외에는 달리 융통할 데가 없었다. 그 동안은 처가에서 꿔주면 내가 갚는 일을 많이 했었다. 그런데 주신정을 개업할 땐 처가에서 도와주질 않았다.

그때는 엄청 서운했다. 불나기 전에, 점포 늘리고 하면서 처가에 대한 부채가 좀 있었다. 하지만 내가 신용을 안 지킨 것도 아닌데…. 아마도 그 때의 서운함이 마음에 한으로 맺혀서 살았다면, 아내한테는 정말 미안한 말이지만, 이혼하고도 남았을 것이다. 그런 것을 지금은 다 풀었으니까 괜찮지만, 당시엔 혼자라는 생각이 절절했었다.

혼자라는 생각을 한 건 옛날부터 그랬다. 왜, 무슨 일에 닥칠 때마다 혼자라는 생각을 하지 않는가? 가게에 세무 조사가 나온다 했을 때도 난 철저하게 혼자였다. 외로웠다.

어머니 가게에 불났을 때 혼자라는 생각을 많이 했었다. 처음엔 크게 외롭다, 힘들다는 생각은 못 했고, 내가 가장이 되니까 실감을 했었지만. 힘들었을 때 미국에 있는 사촌 형이 조금씩 도와주긴 했는데도 '세상에 나 혼자뿐이구나' 하는 생각을 엄청 했다. 나중에 탤런트로 '뜨고' 결혼을 '잘' 해서 이젠 혼자라는 생각은 안 할 줄 알았다. 어, 그런데 웬걸? 가장이 되니까 더 실감하게 되었다. 가장 힘들었던 때는 물론 위너스가 불났을 때. 가족들이 다 몰려서 산다고 해도 내가 다 책임져야 했다. 나말고는 다들 경제적으론 무능력자였으니까.

다행히도 난 '혼자' 일어섰다. 물론 '나 혼자' 힘만으로는 결코 일어서지 못했다. 주위에서 많이들 도와줬고 종업원들의 도움도 많이 받았다. 운도 따라주었다. 그럼에도 어려운 일이 닥치면 난 '혼자'라는 생각을 많이 한다. 좀 외롭긴 하지만, 내가 책임을 져야 한다는 게 버겁긴 하지만, 그런 생각으로 지금까지 버텨온 것 같다.

★point 장사는 외로운 길이다

살아가는 게 외롭다는 것은 모든 결정을 혼자서 해야 되니까 그런 것은 아닌지? 특히 장사하는 것도 그렇고, 가정을 이끌어가는 것도 그렇다. 되고 안 되고 하는 걸 모두 내가 알아서 결정해야 한다. 가정적인 것도 그렇지만, 주신정이 가는 길도 40명이 같이 가는 것인데 선장 노릇 한다는 게 쉬운 일이 아니다.

회사 다니는 사람은 그래도 월급에 의지하고 회사에도 의지하면서 산다. 그렇지만 장사의 길이란 무엇이든지 혼자 해서 승부도 혼자서 내야 한다. 세금 문제, 종업원 문제, 다 내가 어른 입장에 서서 모든 걸 다독거리면서 끌고 나가야 한다는 건 외로운 일이다. 그나마 잘되면 덜 외로운 것이고.

▶ 동업? 가능한 하지 말라

주신정이 잘되니까 주변에서 같이 음식점을 하자는 동업 제의가 많이 들어온다. 음식점뿐 아니라 다른 업종까지 같이 하자고. "와서 얼굴만이라도 보여달라."고 하는 사람들도 있다. 그렇지만 '얼굴 내밀어 줄' 시간이 없다. 방송할 시간도 없는데. 그래서 난 그런 약속은 못 한다.

예전 같으면 누가 "이거 차리자.", "저거 하자."고 하면 돈 욕심에 돈이 생기는 것이면 열 개라도 벌려놓았을 것이다. 하지만 지금은 어느 정도 차니까 그렇게 갖고 싶은 것도 많지 않다. 그래서 '이만하면 충분하다, 이거만 잘 지키면 되지 더 뭘…' 하는 생각으로 거절을 한다.

이런 이유도 있다. 딴 걸 벌여 놓으면 돈은 더 벌릴지 모르지만 내 몸이 너무 괴롭다. 또 이걸 못 지키면 다 놓친다는 생각도 있어서.

물론 실리도 따진다. 나 혼자 해도 잘되는데, 굳이 같이 해서 신경 쓰면서 이익을 나눌 이유가 없다.

동업하자는 사람들의 마음은 이해가 간다. 나도 해봤으니까.

총각 시절, 탤런트 남성훈, 임왕, 나 이렇게 셋이서 코스모스 3층 관광 아케이드에서 탤런트 코너라는 잡화점을 했었다. 지금으로 보면 팬시점과 도자기점을 결합한 형태이었다.

난 그 전에 선배형네 도자기 가게에서 일일 점원으로 며칠 동안 일한 경험이 있었다. 미국에 갔다 온 임왕이가 선배형네 도자기 가게가 잘되니까 우리 셋이 하자고 날 '꼬셨다'. 우린 꿈이 많던 시절이었고, 그래서 쉽게 뭉쳤다.

선배형네 가게에서 파는 옹기는 못 팔았으므로 그래서 다른 물건들을 가져와 팔았는데 장사는 잘됐다. 그런데 남성훈도 결혼했고 난 결혼하기 전이어서, 내가 밤낮 가게에 남아 있었다. 팬들이 오면 애프터 서비스로 얹어주고 하면서. 장사는 잘돼도 셋이서 이익을 나누는 장사라 그런지 돌아오는 이익은 별로 없었다.

그래서 오히려 갈등이 심하지 않았던 것 같다. 그땐 모두들 돈 벌겠다는 생각보다는 용돈 개념으로, '사이드'로 동업을 한 것이어서.

그런데 내가 결혼하고 나서 화려한 생활에 잠시 젖어 살다가 다시 동업을 했을 땐 사정이 좀 달랐다. '이크, 이러다간 큰일난다, 부업해서 안정된 수입원을 만들어야겠다'는 생각으로 '본격적인' 동업에 뛰어들었으니까.

도자기 가게를 하던 선배형의 제안으로 동업을 한 건데, 투자비는 미비했다. 아무래도 동업이니까 심리적인 부담도 크지는 않았다. 장사는 그런 대로 잘됐다. 그런데 '같이 돈 벌자'고 하는 일이어서 그런지 돈에 민감해지는데, 서로 장사에 임하는 기본적인 마인드가 틀렸다. '손님한테 더 얹어주고 다음에 또 오게 하자'

내 생각은 그랬다. 하지만 형 생각은 달랐다.

"이것 팔아 원가가 얼마 남는다고 다 집어주냐?"

서로 마인드가 틀리다보니, 장사가 잘돼도 마음들은 점점 편치 않았다. 그런데다 내가 일일 연속극을 하게 되면서 방송 일이 바빠지니까 자연 가게에 나가 있는 시간이 줄어들었다. 내가 형보다는 장사를 잘했는지, 아니면 '탤런트 아무개가 주인이다, 거기 가면 탤런트 볼 수 있다'고 기대하고 오는 손님들이 많다고 형은 생각했는지, 내가 자리를 못 지키면 형은 엄청 불안해했다.

가게를 많이 못 지키는 것도 미안한데다 형이 불안해하는 걸 보니까 난 '이러다간 안 되겠다'는 생각이 들었다. 결단을 내려야 했다. 1년 정도 하다가 선배형한테 가게를 넘겼다. 이런 생각을 하면서.

'나 혼자 나름대로 조그맣게 해봐야겠다'

20년 전 신정도 사실 시작은 동업으로 했다. 내가 도자기 가게를 하던 코스모스 백화점 매장 위에서 레코드 가게를 하던 형하고 같이 했다. 각자 주(主)로 하던 일이 있어서 '사이드로' 음식점을 차린 건데, 같이 한 6개월 했나?

그 때만 해도 내가 또 일일 연속극을 하느라 자리를 못 지키는 일이 많았다. 그런데 그 형도 내가 가게에 없으면 '벌벌' 떨었다. 그 모습을 보면서 난 미안한 마음이 강해졌다. 나도 방송하면서 장사를 하는 것이어서 기본적인 스트레스도 많았다. 그래도 나름대로 노력은 했는데, 문 열고 3개월쯤 됐을 때부터 형한테서 "못하겠다."는 소리가 나왔다. 그래서 가게 오픈하고 6~7개월 후쯤부터 형 돈이 들어간 것을 다 챙겨 주고 혼자 하게 됐다.

차라리 홀가분했다. '혼자서 이걸 어떻게 꾸려 가나?' 하는 걱정은 있었지만. 초기엔 시행착오도 겪었다. 하지만 내 방식대로 하면서 차츰 음식점 장사의 노하우란 것들도 터득해 갔다.

그 이후 동업은 하지 않았다. 주신정을 차리면서도 없는 돈으로 시작하면서도 좀더 크게 하고 싶은 욕심은 있었어도, 부족한 돈을 여기저기서 융통해 오느라 힘들었어도 동업 생각은 아예 하질 않았다. '모자란 돈은 차라리 꿔서라도 한다'는 생각으로.

point 동업의 이점이 있긴 하지만...

장사하는 사람들이 처음에 동업하는 것은 자본이 달려서라기보다는 정신적으로 의지하려는 마음이 굉장히 많아서일 것이다. 장사 경험이 없는 사람은 경험이 있는 사람하고 같이 하면 아무래도 부담이 없으니까. 정신적으로 의지할 수 있다는 것, 사실 그게 동업의 가장 큰 이점이다. 5천만 원을 투자할 경우 같이 반씩 투자해 망하면 같이 망한다는 뜻이 아니라, 큰일이 닥쳐도 마음의 의지가 된다는 것.

그런데 내 경험에 의하면, 잘해보려고 서로 자기 의견을 내다보니 갈등이 생겼다. 동업은 대부분 아는 사람끼리 하는데, 확실히 친구 관계랑 사업에 임했을 때 관계가 틀리다. 친하다고 덤볐다간 원수 되지 않으면 다행이다.

동업해 보면서 느낀 것인데, 상대방의 눈동자가 돌아가는 것을 보면 '나랑 같은 생각을 하는구나'를 알아야 갈등이 안 생긴다.

마지못해서 져준다거나, 저 사람이 나보단 나으니까 내가 져주자 식으로 나오면 꼭 갈등이 생긴다. 솔직히, 상대방이 돈을 속이지는 않을까 신경도 쓰이고, 자기가 시간을 적게 뛰면 미안하고, 상대가 바둥거리면 더욱 미안하고.

그래서 동업을 하려면 최소한 경영하는 적성이, 장사에 임하는 태도가 기본적으로 비슷한 사람끼리 해야 한다. 손님한테 무엇을 주더라도 아깝지 않다는 마음이 같은 사람끼리, 1백만 원을 서비스로 써도 즐겁다는 사람끼리, 5백 원을 갖다줘도 아까워하는 사람은 그런 사람끼리, 즉 마음 씀씀이가 비슷한 사람끼리 만나서 해야 한다.

그런데 그게 말이 쉽지, 현실적으로는 힘들다. 종업원한테 조금 더 베푸는 게 이익이냐, 원가도 정가대로 하는 게 이익이냐, 덤으로 얹어주는 게 이익이냐, 장사하는데 전깃불을 꺼야 이익이냐 아니면 그 반대냐, 장사하다 보면 오만가지 일에서 서로의 의견이 부딪친다. 의자는 어떤 걸로 어떻게 놓자, 의자 하나 놓는 데도 의견이 달라진다. 똑같은 생각을 하면 좋은데, 기본적인 마인드는 같다 해도, 한 가지 사물을 보는 눈이 어찌 똑같을 수 있겠는가?

계산 맡은 사람, 실내장식 하는 사람, 시장 보는 사람, 이렇게 분업이 철저히 이루어진다고 해서 끝나는 것은 아니다. 서로 마찰이 없으려면 남의 분야는 철저히 존중하고 확실하게 밀어줘야 한다. 그 부분만큼은 상대방한테 철저히 져준다는 자세로 불평을 하지 않아야 한다.

그나마, '사람 생각이 똑같을 수는 없다'는 걸 서로 인정하고, 서로의 적성을 존중해서 경영하는 데 있어서 각 분야를 서로의 특성에 따라 좋은 점으로 분업화시키는 방법밖에 없다. '그래, 이건 저 사람 생각이 맞는구나. 그렇다면 저 사람 생각을 철저히 밀어줘야겠구나!' 하는 자세가 필요하다. 그런 자세에서 서로의 역할을 확실하게 구분해야 한다.

"계산은 네가 철저하니까 네가 맡아라. 가게 홍보는 내가 발이 넓으니까 내가 하겠다. 시장 보는 것은 난 아침엔 도저히 못 일어나니까 네가 뛰어라. 대신 난 홀에서 더 뛰겠다."

그래도 문제는 또 있다. 장사 잘하는 사람하고 못 하는 사람하고 만나면? 잘하는 사람은 자기가 혼자 다 하는데 괜히 이익만 나누는 것 같아 아까운 마음이 든다. 못 하는 사람은 미안한 마음만 들고. 각자 부처님 같은 마음으로, 상대방이 이익을 다 가져가더라도 그쪽으로 몽땅 밀어줄 마음이 있으면 또 모른다. 그런 마음으로, 같이 일하는 게 편할 정도로 그런 자세를 가지면 동업을 해도 좋다.

하지만 누가 와서 동업에 대한 조언을 묻는다면 난 이렇게 말할 것이다.

"가능한 하지 말라. 인생이라는 것도, 장사라는 것도 어차피 혼자 가는 길이다. 그러니까 고되더라도 혼자 걸어가라."

▶ 프랜차이즈? No!

우리 집을 본 딴 음식점이 지방에 하나 있다. 사장은 대전에서 다방을 7~8개 하던 사람인데 우리 집에 계속 찾아왔었다.

"지금 하는 것을 다 팔고 하나로 모아서 하고 싶어서…. 내가 건물을 하나 세웠는데, 거기다 이 집하고 똑같이 해보고 싶습니다. 좀 도와주십시오."

단골의 부탁을 끝까지 반대할 수는 없었다. 그렇다고 흔쾌히 승낙할 수도 없는 노릇이었다. 주신정 분점으로 알고 오는 손님들도 있을 텐데, 잘못하다간 우리 집 '위신'이 떨어질 수도 있으니까. 그래서 나름대로 타협을 했다.

"그럼 이름만은 쓰지 마십시오."

그 쪽 종업원들이 한 달 반 정도 우리 집에 와서 일을 배워갔다. 홀에서 뛰는 사람들도 여자, 남자 2명씩, 그리고 주방에도 3명인가가 왔었다. 그 쪽 사장은 종업원들을 교육시켜서 우리 집하고 똑같이 했다. 메뉴에도 난 탤런트니까 내 사진을 넣었는데, 그 사장은 자기 사진을 넣었다. 우리 이름은 쓰지 못하게 하니까 이름은 약간만 틀리게 했는데, 언뜻 보면 우리 집으로 착각할 정도로.

그 쪽에서 개업했다는 소식이 와서 난 거기로 내려갔다. 4~5년 전쯤 일이다. 직접 가서 보니까, 고기 질은 좋았다. 미흡한 점은 우리 집처럼 서비스가 빨리, 척척 돌아가질 않았다. 우리 집 초기처럼 우왕좌왕했다. 하긴, 종업원들끼리 '성깔' 맞추는 것도 우리 집도 몇 년이 걸려서 된 것인데, 그 집은 종업원도 훨씬 덜 쓰다

보니 종업원들이 더욱 당황해했다. 음식 맛은 좋았다. 그런데 식탁에 나오는 음식이 1, 2, 3, 4순으로 '쫙!' 하고 나와야 하는데 그것을 못 했다. 거기서 느낀 게 있다.

'우리 집 이름을 빌려주고 똑같이 해도, 종업원들이 손발을 몇 개월씩 맞추기 전에는 우리 집하고 똑같이 못 하는구나. 우리 집이야 종업원들이 지금은 잘하니까 몰랐는데 이게 쉬운 게 아니구나.'

부산에도 우리 집 이름을 딴 음식점이 있다. 내가 부산에 내려갈 때마다 도와준 사람이 하는데, 경찰직에서 퇴직하고 나서 부인하고 같이 우리 집에 올라와서 음식점을 하겠다고 했었다. 내가 좋아하던 후배고 부인도 음식 솜씨가 있어서 "그래라."고 했다. 장사가 잘되길 바라는 마음에서 주방에서 일하는 사람 1명을 부산으로 보내줬다. 그런데 그 쪽은 또 자본이 달려서 깨끗하게 해놓질 못했다.

그래도 나름대로 특성이 있는지, 장사가 안 되는 것은 아니고 제법 됐다. 거기도 증권가에 있어서 그런지, "여기가 서울에 있는 주신정이냐?"면서 들어오는 손님이 많이 있다고 했다. 이름 덕도 좀 보고 또 사장하고 종업원들이 열심히 뛰어서겠지만 처음엔 장사가 잘됐다고 들었다. 중간에 좀 힘들어지면서 우리 집처럼 '막' 잘되진 않았지만.

이런 경험들이 있어서 난 분점을 낸다거나 하는 생각은 별로 없다. 우리 집 분점을 차리겠다고 찾아오는 사람은 많다.

"주신정을 체인으로, 프랜차이즈로 하시지요? 이름만 빌려주십시오."

난 'No'다. 여기저기 주신정 분점이 생기면 내 손엔 큰돈이 들어오겠지만 자칫 화(禍)를 불러온다는 것 정도는 알고 있으니까. 말이 이름만 빌려주는 것이지, 주신정 체인이 여기저기 생기면 내가 일일이 뛰어다니면서 체크해야지, 분점을 잘못 냈다간 본점까지 손해다. 나중에 여력이 닿으면 외국에 하나 차려볼까 하는 마음은 있다. '코리아'를 알리는 데 작게라도 일조를 하고 싶은 마음에서다.

point 자신만의 노하우를 쌓아야 한다

장사하는 사람들 입장에서는 체인점이니 프랜차이즈점으로 하면 혼자 하는 것보다는 여러 면에서 부담이 없으니까 원하는 것일 게다. 하지만 프랜차이즈는 깨끗하고 번듯해 보이지만 투자에 비해 이익이 적다. 자신의 노하우를 터득하고 개발할 여지도 별로 없다. 내 장사 원칙은 자신만의 노하우를 쌓을 수 있는 장사를 골라야 한다는 것이다.

"몸으로 체득한 자신의 노하우만이 성공을 앞당길 수 있다!"

▶ 현장경험이 중요하다

어쨌거나, 우리 집 분점을 차리겠다고 사람들이 찾아오는 건 음식점 장사 경험이 없어서다. 분점으로 하면, 기본적인 일들은 본점에서 '교육'을 시켜주고 중간중간 체크도 해주고 미흡한 건 보완해주니까. 물론 이름 덕도 보고. 분점을 차리겠다는 사람들을 말릴 생각은 없다. 편한 점도 많고 좋은 점도 많으니까.

하지만 분점으로 차려도 고깃집을 창업하려면 일단은 조금이라도 경험이 있어야 한다. 더군다나 80여 평 규모로 독자적으로 일을 벌리려면 경험이 중요하다. 남의 집에서 일한 경험이라도 있어야 한다.

음식점을 하겠다는 사람들 중에는 음식 솜씨가 있어서 해보겠다고 나서는 아줌마들이 많다. 가게를 열기 전에 우리 집에 와서 '맛'을 제대로 배워가겠다고 하는 아줌마들도 꽤 있다. 그럼 난 "해보시라."고 하는데, 정말 음식 솜씨가 좋은 사람들이 있다. 우리 집 찬모가 음식 만드는 걸 보기만 하고도 비슷한 맛을 만들어낸다. 그렇게 음식 솜씨가 좋은 것, 음식 장사는 물론 그것도 중요하지만 그 부분은 그냥 한두 부분에 불과하다.

그 나머지 부분들을 대충이라도 알려면, 현장 경험을 쌓아야 한다. 창업 준비를 위해 우리 집에 종업원으로 와서 경험을 쌓겠다는 사람이 많은 걸 보면, 현장 경험의 중요성은 많이들 아는 것 같다. 그런 경우, 우리도 어차피 사람이 부족하고 하니까 "그러시라."고 한다. 나랑 아주 절친한 사람들이 우리 집을 본 따서 하겠다는 경우에도 난 현장 경험의 중요성을 한마디로 얘기한다.

"그럼 여기 와서 배워라!"

주방장들은 보통 우리 집에서 일 주일만 있으면 우리 집 스타일을 안다. 홀 서비스하는 사람들도 한 달만 서비스 해보면 알게 된다. '아, 이 메뉴는 뭐가 같이 나가고…' 내가 일일이 "이것 내가 라, 저것 내가라." 하면 그들 입장에선 귀찮긴 해도 차츰 알게 된 다. '김종결이가 저렇게 하니까 장사가 되는구나' 사장도 마찬가 지다. '이 집 종업원들이 사장을 좋아하는 게 사장이 저렇게 하니 까 좋아하는구나'를 알게 된다.

⭐point 우리 집에라도 와서 배워라

그렇게 직접 보고 이해가 돼야 나의 스타일을 따라오지, 머리로 이 해가 안 되는 건 도저히 못 따라온다. 물론 내 스타일이 싫으면 그만 이다. 다른 집에 가서 배우면 된다. 장사도 잘되고 사장 스타일도 마음 에 드는 데서. 중요한 것은 현장 경험을 쌓아야 한다는 것이다.

음식점을 열기까지는 자잘하게 신경 써야 할 일이 많다. 일일이 신경 쓰려면 한이 없다. 장사 초보자라면 야채 거래처 하나 잡는 데도 골치가 아플 게다.

야채는 어디서 가져오나? 그 집이 비싸지는 않나? 값은 적당하 지만 질이 좀 떨어지진 않나? 믿을 수는 있는 곳인가? 꼬리에 꼬 리를 무는 식으로 생각이 복잡해질 것이다.

그런데 경험이 좀 있으면 이 문제는 쉽게 해결할 수 있다. 음식 점에 야채를 대주는 것은 한 사람(가게)이 다 한다. 그 사람(가게) 하고 연락이 닿으려면 주위에서 건실하게 장사가 잘되는 음식점에 가서 물어보면 된다. "야채는 어디서 가져옵니까? 좀 알려주실 수 있습니까?" 하고 직접 찾아와서 물으면 음식점들은 그 정도는 다 알려준다. 연락처를 받으면 야채 집에 연락하면 된다. "우리 집에도 좀 갖다 주십시오." 하고. 미원이나 설탕 등 자질구레한 품목들도 주변 음식점들에 가서 물어보면 된다. "미원은 어디 식품 게 좋다. 설탕은 어디 게 좋다더라."고 하면 그 집에 가서 "우리도 대달라."고 하면 되고.

난 운이 좋았던 게 주신정을 하면서는 이런 자질구레한 일들은 쉽게 넘어갈 수가 있었다. 10년 넘게 장사한 경험이 있어서다.

▶ 배워 가면서 하면 된다!

그 전에 처음 고깃집을 열었을 때는 물론 나도 쉽지 않았다. 별 것도 아닌 문제에 우왕좌왕했다. '음식점 여는 게 이렇게 골치 아픈 줄 알았다면 아예 시작도 안 했다!'는 생각도 얼핏 들었다. 도자기 가게 경험만 갖고 부딪치기에는 음식점이란 게 만만하지가 않았다.

헌데, 내 경험을 봐도, 역시 어떤 일이든 닥치면 다 하게 돼 있다. 일단 일을 벌여놓은 이상 난 그런 마음으로 계속 밀고 나갈 수밖에 없었다. 필요 이상으로 시간과 노력을 많이 들여서 그렇지 해결하지 못할 일은 없었다. 일을 제대로 처리하지 못하면 '땜빵'

식으로라도 넘어갈 수 있었다. 엉성하거나 잘못된 부분은 나중에, 너무 늦지 않게, 보완하고 바로잡으면 됐고.

돌이켜 생각해보면, 난 음식점에 대해 잘 몰랐기에 겁없이 시작할 수 있었던 것도 같다. 음식점에 대해서 꿰뚫고 있었다면, 음식점을 열기까지 또 계속 해나가는 과정에서 처리해야 하는 자잘한 일들을 일일이 헤아렸다면 책 한 권은 족히 썼을 것이다. 그러면 겁을 집어먹고 아예 시작할 염두도 내지 못했을 것이고.

그땐 내가 젊었기 때문에 많은 생각을 안 하고 과감하게 뛰어들 수 있었다. 돈이 필요해서 부업을 해야 했지만 장사에 목을 매진 않았었다. 그래서 일이 잘 안 풀려서 골치가 아플 때도 좀 느긋할 수 있었다. '배워가면서 하지, 뭐' 하면서 배짱도 부릴 수 있었다. 그때 그때 필요한 결정은 미적거리지 않고 과감하게 내렸고 그 결정대로 밀어붙였다.

그러면서 시행착오도 많이 겪었고 음식점 장사의 노하우를 하나하나 터득해갔다. 노하우가 쌓이면서 '음식장사 맛' 도 새록새록 알게 됐다. 그런 과정에서 많이 배운 것 같다.

이 얘기를 하는 이유는 현장 경험이 물론 중요하지만, 경험이 없다고 해서 겁먹고 움츠러들지는 말라는 의도에서다. 쉬운 길은 없다. 죽기 살기로 하면 안 되는 게 없다! 하지만 경험을 좀 쌓으면 그렇게까지 안 해도, 조금은 수월하게 할 수 있다.

나도 오락실을 해봐서 하는 얘기다. 아는 형이 밀어줘서 오락 프로그램도 새로운 걸 사다가 제법 근사하게 꾸며놓고 시작했었다. 초창기엔 돈을 많이 벌었지만, 이게 바로 주의할 점이었다. 오락실 인기가 '확' 퍼지면서 같은 업종의 가게들이 밀려오니까 조심해야 할 것 같은 기분이 들었다.

이런 업종은 초창기에 하고 빠져야 하는데, 빠지려니 기계 값이니 인테리어니 투자를 엄청 했으니 빠지기도 힘들다. 보통 사람들도 다 알겠지만 한꺼번에 반짝하는 것은 심사숙고할 필요가 있다.
한때 스낵코너가 얼마나 유행했었나? 스탠드바도 그렇고. 근래엔 찜닭이 한창 유행이었는데 글쎄…. 장사는 '스테디(steady)' 한 것이되, 즉 '일정하게' 되는 것이되, 자기 나름대로 독특한 걸로 차별화시켜서 하는 게 좋을 듯하다. 너무 많은 업종도 좀 피하는 게 좋을 듯하다.

⭐point 쉬운 길을 찾지 말라

쉬운 길 얘기가 나왔으니 말인데, 업종을 구할 때도 '쉬운 길을 보지 말라'는 얘기를 하고 싶다. 가령, 요즘 한창 뜨는 업종이다.

▶ 얼굴이 알려진 덕을 크게 봤다

불나고 나서 내가 힘들게 주신정을 시작하니까 동료 탤런트들이 알아서 많이들 와줬다. 방송국 손님들이 오면 난 값을 깎아도 주고 특별히 신경을 썼다. 그래서 거리가 가까운 MBC의 직원들이 아주 많이 왔다. PD, 연기자들도 누구 한 명이 우리 집에 오고 싶으면 주르르 같이들 몰려 왔다.

요즘도 방송국 회식이니 쫑파티를 우리 집에서 하는데 가령 〈여인천하〉 팀들이 모임을 하면 손님들은 다들 신기하게 생각한다. 방송국 사람들이 우리 집을 계속해서 찾아주는 걸 보면 내가 인심을 안 잃어서인 듯도 하지만 난 그저 고맙다.

초기에는 "연예인이 하는 가게다, 그 집 가면 다른 연예인들을 많이 본다."는 소문이 퍼지면서 많은 홍보가 됐다. 또 여의도라는 게 사람들 생리가 음식점을 돌아다녀서, 한 번 와봐서 좋으면 금방 입소문이 퍼졌다.

유명세 내세워서 장사하려는 마음은 없었다. 하지만 내가 연예인이어서 광고 덕을 많이 본 건 사실이다. 지금도 그렇고. 내가 가게에 '붙어' 있는 이유도 날 보러 오는 사람들이 많아서인데, 그 사람들을 보면서 내 얼굴이 알려진 덕분임을 실감한다.

그래도 나 나름대로 가게 홍보에는 신경을 썼다. 가게 안에 내 사진을 걸어놓은 것도, 가게 바깥쪽 유리에 기사를 붙여놓은 것도 그래서이다.

내 사진을 가게에 걸어놓고 무슨 홍보를 한다는 것이 처음엔 나부터도 거부감이 있었다. 그래서 전에 신정을 할 땐 그냥 쪼그만 사진만 하나 붙여 놓았었다. 탤런트가 하는 집인 이상 사진 한 장 안 걸기도 뭐해서. 그런데 장사하면서 보니까 내 사진이 어떻든 도움이 되는 것 같았다.

내가 가게에 없을 때는 내 사진이 날 대신해 준다는 생각도 하게 됐다. 손님들이 우리 집에 내 사진이 있는 걸 보면서 "아, 저 사람이 하는 곳이구나!" 하고, 또 손님이 다른 손님을 데려와서 "이 집이 탤런트네 집이다." 했을 때 내 사진을 보면서 "저 사람이 그 사람이야." 하면 아무래도 관심이 좀더 생기지 않겠는가?

그래서 주신정을 하면서는 가게에다 내 사진을 여기저기 걸어 놓았다. 음식점에다 무슨 좋은 그림을 건다고 해서 누가 알아주는 사람도 없을 것이고, 또 벽면도 많지 않고 해서. 실내 꾸미기 겸 일종의 광고 이벤트 차원이랄까?

가게 외벽 유리에 붙여 놓은 기사들은 신문이나 잡지에 게재된 것들이다. '탤런트 김종결' 기사는 없다. 전부 주신정하고 관련한 기사들인데, 역시 홍보 효과가 있다.

그 기사들은 "어디 날 좀 내달라."고 내가 부탁한 적은 없다. 탤런트가 한다니까, 혹은 우리 집이 입소문이 나니까 기자들도 많이 오면서 자꾸 매스컴을 타게 됐다. 또 내가 강연한다고 해서, IMF 때는 불황에도 끄떡없는 집이라고 해서 방송에도 나오고 했다. 그렇게 방송이나 기사가 나가면 손님들이 몰렸다. 알뜰하게 저축해서 대통령상을 탄다고 또 기사가 나가면 역시 손님이 또 몰렸다. 그 기사들이 인터넷에도 올라가고.

결과적으로 난 광고비도 들이지 않고 가게 홍보를 하게 된 셈이다. 홍보에 있어서는 난 참 운이 좋았다. 그렇다고 가게 홍보를 운에만 맡긴 건 아니다.

적금 통장이 지금 15개가 넘어 한 20개 된다. 이것도 홍보의 일환에서다. 가게가 금융가에 있으니까 은행 손님을 끌기 위해서. 한 은행의 한 통장에 돈을 넣어두면 훨씬 편하다. 그런데 여기저기서 도와달라고 하면 한 개씩 들어주다 보니 그렇게 늘어났다. 통장 관리를 다 하려면 좀 불편해도 그 은행 직원들이 우리 집 손님이 되는 거니 득이 더 많다. 하다 못해 강연하는 것도 가급적 가게 근방에서만 한 것도 그 이유에서다.

또 방송에서 우리 가게를 찍어 간다고 하면 사실 귀찮은 면도 있다. 편하지도 않고. 더군다나 찍은 시간에 비해 TV에는 잠깐 나온다. 그런데도 우리 집을 찍겠다고 하면 마다하지 않는다. 또 신문이나 잡지도 내가 모르는 데서 와서 인터뷰하자고 해도 'O.K.' 다. '연예인 부업' 기사가 나간다면 반드시 나를 인터뷰하는데, 그러면 우리 가게 얘기는 서너 줄 정도 나온다. 그럼에도 불구하고, 녹화와 인터뷰가 같은 날에 잡혀도 녹화가 끝나면 빨리 가게로 와서 인터뷰를 한다. 물론 가게 홍보가 되기 때문이다.

나도 광고 전단지는 뿌렸다. 그런데 단순히 그걸 보고 "새로운 집에 한번 가보자." 하고 오는 손님은 그리 많지 않을 것 같다. 전단지에 내 얼굴을 넣어서 만드니까, 탤런트가 하는 집이라니 호기심에 와보는 사람은 많았을 것이다. 일반인이 단순히 신장개업을 알리는 전단지로는 손님들의 흥미를 끌지 못한다.

⭐ point 이벤트나 광고로 손님을 끌어라

일단 가게를 알려야 한다. 그러려면 이벤트 같은 게 필요하다. 고객 명단을 만들어서 보너스도 주고, 손님 명함을 모아놓았다가 요새는 잘 보내지 않는 크리스마스 카드를 챙겨서 보낸다든지, 개업 주년마다 기념품이나 떡을 해서 돌린다든지 끊임없는 이벤트가 필요하다고 생각한다. 정월 대보름날이면 오곡밥하고, 복날이면 복 음식 하고 하는 것도 좋은 방법일 것이다. 손님들에게 여기가 자기네 집처럼 생각되게끔 말이다.

그런 이벤트를 할 때는 미리 플래카드를 건다거나 해서 손님에게 알려야 한다. 광고는 일종의 손님 끌기 작전이다. 광고는 틀림없이 필요하다고 생각한다. 간판이나 플래카드 거는 돈이 그냥 들어간다고 생각돼도 그게 손님을 끈다.

더 좋은 것은 홍보 효과가 큰 것은 TV에 소개되거나 지면에 실리는 것이다. 가게가 소개되지 않으면 인물 소개라도 실리는 것이다. 그걸 보고 찾아오는 사람이 많다. 일요일 같은 경우는 전에 TV에서 본 걸 머리에 입력해 놓았다가 오기도 한다. 외국에서 누가 오면 우리 집이 독특하다고 데리고 오기도 한다. 데리고 온 사람도 우리 집에 처음 온 경우는 우리 집이 방송을 탔기 때문이다.

나도 몰랐는데, 일본 가이드북에 우리 집이 실렸다. 가이드북을 보고 일본에서 찾아왔다는 사람이 있어서 알았다. 일본 가이드북에 우리 집을 실은 것은 자기네들이 알아서 한 일이다. 우리 집이 방송도 타고 유명하니까 선정했을 것이다. 결과적으로 난 또 돈 한푼 안 쓰고 광고를 하게 된 것인데, 그일로 미루어 봐도 광고는 틀림없이 중요하다.

point 돈을 들여서라도 가게를 알려라

맛이 아주 특이하거나, 인테리어가 기가 막히거나 하지 않으면 일반 가게가 매스컴을 타기는 쉽지 않다. 유명세 덕보는 것도 힘들다. 그러니 인맥을 동원해서 신문이나 잡지에 소개되도록 해야 된다. 돈을 좀 써서라도 가게를 홍보하라고 하고 싶다. 무슨 짓(?)을 해서라도 가게를 알려야 한다.

인터넷도 한 방법일 게다. 요즘 사람들은 인터넷에서 특이한 음식이나 맛집들을 찾아서 간다고 하니까. 언제 한 번 인터넷에 들어가 보니까 우리 집 얘기도 올라와 있었다. 내 기사를 실은 신문이나 잡지에, 또 몇몇 팬들이 만든 사이트에도. 난 아직 우리 가게 사이트까지는 못 만들었지만, 가게를 알려야 하는 사람은 사이트를 만드는 것도 좋을 것 같다.

創業

제4장

홀로, 더불어 가는 인생

The Commencement Of An Enterprise

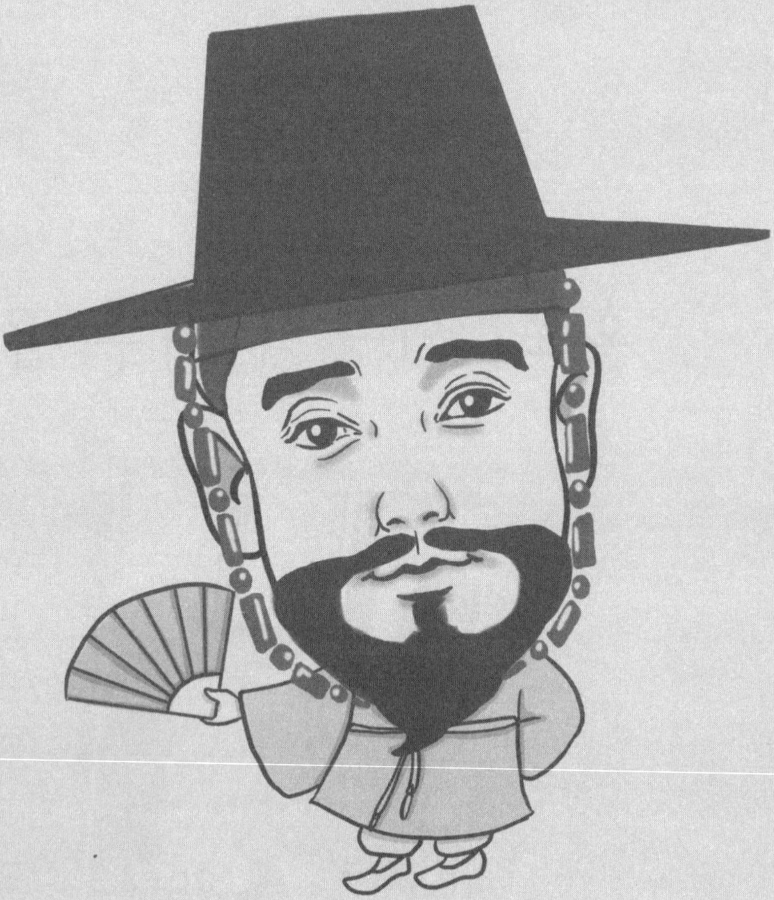

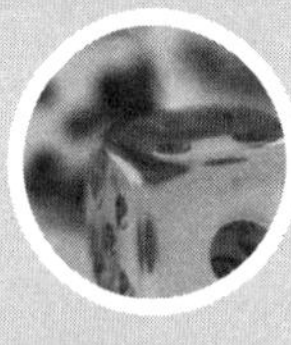

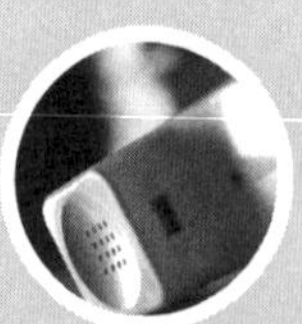

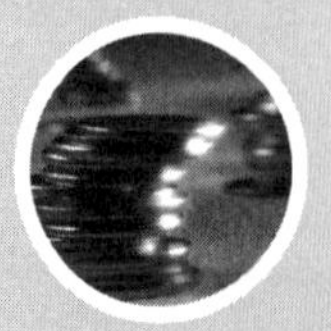

1. 평생 잊지 못할 고마운 인연들

　인생에서 힘든 일이 생길 때마다 혼자란 생각을 많이 했었다. 주변에서 도와주는 사람이 많았는데도 말이다. 사람들이 도와줘도 결국 나와 딸린 식구들에 대한 책임은 오로지 나 혼자 져야 한다는 생각에서였다.

　그런데 나중에 돌이켜 생각해보니, 역시 혼자 힘으론 안 되는 것 같다. 힘들 때마다 많은 도움을 받았었지만 특히 화재로 다 날리고 어려웠을 때, 주위 사람들의 도움이 없었다면 지금의 성공까지 오진 못했을 것이다. 아무리 혼자서 죽자살자 매달렸어도 말이다. 세상에 나 혼자라는 생각을 많이 하고 살았는데도, 역시 난 인복이 정말 많은 사람이다.

무엇보다 우리 종업원들. 나와 함께 똘똘 뭉쳐서 오늘날까지 오게 해준 가족들이 내 옆엔 있다. 특히 신정에서 처음 인연을 맺어온 사람들, 위너스에서 만나 지금까지 같이 온 찬모와 카운터, 또 주신정 초기부터 함께 해온 고정멤버들, 그리고 이런저런 인연으로 지금 함께 있는 직원들. 모두 고마운 인연들이다. 잠시 인연을 맺었다가 스쳐간 사람들도 그렇고.

나 역시 종업원들을 가족처럼 대했지만, 그들도 내 힘든 스타일을 따라와 주느라 고생하면서도 잘 따라와 주었다. 내가 '고난'을 극복하는 데 큰 도움이 되었다.

종업원들 중엔 젊어서 우리 집에 들어와서 장가간 친구들도 서너 명 되는데 다들 잘 산다. 결혼할 때 난 월급을 조금 더 주는 것뿐이고 특별히 신경 쓴 건 없는 것 같은데도.

김길영도 그런 친구들 중의 한 명인데, 지금은 주신정 지배인으로 내 옆에서 수족처럼 도와주고 있다. 운전기사 겸 비서 역할까지 해주고 있으니까. 나름대로는 길영이한테는 조금 더 신경을 썼는데, 고등학교를 졸업하고 신정에 들어왔기에 난 지금도 '꼬마'처럼 생각한다. 길영이 같은 친구들은 자기의 심각한 고민 얘기도 내게 한다. 큰 고민이란 게 인생사, 집안일, 주신정 일 등 여러 가지 있겠지만, 그런 경우는 되도록 들어주는 편이다. 어디로 간다고 하면 말리는 편인데, 인연을 소중하게 생각해서이다.

그런데 나 혼자서만 그렇게 생각하는 게 아니어서 고맙다. 신정 시절에 만나 위너스에서도 주방을 맡아주었던 친구, 정유환. 주신정을 준비하면서 시설비가 자꾸 들어가서 돈은 더 필요한데 달리 '급전' 해올 데가 없었다. 마침 주방장이 교통사고를 당해서 병원에 입원해 있었다. 그런데 교통사고 보상금으로 나온 2천만 원을 쓰라고 나에게 주는 게 아닌가? 눈물이 핑 돌았다. 너무 요긴한 돈이어서도 그렇지만, 그 마음이 고마워서였다. 그 친구는 지금은 우리 집 최초의 분점이라 할 수 있는 '아리랑'에서 일한다.

그 동안 나랑 맺어온 *끈끈한* 인연들은 많지만, 지면상 주신정 개업 과정에서 내가 큰 도움을 받았던 몇몇 사람들만 짚고 넘어가겠다. 친구들 도움도 많았는데, 아무래도 내가 가장 힘들었을 때 힘이 되어준 친구들이 제일 먼저 생각난다. 근처 건물에서 고향식당을 하던 권태범. 사회에서 만난 후배인데, 그 친구를 비롯해 장사하는 친구들이 많은 도움을 주었다. 내가 고깃집을 해야지 하고 마음먹었을 때, 그릇 사는 루트도 알려주고 "메뉴에 뭐를 넣으면 잘된다, 그건 우리가 안 할 테니 네가 해라." 하면서 챙겨줬다.
그리고 아리랑 식당 주인 권병오. 어머님이 돌아가셨을 때도, 또 내가 처음에 아리랑을 할 때까지, 내가 힘들 때마다 내 옆에서 비서처럼 도와준 친구다. 모든 것을 그 친구한테 의지했었다. 또 그 친구가 무너지면 내가 도와주면서.

방송국 사람들도 *빼놓을* 수 없다. 주신정을 준비하는 동안에 "당신 힘들 거다." 하면서 일일 연속극 〈서른살의 반란〉의 배역을 준 김연진 PD, 그리고 김 PD한테 '빽'을 써서 나한테 배역을 주라고 한 김재형 PD.

그리고 동료 탤런트들. 노주현, 임동진, 서인석, 박용식 등등 신경을 많이 써줬다. 노주현 같은 친구들은 일산에서 녹화하다가도 뛰어와서 우리 집에서 회식자리를 마련해주었다. '그 집에 가면 탤런트가 있다'는 광고 덕을 보게 해준 것이다.

손님들도 고맙다. 오랫동안 우리 집 고객이 되어주신 분들은 물론이고, 한 번이라도 와주신 분들이 모두 고맙다. 이 모든 인연들에 그저 감사한 마음뿐이다.

▶ 2003년 KBS-TV 〈무인시대〉에 출연중인 필자

The Commencement Of An Enterprise

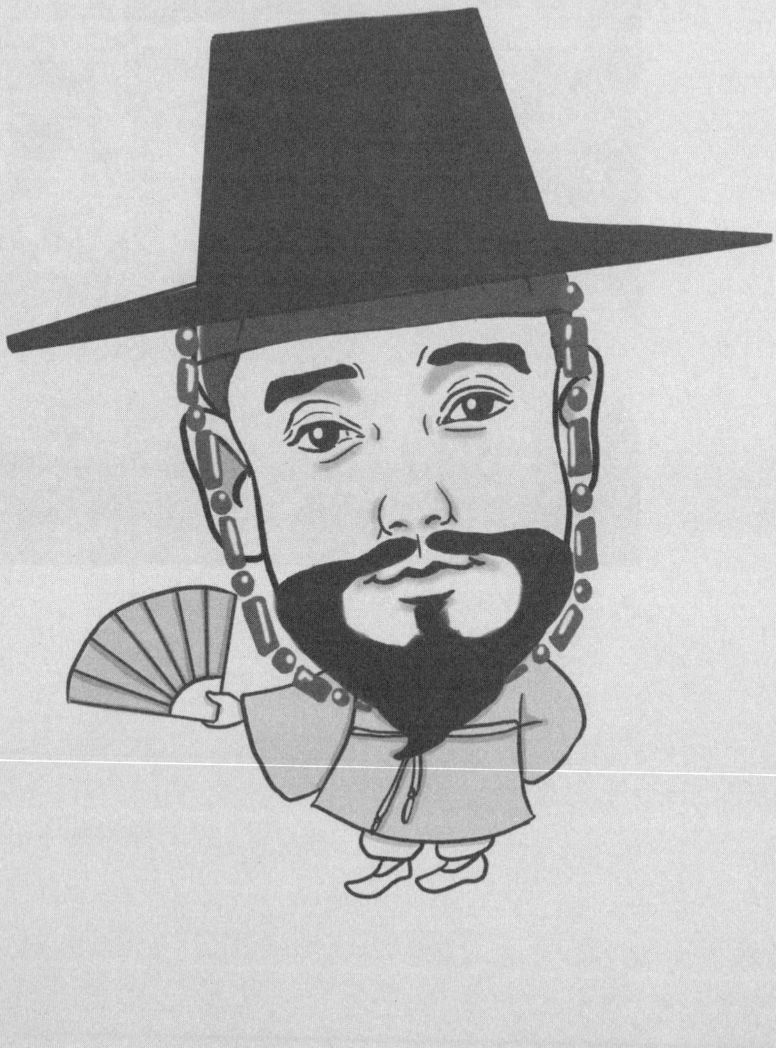

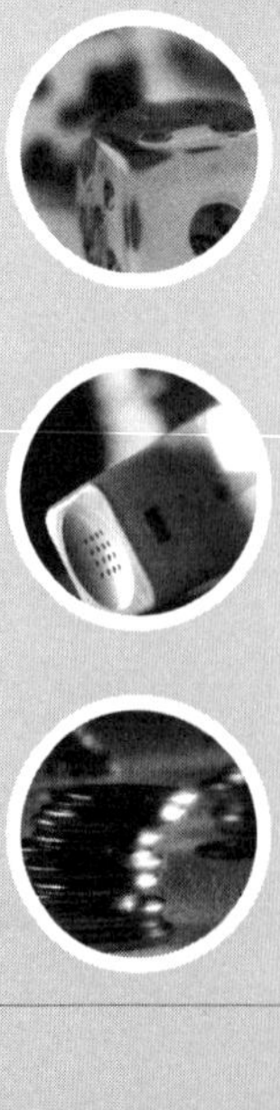

2. 밖에선 착한 남자, 집에선 독불장군

우리 집 손님들은, 또 방송국 사람들도 그렇고, 대부분 나에 대해 "착하다, 겸손하다."고 한다. 솔직히 잘난 척 하는 마음이야 왜 없었겠는가? 그러나 그런 마음이 나오려 할 때마다 마음을 다져왔다. '겸손해야지, 성경의 반은 겸손하라는 얘기 아닌가…'

살면서 보니까 잘난 척 해서 되는 일은 아무것도 없다는 걸 알았다. 암만 해봐도, 가게에서 손님을 상대해도 내 주장보단 상대방의 주장을 받아들여야 편했다. 그래서 사실, 젊었을 땐 겸손한 척 하면서 살았던 것이다.

그런데 주변에서 "김종결이는 겸손하다."는 말이 나오는 것을 보면, 이젠 내가 억지로 참고 겸손하려고 하는 것도 아닌데도 내가 잘하긴 하나 보다. 내가 좀 손해보더라도 넘어가는 스타일이 몸에 배였는지, 착하다는 말을 엄청 듣는다.

다들 날 보고 착하다고 하는데, 요즘도 난 가족하고 종업원들한테는 가끔 '지랄(?)'을 부린다. 가까운 사람한테만 화 내고 까다롭게 군다. 그것을 보면 내 성질이 편한 편은 아닌 것 같다. 탤런트들한테도 아주 친한 사람들에게만 성질을 부리곤 한다. 그래서 남한텐 다 잘한다는 소리 듣는데, 가까운 사람들은 "너 성질 더럽다."고 한다.

그나마 나이 들면서 성질이 더해지는 건 없는데, 몸이 잘 버텨주지 않고 피곤해서 그런지 짜증이 많이 난다. 푹 자고 나면 기분이 달라지는데, 잠이 좀 모자라다 싶으면 혹은 다른 일로 신경이 날카로워져 있을 때가 있다. 그런 상태에서 집에 들어가면 난 내가 그런지도 모르는데, 아내가 먼저 알아차리고는 한마디 던진다.

"왜 성질을 그렇게 내고 있어!"

난 어이가 없고 약간 억울(?)하기도 해서 반격을 한다. 말투가 벌써 곱지가 않다.

"뭐? 내가 무슨 성질 냈냐!"

아내는 이럴 땐 꼬리를 내리는 게 상책인 듯 싶은지 나긋나긋하게 나온다.

"들어오는 눈빛이 벌써 다른데? 왜? 가게 장사가 잘 안 돼?"

가게가 잘 안 돼서 성질 부리는 적은 없다. 물론 많이 안 되면 좀 기분이 안 좋지만. 어쨌거나 가끔 가까운 사람들한테 성질을 부린다. 다들 날 보고 "사람 좋다."고 하는데, 내가 이중성격인지도 모르겠다.

난 울기도 잘한다. 원래 눈물이 많다. 원체 마음이 여려서도 그렇겠지만 탤런트 하면서 감수성이 예민해진 탓도 있다. 남들은 울지 않는 일에도, 아무렇지도 않은 일에도 괜히 혼자 잘 운다. 같이 TV를 보다가도 어떻게 하다 보면 울컥해서 나 혼자 울고 있다. 다들 멀쩡한 표정인데도.

"성실하다."는 소리도 합창으로 듣는다. 아마도 성실한 사람들이 자기한테 철저하고, 또 남들한테도 그 철저함을 요구하는 것 같다. 그래서인지 아닌지, 겸손해 하는 건 터득해서 하는 거지만, 속마음으론 '나 혼자 잘났다'는 생각이 아직도 내겐 많은 것 같다. 모두 내가 옳다고 생각하나 보다. 딴 데 가서 남들이 하는 것을 봐도 내 판단이나 방식이 더 정확한 것 같고. 이게 다 착각인데….

근데, 80퍼센트는 내가 맞는 것 같다. 가게에서도 카운터 맡는 것 하나만 봐도 그렇다. 종업원들이 처음에는 내 방식을 이해하지 못하지만 나중엔 그대로 따라오는 걸 보면. 이러니 가게를 내 식으로 끌고 가려는 게 강한데, 그래도 좀 덜 독단적으로 하게 된다. 가게 식구들한테는 기본적으로 잘해줘야 한다는 마음이 있어서다.

그런데 그게 집에선 잘 안 된다. 집에만 가면 독선적인 게 '딱' 나온다. 내 말이, 내 생각이 제일 옳다는 것!

예를 들면, 아끼는 부분이다. 절약하는 게 진짜로 옳은 거지만 집에서는 아내가 살림하다 보면 오버되는 것도 있다. 그런데 그런 쪽은 이해를 안 해주고 내 생각대로 아내를 끌고 왔다.

"맞춰 살아!"

인테리어도 내가 원하는 대로 해야만 속이 시원했다. 난 가구는 웬만한 건 다 치워버리고 있을 자리에 하나씩만 딱딱 있으면 좋겠는데, 아내는 어질러 놓고 살아가는 게 편한 사람이다. 지금은 아내 스타일을 많이 수용하고 참아버리지만 전에는 대충 넘어가 주질 못했다.

30년을 아내랑 살면서 터득한 게 하나 있다. 아내한테 더 져줘야 내가 편하다는 것. 그걸 좀더 일찍 터득했다면 나도, 아내도 참 편했을 것이다. 아내가 내 말에 '대들고(?)' 하는 게 한 5, 6년 됐나? 그 전에는 내가 어지간히 내 성질로 눌러놔서 아내는 대놓고는 내 말에 시비를 걸지 못했다.

결혼 초기엔 아내하고 서로 성질을 맞추려고 많이도 싸웠다. 그런 점에서 아내한테 정말 미안하다. 내가 잘난 척을 하지 말았어야 했다. 아내의 영역은 놔뒀어야 하는데, 내가 다 알아서 했기 때문에 오히려 여자의 역할을 많이 못하지 않았나 하는 생각이 든다.

작년 일인데, TV에서 전화 인터뷰로 아내가 웃으면서 이런 말을 했었다.

"딸한테 그래요, 아빠 닮은 남자랑 결혼하지 말라고. 신경질 나면 하는 소리예요. 야단치고, 다투고 속상할 때. 내가 마음에 안 들게 행동할 때는 도덕 선생님이거든요. 항상 물건은 제자리에 있어야 하고 틀에 벗어나는 행동은 못 하고 여자가 말 많은 것, 애교 떠는 것 싫어하고 조선시대라니까요. 부부싸움 할 땐 학교 훈육선생한테 내가 야단맞는 것 같아."

딸하고 같이 카메라 앞에 나와 앉아서, 공개적으로 내 흉을 보는 아내 말을 듣고 있자니 어이도 없고 또 재미있기도 해서 나도 따라 웃었다. 아내도 나만큼이나 솔직한 사람인데, 어쨌거나 공개적으로 '터트린' 게 좀 미안한 지 말미에선 슬쩍 얘기를 틀었다.

"남편이 생활력 강하고 자기 식구 끔찍이 챙기고, 결론은 다 고맙지요. 성실하고 다 좋은데, 요새 굉장히 피곤해 해요."

아내 불만을 모르는 건 아니다. 그래도 아내가 원하는 건 내가 안 하는 게 없는데…. 내가 독선적으로 하는 것 같아도 아내 눈치 보면서 다 결정했다. 큰 결정은 다 아내 뜻에 따라서 했던 것 같은데도, 결정하는 과정에서 내가 너무 까불고 독선적으로 했던 것 같다. 아이들한테도 그런 부분이 많았다. 그래서 결론적으로, 가족한테 너무 독선적으로 하다 보니까 필요한 것 다해주고도 좋은 소리를 못 듣고 있다.

그래서 가끔 서운한 마음이 들긴 해도, 아내한테는 기본적으로 고마운 마음이 있다. 옆으로 내 눈치만 슬슬 보면서 나 편하게 해주려고 노력을 많이 한 걸 아니까.

이런 일이 있었다. 연출자 집에 아내를 데리고 인사를 갔는데 연출자 부인이 좀 거드름을 피웠다. 아내가 그런 것을 잘 받아주는 성격이 아닌데 그 날은 잘 받아줬다. 그땐 '희한하다, 잘하네' 하는 생각만 했다. 그런데 집에 와서 생각해 보니까 그게 아니었다. 저도 부잣집 딸인데 날 위해서 자존심 굽히면서 거들어준 걸 생각하니 안쓰러웠다. 그래서 결심을 했다. '때려죽여도 다음부턴 그런 자리에 와이프 안 데려가야지'

이제부터라도 아내한테 정말 잘해주고 싶은데도, 가끔 또 아내한테 성질을 부린다. 그럼 아내는 아내대로 받아치고. 그래서 우리 부부는 늘 '신혼부부' 처럼 티격태격하면서 살고 있다.

▶ 주신정 입구의 모습

3. 배부른 데 또 뭐가 먹고 싶어?

토요일 저녁 시간, 단골 손님들 자리로 가서 인사를 나누고 있는데 옆 테이블 손님들의 대화가 들렸다.

"조 원장, 아파트 80평으로 옮긴다며? 강남 의사들이 돈은 다 쓸어모은다니까, 참."

목소리의 주인공을 힐끗 보니 50대 중반의 남자였는데 얼굴엔 부럽다는 표정이 노골적으로 나타나 있었다. 드문드문 흰머리에 양복을 점잖게 빼 입은 폼으로 봐서 대기업 간부쯤은 돼 보였다.

"와이프 성화 때문에 버틸 재간이 있어야지? 조금 무리 좀 했지. 허허…."

강남에서 꽤 큰 개인병원을 운영한다는 조 원장이란 사람은 너스레를 떨면서 맞은편 남자한테 술을 따랐다.

"넌 벤츠 샀다며?"

"우리 나이면 그 정도는 타야지. 자, 마시자고."

벤츠를 샀다는 남자는 별 것도 아닌 걸 갖고 뭘 그러냐는 투였는데 다른 사람들도 다 들으라는 식으로 목소리가 컸다.

토요일 저녁 시간이나 일요일에 가게를 지키다보면 이런 식의 얘기를 심심찮게 듣게 된다. 친목회나 중년들 모임이 많아서이다.

오픈 초기에는 이런 얘기를 들으면 솔직히 부러웠다. 야! 아파트 80평? 대단하다! 난 언제나 그런 데서 살아보나 하는 마음이었다. 벤츠를 사고 싶었을 땐 누가 벤츠 탄다 하면 많이 부러웠다. 그러다 한 4, 5년 지나면서 그런 마음이 줄어들었고 지금은 부러운 게 없다.

어디 다른 자리에 가서도 마찬가지다. 난 65평 아파트에 살아도, 80평 아파트에 산다고 은근히 과시하는 사람이 있으면 "아, 그래요?" 하고 만다. 난 고급 시계 하나 없어도, 뭐 대단한 척 하면서 누가 금딱지 시계를 보아란 듯이 내밀면 "네, 좋군요" 하고 말 뿐이다. 옛날 같으면 부러움을 내색하지 않으려고 태연한 척을 해야 했다.

아주 오래된 얘기인데, 명동에 있는 옷가게 '칸추리'에서 알록달록한 티셔츠를 팔았었는데 탤런트들 사이에서 인기가 대단했다. 단역만 하던 시절이라 그 티셔츠 하나 쉽게 살 형편이 되지 않았다. 그래서 생각만 했었다. '개런티 제대로 받게 되면 저걸 열 장만 사야지' 하고.

그 땐 갖고 싶은 게 그렇게도 많았다. 갖고 싶은 걸 못 가지니

뭣 좀 가진 사람들을 보면 그렇게 부러울 수가 없었다. 워낙 없던 시절이라 별 것 아닌 것까지도 부러웠다. 누구네 신혼집에 갔을 때다. 집은 작았지만 욕실에 예쁜 스티커를 붙여 놨는데 그게 그렇게 갖고 싶었다. 스티커는 지금은 흔하디 흔하지만 당시엔 좀 희귀한 축에 끼었다. 그렇다고 해서 고급품이나 사치품은 아니었다. 그런데도 당시의 내 형편에선 쉽게 엄두를 낼 처지가 아니었다. 그 집을 나오고 나서도 한참 동안 스티커 생각을 했다. 난 언제나 저런 걸 가지게 되나, 씁쓸해 하면서. 그리고 아마도 다짐을 했을 것이다.

'꼭 연기자로 떠서 돈 좀 펑펑 써보자!!'

뜻이 있으면 길이 있다고 했던가? 엑스트라로 설움도 받으면서 추운 겨울에 야외 촬영에 불려 다니면서 급기야 차도 갖게 되었다. 연기자로도 떴고 결혼해서는 그 때의 그 신혼집보다 큰 아파트에서 신혼살림을 차렸다. 스티커는 당연히 붙여 놨고 엑스트라 시절엔 전혀 가질 수 없다고 생각하던 것들을 하나둘씩 가지게 되었다. 그래도 원하는 걸 모두 가질 수 있게 된 건 아니었다. 부업을 하면서 여유가 좀 생기긴 했어도 돈에 대한 스트레스 때문에 마음껏 돈을 쓸 형편도 아니었다. 그래서 나보다 더 많이 가진 사람들을 보면 부러운 마음은 여전했다.

그러다 지금 가게를 하면서 수입이 커지고 저축한 돈도 꽤 모이게 되니까 '이젠 살았다' 하는 안심이 들면서 남들이 뭘 가져도, 뭘 사도 별로 부럽지가 않아졌다. 그 사람들하고 나하고 누가 돈이 더 많으냐를 재는 건 아니다. 남들이 돈 쓰는 것에 대해 마음이 너그러워졌다고나 할까.

그러다 주머니가 어느 정도 차고 웬만한 건 다 갖게 되니까 특별히 뭐가 또 갖고 싶다, 이런 마음 자체가 없어졌다. 주변에서는 폼 나게 왕창왕창 돈 쓰면서 재미나게 살라고들 하지만 난 이렇게 받아친다.

"배부른데 또 뭐 다른 게 먹고 싶어지냐? 그리고 돈 쓰는 게 뭐 재미있냐? 재미로 치자면 돈 벌고 모으는 재미가 훨씬 좋다."

말은 그렇게 하지만, 솔직히 힘들 때도 많다. 가게 때문에 엄청 좋아하는 여행을 자주 못 하는 것도 무척 아쉽다. 여행은 1년 내내 일하다가 한 번씩, 또는 추석이나 설 연휴 때를 이용해서 며칠 갔다 오는 걸로 만족해야 한다. 종업원들한테는 "너희들은 한 달에 세 번 놀지만 난 못 노니까." 하고 가게를 비우는데, 최근에는 일본에 유학 가 있는 딸 얼굴 보러 몇 번 간 것 외엔 없다. 한 1년 외국에서 살아보고도 싶은데….

▶ 2002년 저축의 날에 '대통령 표창'을 수상

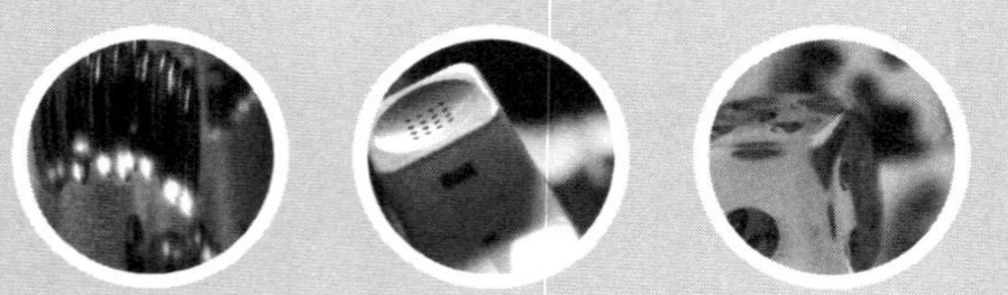

The Commencement Of An Enterprise

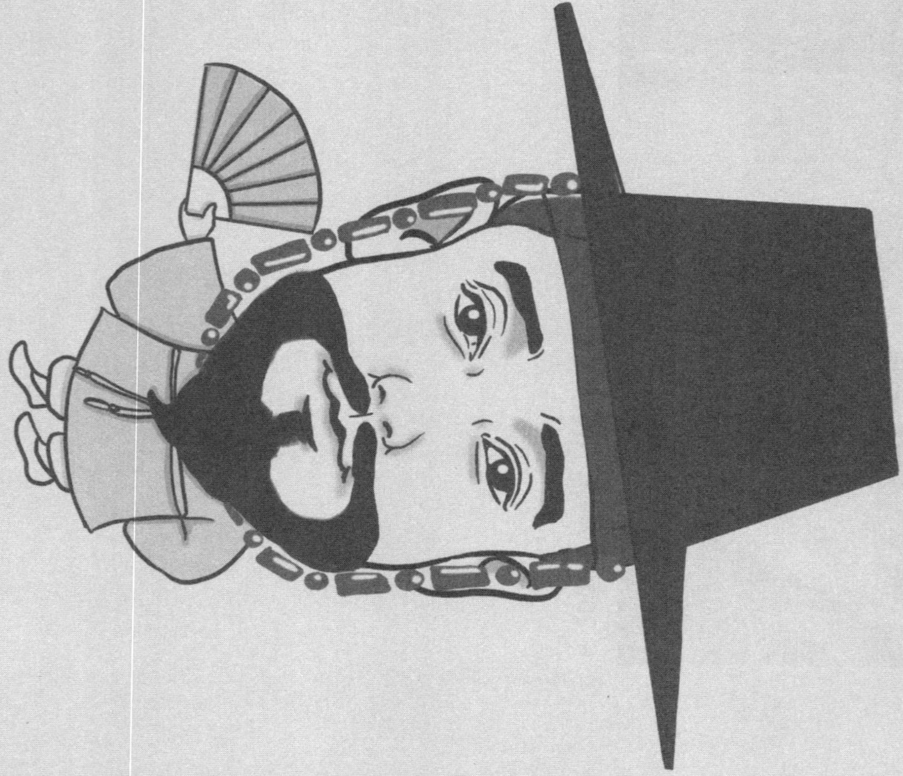

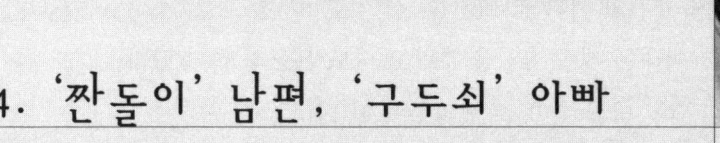

4. '짠돌이' 남편, '구두쇠' 아빠

작년 6월 SBS 아침프로 〈한선교의 좋은 아침〉에 출연했었다. 방송국에선 아내랑 같이 나오라고 했는데, 아내를 방송에 한 번 데리고 나가려면 내가 피가 마른다. 젊었을 때부터 그랬다. 신혼부부 시절에 몇 번 같이 나갔는데, 탤런트 부인이랍시고 그래도 방송 나가는데 옷 사줘야지, 고생 꽤나 했다. 방송 출연료로 받는 것보다 돈이 더 나간다.

또 아내가 떨어서 못 나가는 것도 있지만 고집이 세서 "안 하겠다."고 버티면 난 며칠을 '꼬셔야' 한다. 이번에도 아내는 이러면서 버텼다.

"당신이 나 고생시켰는데 내가 왜 나가서 해롱대? 진짜 사랑하는데 어떻게 밤낮 행복하다는 소리를 나가서 해? 나 나가면 반대로 얘기할 까봐 못 나가!"

아내는 계속 고집을 부렸고 나도 은근히 화가 났다.

"야, 남편 체면 좀 세워주면 안 되니?"

아내는 듣는 척도 안 했다. 그래서 결국은 한바탕 싸웠다. 그래도 아쉬운 건 나였다. 그래서 다시 아내를 '얼렀다'.

"야, 경희야, 그럼 전화 인터뷰만 해. 얼굴 안 나오면 되잖아?"

내가 사정하는 투로 나오니까 아내도 좀 양보를 해야겠다 싶었나 보다.

"돈 안 주면 전화통화 안 해. 7백만 원만 줘."

"그래, 줄게, 줄게…. 내가 돈 많은 데 그거 못 주겠냐?"

그렇게 해서 아내가 전화통화만 하기로 '타협'을 했다. TV 출연은 아내 대신 일본 유학 가 있던 딸을 오라고 해서 같이 나갔다. 그런데 방송에 나가서 아내가 전화하는 걸 들어보니 배우 뺨치게 잘했다. 그래서 집에 와서 아내를 추켜세웠다.

"와! 전화통화 잘했더라."

아내는 기분이 좋아 보였다. 그래서 난 이때다 싶어서 좀 치사하게 나갔다.

"근데 돈은 깎아서 3백만 원만 줄게."

아내는 그럴 줄 알았다는 듯이 좀 씩씩거렸다.

"역시, 역시 짠돌이야, 사기 당했어…."

그 말을 들으니까 내가 좀 심하다 싶어서 마음을 고쳐먹었다.

"그래, 5백만 원 줄게~."

아내는 붕붕 뜨더니 동생들한테 전화를 걸어서 자랑을 했다.

"나 5백만 원 받았다!"

나중에 아내한테 동생들이 뭐라고 하냐고 물으니까 이랬단다.

"언니, 손에 돈 쥐기 전에는 너무 좋아하지 마라."

아내가 날 '짠돌이'로 만들어서 친척들 사이에선 내가 '짠돌이'다. 주변에선 다들 날 검소하다고 하는데!

솔직히 아내한테 생활비는 넉넉하게 주는데도 아내는 그걸 다 애들한테 퍼준다. 굳이 안 보태줘도 되는데도 더 못 갖다줘서 안달이다. 그러는 바람에 밤낮 모자란다. 생활비를 펑크내는 아내를 보면 화가 나면서도 내심 미안하기도 하다. 남편이란 작자가 밖에서 바쁘니까 온 신경을 아이들한테 쏟는 것 아닌가? 그래서 돈 부분은 내가 포기를 했다.

"그래, 니 마음대로 써라!"

나 역시 애들한테는 아까운 게 없는 사람이다. 아빠처럼 '돈, 돈, 돈!' 하지 않도록, 애들을 돈으로부터 해방시켜 주고 싶어서 나름대로 여유 있게 해준다고 했다. 그런데도 애들도 아빠는 무조건 '구두쇠'라고 박혀 있다.

지금은 여유가 생겨서 안 그렇지만, 전에는 아내가 애들한테 나이키 운동화를 사준다거나 하면 못 사주게 했다. 내가 가족이라면 무진장 아끼고 생각하니까 아까워서는 물론 아니다. 나이키 사줄 여유가 없어서도 아니다. 돈에 대한 나름대로의 철학 때문이었는데, 지금도 그 생각은 변함이 없다.

"애들을 왜 그렇게 키우냐? 애들은 금방 크는데! 꼭 나이키니

하는 명품을 걸쳐야 좋다는 건 본인이 자신이 없어서다!"

아내는 부잣집 딸이어서 그런지 몰라도 나하고는 돈 쓰는 스타일이 달랐다. 아들은 어려서부터 몸이 약해서 병원 신세를 자주 졌었다. 서너 살 때인가? 애가 아파서 병원에 입원했다고 해서 달려갔는데, 아내는 화장실에 응접실까지 달린 특실에다 입원을 시켜놓고 있었다.

"애가 중병 걸린 것도 아닌데 왜 굳이 여기 있어? 우리가 무슨 재벌이야?"

내가 화난 표정으로 소리를 지르니까 아내는 볼멘소리로 대꾸를 했다.

"애가 불쌍한데 그럼 어떡해!"

무슨 일이 터지면 아내는 이렇게 자기 식대로 했다. 그 뒤처리는 몽땅 내 몫이었다. 물론 자존심 때문인지, 바깥일이건 집안 일이건 가장인 내가 다 알아서 해야 한다고 생각하는지, 내 책임을 미룬 적은 없었다. 하지만 아내가 우리 집 처지에는 가당치 않게 하는 걸 보면 화가 났다. '돈에 늘 쪼들리면서 이리 맞추고 저리 맞추고 하는 건 난데!'

그렇다고 아내가 자기 옷 사 입고 하는 사람은 아니다. 자기 사치는 전혀 안 한다. "자기는 필요 없다."면서 아이들한테만 해준다. 애들도 돈 문제에 있어서는 아빠 앞에서 주눅이 들어서 나한테는 뭐 사달라는 얘긴 안 했다. 어렸을 때는 가끔 조르긴 했다.

"아빠, 나 좋은 구두 사줘요. 내 친구들은 다 좋은 것 신는데…."

"아빠도 운동화 신고 다녔어!"

내가 그렇게 나가니까 차츰 애들은 엄마랑 '꿍짝'이 돼서 셋이서 똘똘 뭉쳤다. 엄마가 좋은 옷 사주면 내 앞에서는 안 입고, 신발도 사오면 감춰놓고 나 몰래 신고 다니곤 했다.

아내는 부잣집 딸로 살다가 내 수입에 맞춰서 살려니까 나름대로 갈등이 컸을 것이다. 내 사정을 아니까 따라주긴 했지만 살아가는 게 힘들었을 것이다. 그런데 묘한 게, 내가 우리집 생활하는데는 '짜게' 굴었는데도, 엄마나 형제들한테 갖다 주는 것은 전혀 아깝지 않았다. 이런 나한테 맞춰 사느라고 아내는 마음 고생이 심했다. 그래서 요즘은 '마누라 불쌍하다'는 생각을 많이 한다.

사실, 아내가 얼마를 어떻게 쓰던, 내 마음을 확 풀어놓은 건 몇 년 안 된다. 주신정에서 돈이 어느 정도 들어오기 시작하면서부터이니까.

'야, 내가 과연 누굴 위해서 이렇게 살았는가, 가족 아닌가! 내가 죽을 때까지 써도 못 쓰고 갈 돈인데, 솔직히 돈 걱정은 없는데, 우리 식구가 그것만 써도 충분히 남는데…'

그런데도 난 집에선 아직도 '짠돌이 남편', '구두쇠 아빠'다.

5. 아비 닮아 샛길로 빠진 아들

한참 '인기 강사' 로 뜨면서 여기저기로 불려 다녔을 때, 대학생들을 대상으로도 두 번인가 강연을 했었다. 연세대 수학과 동기 중에 교수가 된 친구들이 이 대학 저 대학으로 흩어져 있는 이유에서였다.

"야, 너 그래도 우리 수학과 나온 애 치고는 길은 빗나갔지만 지금 잘 나가고 있지 않냐? 우리 학교 애들한테 와서 용기 좀 줘라. 수학과 나와 봤자 선생 하는 것 아니면 다른 데 취직하기도 힘들어서 무조건 전공만 잘하라고 할 수도 없고…"

그래서 대학생들 앞에서 떠들고 오면 마음이 편치가 않았다. 그래도 앞날이 창창한 젊은이들 아닌가? 열심히 공부했으니 졸업한 뒤에 전공 살려서 일한다면 배운 것 써먹으니 좋고, 또 부모들은 그러길 바라는 마음에서 비싼 돈 들여서 자식을 대학 보내는 것이 아닌가? 하지만 현실은 현실이다.

우리 아들애도 아비를 닮았는지 전공하고는 다른 샛길로 빠졌다. 군대 갔다 와서 학교 졸업하고 직장을 잡았는데 3개월쯤 되니까 못 다니겠다고 했다. 남들은 들어가고 싶어도 못 들어가는 직장인데, 일은 힘들고 월급이 적다는 이유로 때려치우게 내버려둘 순 없었다. 하지만 자기 적성하고 맞지 않는다는 데야 어쩌겠는가? 1, 2년 하다가 그만둘 일도 아니고 평생을 매달려야 할 일이라면 일찌감치 자기 길로 가게 도와줄 수밖에.

그래도 6개월은 직장엘 다니게 했다. 사회생활이라는 게 그렇게 호락호락한 것이 아니라는 걸 체득하게 해주고 싶어서였다. 일이 힘들다, 상사가 짜증난다… 더 이상 못 다니겠다고 투덜거리는 아들애를 호되게 몰아쳤다.

"정한아, 6개월만 버텨라. 그 다음엔 네 마음대로 해라. 거기서 못 버티고 나오면 밖에서 아무것도 못 한다!"

아비의 성깔을 알고 있는 아들애는 꾹 참고 6개월을 버티고는 회사를 그만뒀다. 그리고는 장사가 자기 길이라고 생각했는지 지엄마랑 가게 터를 알아보고 다니기 시작했다. 저 나름대로 이것저것 알아보고 해도, 난 걔가 장사할 게 마땅치가 않아서 놔두고 있었다.

내가 마침 작게 건물을 짓고 있었는데 아들애는 거기 아래층에 들어가서 뭘 해보겠다고 '주접'을 떨었다. 건물 이름을 죄다 적어가면서, 혼자 들떴다.

"야, 거긴 벌써 계약을 했는데 네가 어떻게 하니? 잔금을 못 받거나 잘못되면 그때나 너 해라."

그러면서도 내심 아들 뜻대로 해주려고, 좀 밀어줄려고 마음을 먹고 있었다. 야외 녹화하러 가 있는데 아들한테서 전화가 왔다. 아주 희망찬 목소리였다.

"아빠, 여기 여의도에 좋은 자리가 났는데 나 계약하러 나왔어."

어디냐고 물으니까 문방구 하던 자리라고 했다. 그래? 잠시 생각을 해보고는 허락을 해줬다.

"나한테 3백만 원 있으니까 갖다가 계약해라."

그까짓 거 몇 천만 원 손해본다고 해도 아들 자립심을 키워주는 게 중요하다 싶었다. 그래서 그렇게 말하고 집에 가보니 아들은 엄마랑 같이 가서 계약을 하고 왔다고 했는데, 나중에 알고 보니까 몇 천만 원 바가지를 썼다.

내가 주위 부동산들도 다 알고 여의도는 꿰차고 있는데도 아들애가 하는 대로 그냥 내버려뒀다. 맨 처음엔 아이스크림 가게를 하겠다고 해서 "네가 알아서 해라."고만 했다. 그런데 자기가 생각해보니까 아이스크림 가게는 힘들 것 같았는지 기존의 문방구로 그냥 가되, 팬시점으로 꾸미겠다고 했다.

아들이 장사한 지 1년 반쯤 됐는데 주위 문방구들을 다 제치고 잘하고 있다. 아마 장사 감각이 있는 것 같다. 아직 젊으니까 애들이 뭘 원하는지도 잘 알 테고. 또한 돈 벌려고 기를 쓴다. 물론 처자가 있어서이지만 내가 볼 땐 희한하다. 지갑도 아무 데나 던지고 하는 성격인데도 장사하는 덴 아주 야무지다.

아들은 아무래도 무뚝뚝하다. 그런데도 지 새끼한텐 끔찍하다. 자기 애 깬다고 아기 잘 땐 지네 집에 안 가고 맞은 편 아파트에 있는 우리 집(아내랑 나랑 사는!)에 온다. 점심도 우리 집에서 먹고, 내가 점심 시간 끝나고 집에 가면 저도 한가한 시간이니까 결혼하기 전에 쓰던 자기 방에서 자고 있다. 그래서 아들하고는 딸처럼 아기자기한 대화는 없다.

주신정을 아들애한테 가업으로 물려줄 생각은 아직은 없다. 자기가 맡는다고 하면 자연스레 물려주긴 하겠지만, 내가 원하는 건 스스로 개척하는 것이다. 지금 서른도 안 됐는데 그 나이에 여기 들어오는 것도 무리인 듯 싶다. 전에 가게에서 아르바이트를 해서 종업원들하곤 잘 알긴 해도, 종업원들의 조직력을 파괴하면서까지 아들을 여기에 넣고 싶은 생각은 없다.

자식한테 물려주는 것도 난 그렇게 크게 생각하지 않는다. 자식이 그냥 자기 힘으로 하게 놔두고 어려울 때만 도와주는 게 부모라고 생각한다.

아들이 팬시점 낼 때도 정말 하고 싶은 말이 많았지만 저 혼자 하게끔 엄청 참으면서 내버려뒀었다. 사업자금은 대줬지만 그 외에는 참견하지 않았다. 어드바이스 해주고 참견하려면 할 말은 많았다. 간판은 무슨 색으로 해라, 실내는 어떤 식으로 꾸며라, 어떤 건 어떻게 해라, 이런 말은 일체하지 않고 통장에 돈만 넣어준 셈이다. 그렇게 참고 있기가 정말 힘들었다. 난 가게를 어떻게 해야 한다는 걸 너무나 잘 아는데! 가게 내부를 보면 업종에 따라서 벽은 터서 어떻게 하고 식으로 인테리어 컨셉이 금방 나오는데도 어드바이스는 전혀 안 했다.

얼마 전까지만 해도 아들이 장사하는 데 내 의견을 말하지 않으려고 참고 있었다. 혼자 헤쳐나가길 바라면서 두고 보자는 마음에서다. 또 내가 얘길 하면 아들애는 나한테 뭘 보여주려고 해서인지 반대로 하는 습성이 있다.

그래서 장사는 잘하고 있는지 궁금하기도 하고 걱정도 돼서 초기엔 몇 번 가봤는데 "아빠, 왜 왔어?" 했다. 자기 딴에는 별 느낌 없이 하는 말일 터인데도 난 그 소리가 서운해서 그 후부턴 근처에도 안 갔다. '어려운 일 닥치면 나한테 달려오겠지' 하면서. 그래도 장사를 꽤 하는 거 보니까 마음이 많이 놓였다. '저거 놔 둬도 잘 살겠구나…'

The Commencement Of An Enterprise

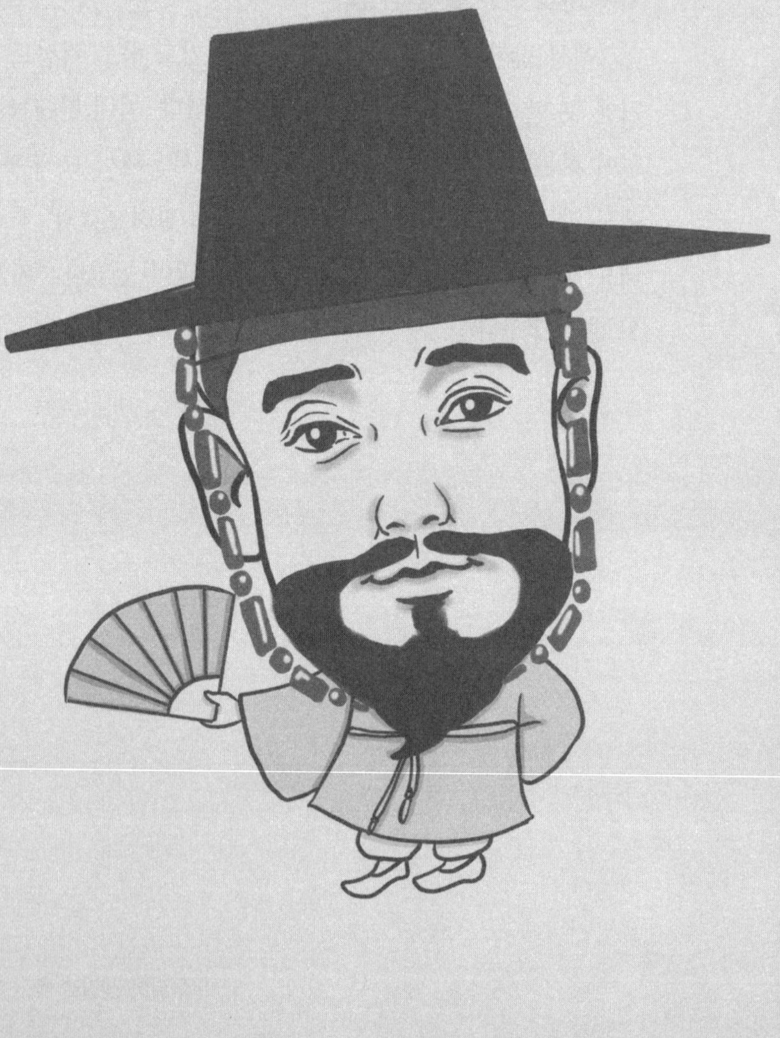

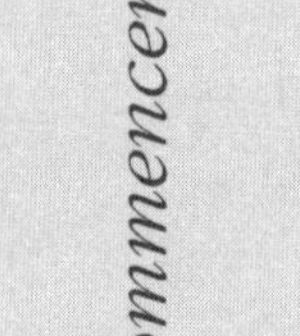

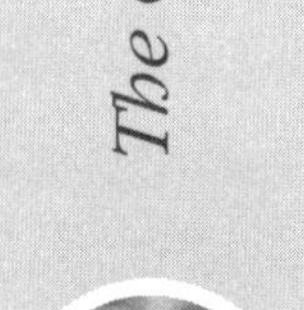

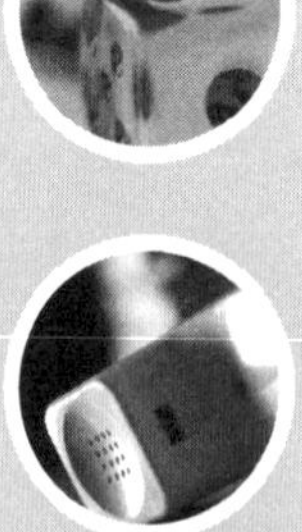

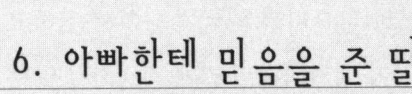

난 애들을 '물고 빨고' 하면서 키웠다. 내가 어머님한테서 받았던 걸 생각해서 애들을 믿고 모든 걸 해줬기 때문에 주위에선 과보호 소리를 많이 들었다. 그래서인지 어찌 보면 애들이 나한테 많이 의지하려고 하는 부분도 있다.

그래도 나한테 자신 있는 부분은 아이들에 대한 믿음이다. 주위에서 보면 아이들을 사자처럼 무섭게 키운 사람들이 있는데 그 집 애들 중엔 말썽을 부린 경우가 꽤 있었다. 그런데 우리 새끼들은 큰 말썽은 별로 없었다.

부모 마음이라는 게 다 똑같겠지만, 한편으론 걱정되는 부분도 있었다. 내가 너무 과보호를 하면서 키워서 '쟤들이 세파를 어떻게 헤쳐 나갈 것인가' 하는 거였다. 그런데 이젠 좀 안심을 해도 좋을 것 같다. 아들애는 장가가고 장사하면서 자기 앞길을 잘 헤쳐나가고 있다. 딸애도 떨어뜨려 놓으니까 외국에 나가서 잘하고 있다. 앞으로 애들한테 힘든 일이 생기더라도 크게 걱정하진 않는다. 나처럼 한 번 실패를 겪으면 스스로 자기 길을 찾아가리라는 믿음이 있어서다. 강인함이란 건 자기 내부에서 생기는 거니까.

남들은 부모가 자식을 뭘 어떻게 만들어보려고 하는데, 내 교육 철학은 다르다. 철저히 아이들을 믿고 '물고 빨고'만 해줘도 애들이 똑바로 간다는 것이다. 이런 면에서 애들 엄마는 나보다 한술 더 뜬다. 애들한테 손 한 번 안 대고 키웠다.

그러다 혹시 애들이 삐뚤어지려고 한다거나 아플 때, 부모는 옆에서 인생 경험으로 툭툭 쳐주면 된다는 게 내 생각이다. 내가 애들이 열쯤 있으면 통제 불능이지만 둘밖에 없으니까 그 정도는 충분히 컨트롤해 줄 수 있지 않은가? 우리 애들이 심성이 착해서 그랬는지는 몰라도 지금까지는 내 생각대로 잘 자라 주었다.

내가 특히 하나 강조한 건 이거였다. 남 탓하는 꼴은 보이지 말아야 한다는 것. 그것 하나는 내 머리에 넣고 있어서 애들이 싸우면서 서로 "누구 탓"이라고 하면 난 가만히 두지 않았다. 핑계를 대지 못하게끔. 그런 식으로 남 탓을 하다 보면 자꾸 의타심이 생기니까.

딸은 지금 스물다섯인데 아주 철저하고 잔정도 많다. 얼굴도, 성격도 엄마를 닮았다. 어릴 때는 오빠처럼 잔병치레도 하지 않고 잘 자라서 성격도 좋고 할 줄 알았다. 그런데 3살 때인가? 장모님이 오셔서 "일어나!" 하니까, 자는 데 깨웠다며 한참을 삐져 있었다. 그걸 보면서 "아이쿠 큰일났다. 지 엄마 똥고집 닮았네." 했는데, 역시나 자라면서 보니까 묘한 고집이 있었다.

지금 딸애하고는 이메일로 얘길 하는데, 평상시처럼 "이년아, 저년아." 한다. 아니면 얼굴이 떡판처럼 생겼다고 해서 붙인 별명으로 부른다. "보떡아!" 그러면 걔는 "종결아, 종결아~." 하고 나오고, 그럼 난 "이씨, 너 죽여버려." 한다. 남들이 들으면 부녀간의 대화치고는 너무 '살벌' 하다고 하겠지만, 우린 워낙에 그렇게 살아서 그런지 정겹기만 하다.

아무래도 타지에 있으니까 딸애한테는 자꾸 신경이 쓰인다. 동경간 지 2년 반 됐는데도 마음이 연신 그리로 간다. 딸애는 전문대 사진과를 졸업하고 취직해서 6개월을 일했었다. 그런데 아무래도 그거 가지곤 자기 앞길이 막막하니까 유학을 가겠다고 결정을 했다. 난 딸애는 절대 타지로 안 보내는데, 내 스타일을 아는지 딸애는 나하고는 상의도 안 했다. 지 엄마하고 '꿍짝' 을 맞춰서 다 준비해놓고 나서는 "나, 가요!" 하고 통보를 했다.

딸애는 서울을 떠나기 전날에도 아무렇지도 않게 집에 친구들을 불러서 밤새워 새벽까지 놀았다. 다음 날 비행장엔 내가 딸 친구들도 함께 데리고 갔는데, 나도 딸애가 떠난다는 실감이 나질 않아서 평상시처럼 농담도 하고 그랬다. 그런데 막상 공항 출국 게이트를 나가는 딸애 뒷모습을 보니까 속에서 왈칵 하고 숫구쳤다. 눈물을 애써 참고 딸애를 보내고 나서 얼른 흡연실로 들어가서 한참을 울고 나왔다.

그날 경복궁에서 야외 촬영이 있었다. 공항 가느라 촬영을 미루고 간 거여서 공항에서 곧장 경복궁으로 갔다. 중간에 딸한테 전화를 받았다. 우는 목소리로 "아빠, 나 잘 갔다올게." 하는데, 울컥 하고 또 치솟았다. 그래서 팔로 눈을 가리고 계속 울먹이면서 바깥만 보고 갔다. 운전대를 잡고 있던 지배인이 경복궁으로 곧장 안 들어가고 차를 삼청동으로 몰았다. 한적한 데로 날 데리고 가더니 자기는 내렸다. 실컷 울라는 것이었다. 그래서 거기서 마음을 진정시키고 나서 녹화를 했다.

촬영을 끝내고 아내한테 전화했더니 아내는 나보다 더 울었는지 목이 다 잠겨 있었다. 그런 아내가 안쓰러우면서도 좀 원망스럽기도 했다. '지가 보내 놓고는⋯'

딸애를 동경에 보내놓고 걱정이 돼서 이메일에다 계속 이렇게 써 보냈다. "뭐든지 아끼지 말고 사라. 밥 대충 먹지 말고⋯." 그랬는데, 여기선 편하게 달라던 돈도 거기 가 있으면서는 돈 달라는 얘길 어려워했다.

딸애는 일본에 가더니 돈에 대한 관념이 굉장히 철저해졌다. 요즘도 내가 더 주고 싶어서 난리를 쳐도 필요 없다고 한다. 남한테 지기 싫어하는 성격도 있어서인 듯 한데, 내가 일본 가서 보니까 유학생들이 그렇게 건실할 수가 없었다. 택시비가 어마어마하게 비싸긴 하지만, 유학생들은 '전철표 얼마, 밥값 얼마' 하는 식으로 마치 여행가서 하듯이 알뜰하게들 살았다. 딸애도 그걸 보면서 그런지, 한 달에 용돈을 10만 엔 주는데 더 쓰는 경우가 없다.

딸은 자기가 다 알아서 했다. 1년 기간의 어학 코스를 밟고, '비주얼 아트 스쿨'에 들어갔는데 장학생으로 갔다. 부모 마음 다 똑같겠지만, 자식이 믿음을 줄 때 부모는 가장 뿌듯한 것 같다.

The Commencement Of An Enterprise

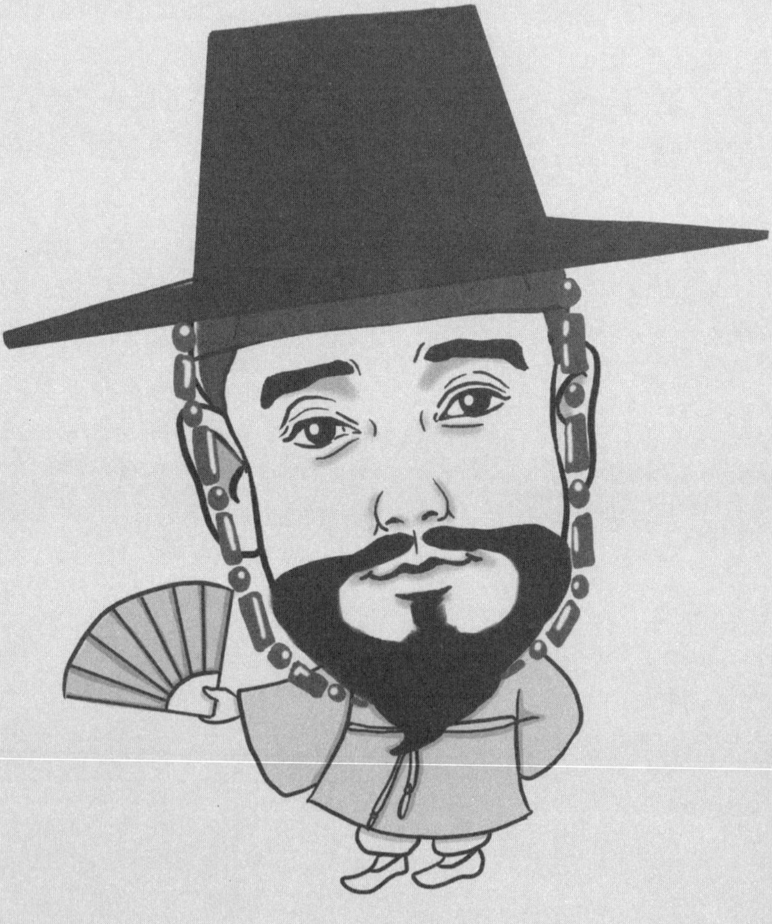

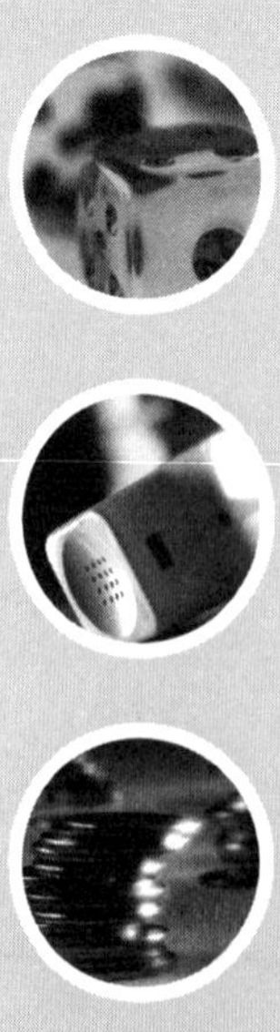

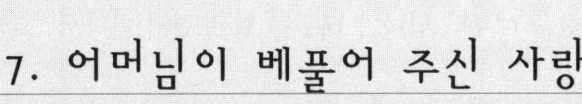

7. 어머님이 베풀어 주신 사랑

　내가 어릴 때 우리 집에는 형들이 많았다. 친형들이 아니라, 이북에서 내려온 사촌형들 또 형들의 친구들이다. 당시 우리 집은 부자여서, 어머니가 그 형들을 우리 집에서 살게 해주고 품어주었다. 형들도 커가면서 어머니를 잘 보살펴주고 힘이 되어 주었다.

　나랑 동생 종혁이는 어릴 때부터 사촌형들, 형 친구들하고 한솥밥을 먹으며 자라서인지 별로 외로움을 몰랐다. 아마도 어머니는 아버지 없이 자라는 우리를 외롭지 않게, 모나지 않게 키우고 싶어서 형들을 데리고 왔는지는 모른다. 어쨌거나, 형들 덕분에라도 동생하고 난 집안이 적적하다는 건 모르고 살았다.

　어머니는 신여성이기도 하고 여걸이라면 여걸인데, 천성이 남한테 베푸는 걸 잘하시는 분이었다. 내가 남 어려운 것 못 보며 조금이라도 도와주려고 하는 것도 내가 어려운 생활을 해봐서도 그렇지만, 어렸을 때부터 엄마가 베푸는 걸 보면서 자라서 그런 것 같다.

어머니의 자식 사랑은 끔찍했다. 내 위에 형이 하나 있었는데 그 형을 잃고 나서, 서른이 훨씬 넘어서 늦게 아들을 얻어서 그런지 나를 아주 애지중지하셨다. 엄마가 날 너무 '물고 빨아서' 어머니 친구들이 엄마만 없으면 날 꼬집고 했다던 기억이 어렴풋이 날 정도다.

나도 꽤 효자아들이었다. 그런데 재수하면서 그 동안 안 썩혔던 속을 한꺼번에 썩혔다. 여자도 처음 알게 되고, 정신 못 차리고 놀았던 시절이다. 엄마가 나랑 여자친구를 자꾸 떼어놓으려고 해서 난 대전으로 도망도 가고 죽겠다고 '지랄'도 했다. 중·고등학교 땐 모범생이었는데 그 동안 안 하던 짓을 왕창 해댔다. 술 먹고 막걸리집에서 '산' 노래 부르고 하는 게 좋았다. 한 6, 7개월 타락하다시피 했던 것 같다.

이런 날 보면서 엄마는 걱정도 하고 "하지 말라."고 말리기도 했는데, 내가 너무 그러니까 내 앞에서 대굴대굴 구르면서 운 적도 있다. 그런데 그때 난 막 미쳐 있어서 눈에 보이는 게 없었다. 가슴을 쥐어뜯는 엄마를 보면서 기껏 한다는 생각이 '야! 쇼 잘한다'였으니. 나중에는 그런 생각을 했다는 게 어머니한테 정말 미안했지만, 당시에는 그랬다. 내가 완전 '또라이'였으니까.

계속 내가 '막나가니까' 어머니는 2개월인가 나를 절에다 끌어다 났다. 마음은 콩밭에 가 있으니 공부가 될 턱이 없었다. 그러다 찬바람 날 때쯤 정신이 조금 들었는지, 어머니가 여자친구랑 너무 떼어놓아서 별 수가 없었는지, 공부를 좀 하기 시작했고 두 번째 대학 시험에선 붙을 수가 있었다.

난 어머니한테만 모든 걸 의지하면서 살았다. 그래서 속으론 그렇게도 많이 생각하면서도 어머니를 달달 볶아야 속이 시원하던 시절이 있었다. 효자고 착하고 하면서도 무슨 일이든지 성질은 엄마한테 부려야 속이 풀리던 시절이.

어머니는 내가 하는 일을 크게 반대하시는 분이 아니었다. 내가 탤런트 되는 것도 처음엔 반대하셨지만 나중엔 좋아하셨다. 내가 며느리감을 데리고 갔을 때도 좋아하셨고.

어머니와 아내는 그렇게 크게 갈등을 일으킨 적은 없었는데, 고부간의 갈등이 있을 경우 난 철저히 어머니 편에 서려고 했었다. 고부간의 문제는 누가 사랑을 차지하려는가의 문제가 아니라, 내 경우는 어느 쪽이 약자인가에 따라 마음이 더 가는 것 같다.

결혼하면서는 어머니랑 따로 살다가 1년쯤 후부터 모시고 살았다. 한 3년 같이 살았는데, 어머니가 힘들어 하신다는 건 그 전부터 느끼고 있었다. 어머니는 결단을 내렸는지 따로 사시겠다고 했다. 어머니한테는 후암동 집을 판 돈이 있었다. 그 돈으로 안산에 아파트를 몇 채 사놓으셨는데, 그리로 가시겠다고 하셨다.

어머니는 친구들을 그렇게 좋아하셔서 옆에는 항상 후배 분들이 '붙어' 다녔는데, 혼자 되신 분들이 어머니가 사는 임대 아파트로 모여서들 같이 사셨다.

 어머니가 사시던 아파트를 생각하면 지금도 가슴이 아프다. 돈 걱정은 끊임없이 하면서 살면서도, 난 나와 동생한테 모든 걸 다 해주신 희생자의 입장에서 어머니에게 드리는 돈은 하나도 아깝지가 않았었다. 그래서 어머니 용돈은 풍족하게 드린다고 생각했었다. 그런데 나중에 어머니가 돌아가시고 나서 알고 보니, 어머니는 본인이 사시던 아파트 외에 다른 아파트들에는 부금을 계속 내고 계셨다. 어머니는 나한테는 그 말을 안 하고 내가 드린 용돈을 아껴서 부금을 내고 했던 것 같다. 오래 된 일이고 또 작은 평수의 임대 아파트라서 부금 액수는 얼마 되지 않았다.

 하지만 아들한테 받는 용돈에서 그 돈을 빼서 혼자 갖고 계셨다는 게 그렇게 죄송할 수가 없었다. 그것도 어머니 장례를 끝내고 나서 어머니 친구분들이 말씀하셔서 알았으니까.

 어머니는 내가 마흔 줄에 들어선 1983년에 돌아가셨다. 어머니 나이 73세 때. 유방암으로 항암치료를 받다가 돌아가셨다. 그 때만 해도 난 음식점이다, 오락실이다, 점포를 다섯 개 하면서 엄청 바쁘던 시절이었다. 그래서 어머니 옆에는 같이 못 있어 드렸다. 그래서 또 어머니한테 죄송스런 마음이 있는데, 그나마 어머니가 행복해 하시던 모습을 떠올리면서 위안이라면 위안을 삼는다. 열흘 정도 내가 사업을 전폐하고 어머니 옆에 있었을 때, 어머니가 나하고 같이 있어서 행복하시던 모습에서.

▶ 2002년 KBS-TV 〈욕망의 바다〉에 출연했을 때

The Commencement Of An Enterprise

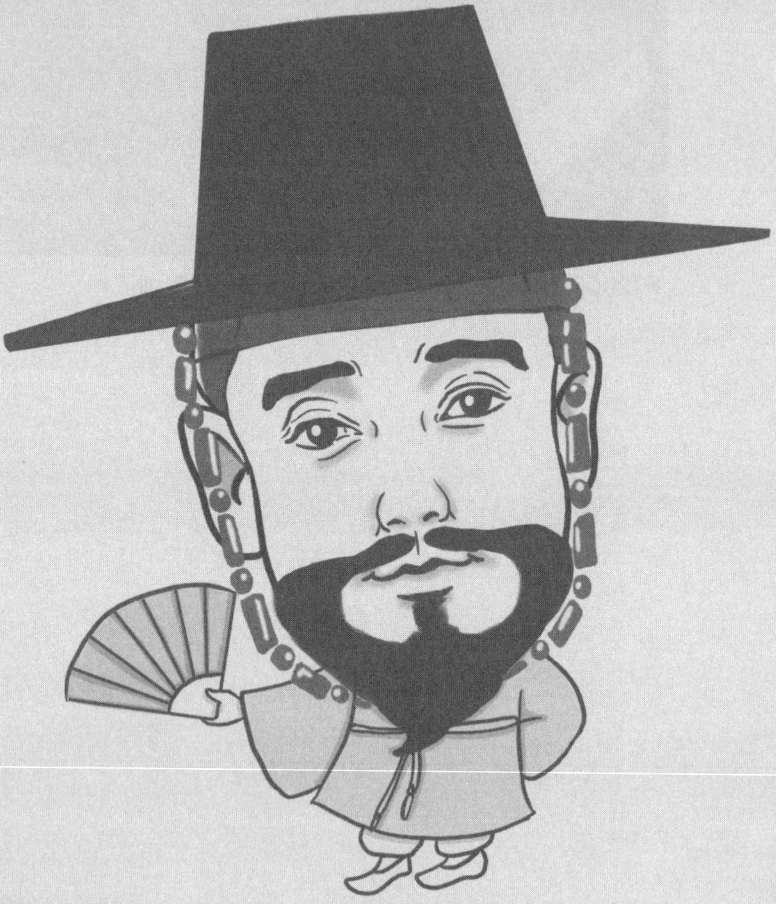

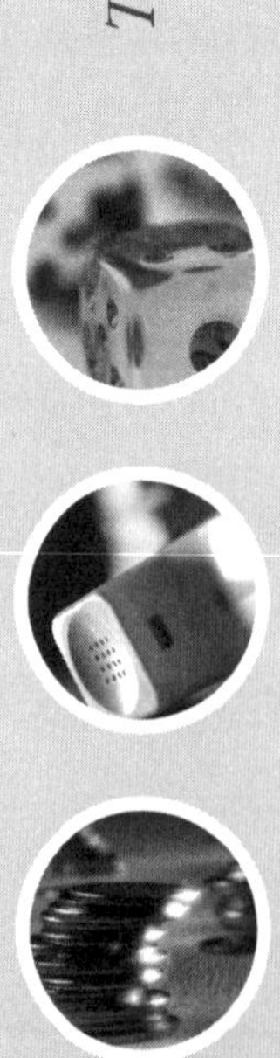

8. 40세에 접은 톱스타의 꿈, 그러나…

주신정에만 전념할 땐, 대충 낮 1시 반쯤에 손님이 거의 빠지면 난 가게에서 점심을 먹고 헬스 센터에 간다. 거기서 운동 좀 하고 사우나도 하고 나서 집에 가서 한참 쉬었다가 저녁에 다시 가게에 가는데, 시간을 지키려고 더 애를 쓴다. 저녁 시간에 손님이 더 많아서 가게는 난리법석이니까. 다음날 촬영이 있으면 점심 때 헬스는 생략하고 사우나만 하고 곧장 집에 간다. 대사를 외우다가도 저녁 시간이 되면 대본을 갖고 다시 가게에 나간다. 손님들 서빙하는 짬짬이 대본을 외우는데, 그렇게 하는 게 집에서 외우는 것보다는 더 효과적이기도 하다.

이렇듯 지금의 내겐 음식점이 주업이 되어 버렸지만 아직도 정신적인 주업은 탤런트다. 지금까지 연기 생활 36년째인데, 그 동안 드라마는 200편 가량 했다. 그 중에서 가장 기억에 남는 역할을 꼽자면 우선 떠오르는 게 20대 후반에 TBC 〈특별수사본부〉에 게스트로 나갔을 때다. 방송국에 들어가서 맨 처음 했던 연기는 장난이라 치고, 한 3년쯤 지나서 맡아서 나름대로 '제법' 연기를 한 역할이다. 선배님들이 주인공인 수사관들로 나오는 단막극에서 난 살인범 역할로 나갔다.

사창가에 들어갔다가 김창숙이 연기한 창녀를 칼로 찔러 죽이고 형사들한테 체포되는 살인범 역할이었다. 어린 시절 부모한테서 받았던 학대에서부터 시작해서 범인의 심리를 파악해서 감정을 제대로 살려서 연기를 했다.

그래도 난 여전히 뜨질 못했는데, 고맙게도 선배님들이 날 예쁘게 봐서 계속 끌어줬다. 작고한 김호정 씨도 그 중 한 분이다. 그분이 MBC로 옮겨가실 때, TBC에는 외부 연출가들이 많이 새로 영입됐는데 서로들 잘 아는 사이니까 "종결이 하나만 부탁하자."고 하고 가셨다. 〈지금 평양에선〉의 연출자인 하강일 씨도 날 친동생보다도 더 아꼈다.

오래 전 얘긴데, 강일 형이 〈거북이〉에서 조연출을 맡았었다. 주인공은 안은숙 씨였는데, 그 프로에 날 출연시키려고 형이 밀었다. "김종결로 하자, 아들은 엄마 닮은 예쁜 아들이 해야 한다."면서. 그러나 PD는 다른 탤런트를 하려고 마음을 먹고 있었다. 그런데 강일 형이 대본을 집어던지면서 "김종결 아니면 안 된다!"고 강짜(?)를 부렸다. 그 덕분에 내가 들어가긴 했는데 미움을 많이 받았다. '어거지'로 들어온 배역이니까. 그래도 연기는 그런

대로 잘했다. 지금은 작고하신 작가 김영수 선생님이 "쟤가 도대체 누구냐?"고 했을 정도로. 그런 식으로 조금씩 인정을 받다가 사극 〈연화〉로 왕창 알려지게 됐다.

〈연화〉를 스타트로 1970년대 초에는 〈마부〉, 〈아씨〉 등 배역이 끊이질 않았다. 제법 주인공 비슷한 걸 해왔는데 히트까지는 못 갔다. 그래도 〈연화〉로 얻은 인기가 4, 5년, 아니 7, 8년은 간 것 같다.

1980년대 작품 중에서 고른다면 1989년에 했던 MBC 미니시리즈 〈황제를 위하여〉가 기억에 남는다. 연출가 김종학 씨가 갑자기 날 불렀는데, 내가 알지도 못하는 외부 MBC 연출자가 날 보자고 하니까 좀 의외였다. 거기다 김종학 씨 하면 유명한 사람이지 않은가? 그래서 기를 쓰고 연기를 했는데 결과가 좋았던 것 같다. 그 프로가 계기가 되어 김종학 씨가 연출한 MBC 드라마 〈제5열〉에도 수사관 역으로 출연했다.

그리고 한참 후인 1995년에도 김종학 씨하고 SBS에서 작품을 같이 했다. 김종학 PD의 전화를 받았는데, "영화 〈대부〉의 첫째 아들 역할을 보라."고 했었다. 그래서 출연한 게 〈모래시계〉인데, 그렇게 히트할지는 몰랐다. 거기서 변호사 역을 맡으면서 나름대로 그 배역의 컨셉을 잡았다. 연기를 절제하자고. 연출가도 그렇게 하자고 해서 했는데, 작품도 잘 써졌지만 내가 컨셉을 제대로 잡았던 것 같다.

〈모래시계〉 전 1990년대에 했던 작품들 중에서 기억에 제일 많이 남는 건 1992년에 했던 MBC 수목드라마 〈일출봉〉이다. 나이 오십 넘어서 주신정 하던 시절에 MBC로 불려가서 출연한 사극이다. 서민인지 양반인지 모르면서도 서민 측에 서는 의리의 사나이 역을 맡았다.

〈모래시계〉 이후부터 작년 5월에 끝난 〈여인천하〉까지, 그렇게 한 8년간 배역이 계속 끊이지 않고 이어왔다. 1997년 KBS 수목드라마 〈욕망의 바다〉, 1999년 KBS 대하사극 〈왕과 비〉, 2000년 KBS 아침드라마 〈송화〉 등.

연기 생활 35년 동안 스케줄을 '펑크' 낸 적이 딱 한 번 있었다. 하강일 씨가 연출한 〈지금 평양에선〉에 출연했을 때다. 15년 전 얘기다. 친구하고 장난치고 울릉도엘 들어갔는데 갑자기 태풍이 쳐서 배가 뜨질 못했다. 연출자하곤 계속 연락을 했었는데 결국은 못 나와서 촬영 스케줄을 펑크냈다. 그 외에는 펑크낸 적이 없다. TBC에서 〈양반전〉 할 때는 맹장염으로 쓰러졌는데도 연기했고, 촬영하다가 다리가 부러진 일이 있었는데도 다리 위에다 천 같은 걸 가리고 끝까지 촬영을 했다.

내가 독종이어서가 아니라, 배우들 대부분이 그렇다. 또 방송의 위력이 대단해서 열심히 하지 않을 수가 없다.

배우라는 건 정말 좋은 직업이다. 대사 외우는 스트레스에 시달리긴 해도. 연기자들하고 모여 있는데서 내가 이런 말을 했었다. "야, 이거 대사만 안 외우면 정말 좋은 직업인데!" 내 말에 다들 고개를 끄떡이면서 웃었다. 대본만 나오면 밤낮으로 외우느라 바쁘니, 딴 사람들은 좋게 보이는지 몰라도, 우리는 말하자면 매주

한 번씩 시험을 보는 셈이다.

애기가 좀 옆길로 샜지만, 드라마를 계속 하나씩 하다보니까 어떡하든 한 프로씩은 내가 '끼어들어' 갔다. 전에 〈왕과 비〉가 끝나고 나서 다음 배역이 없어서 공백기간인가 하고 있는데, 묘하게도 옛날에 연출하신 분이 와서 〈송화〉라는 아침 드라마에서 아버지 역을 맡겨줬다. 그것이 끝나고 〈여인천하〉 한다는 애길 들어서 한 두세 달은 공백이 있겠구나 생각하고 있었는데, 또 누가 유성룡 배역을 줘서 했다. 그런 식으로 계속 이어왔는데, 사실 공백 기간에는 다음 배역이 들어오길 기다리면서 엄청난 부담감이 있다.

그래도 난 "내 배역이 뭐예요? 나 좀 시켜주세요." 한 적은 없었다. 묘한 자존심인데, 그렇게 안 해도 띄엄띄엄 하나씩 역이 들어왔다. 하느님 덕인지 뭔지 모르겠지만, 〈모래시계〉 이후에는 한 달 이상 쉰 적이 없었다. 작년에 〈여인천하〉를 끝내고 나서 몇 달 쉰 게 처음인 것 같다.

배우들 중에 "아, 제법 나오는구나." 하고 있는데 안 나오면 쉬고 있는 거다. 중견 연기자들 중에선 그런 식으로 해서 사라진 사람이 엄청 많다. 안 보인다 싶으면 사라진다. 그렇게 슬그머니 사라지지 않으려면 배역이 주어졌을 때 최선을 다해서 연기하는 수밖에 없다. 내가 연기를 잘한다는 애기가 아니고, 성실성을 보여줄 수밖에 없다는 것이다.

아무리 그래도, 지금 내게도 배역이 끊기지 않을까 하는 부담감은 있다. 돈 때문은 아니다. 내 본래 직업이 배우이기 때문에 배우로서의 욕망은 한이 없다. 포기한 부분도 있지만, 사십까지도 난 톱스타를 포기하지 않았었다. 그러다가 '안 되는 건 안 되는구나' 하고 주인공은 포기하면서 지금까지 온 거다. 어머님이 물려주신 도덕성을 머리에 지니고 있는 나의 모습을 그대로 보이면서 살아왔기에 나의 인간됨됨이를 보고 배역을 시켜준 사람들이 많아서 이렇게 여기까지 왔다.

물론 톱스타를 포기하기 전까지는 속상할 때도 많았다. 나보다 새카만 후배랑 같이 가서 난 작은 역을 하게 되면 자존심도 많이 상했다. 그래도 TBC에선 그런 대로 잘 나갔는데, 방송국이 통합되면서 역이 작아지니까 좌절도 많았다. 그럴 땐 이런 생각까지 했었다. '야, 내가 새끼 낳으면 도덕성 같은 건 강조하지 말아야겠다, 뒷거래를 하더라도 양심의 가책을 느끼지 않도록 가르쳐야겠다'고.

지금 와서 그때 일을 생각해보면 내가 참 한심했었다. 자기가 모자란 부분에 불만을 많이 갖다 보니까 뒷거래니 뭐니 하면서 불평을 많이 하는 건데…. 쉽게 말하면, 내가 또 잘난 척을 하는 줄은 몰라도, 나처럼 살아가면 된다고 생각한다. 비리로 되는 사람이 솔직히 몇이나 있겠는가? 인기도 여러 가지 상황이 맞아떨어져야 얻는 거고 또 배우는 연기를 타고나는 것도 있지만 노력해가면 연륜이 지나면서, 경험이 쌓이면서 되는 거다.

지금은 TV에서 사라진 동료들도 많은데, 난 이렇게 한 35년을 버티고 있으니 일찍이 활짝 피지 않았던 것이 오히려 다행인 듯도 싶다. 연기쪽으로 정상을 차지하겠다는 생각은 한참 전에 포기하면서 마음을 비웠다. 그래서 작은 역할이나마 감사하면서, 시청자들한테 내 냄새를 풍겨줄 수 있다는 것에 감사하면서 연기를 해왔다.

　배우는 정말 늦게 이루어지는 것 같다. 그리고 뜻이 있으면 길이 있다고, 뭐든지 쉽게 포기하지 않고 오래 참으면서 자기 길을 가다 보면 결국에는 웃을 수 있다. 배우뿐만이 아니라 모든 직업이 다 그렇다!

創業

부　록

식품위생법(발췌수록)

$$\begin{bmatrix} 1986년 5월 10일 \\ 법률 제3823호 全改 \end{bmatrix}$$

개정 1988. 12. 31. 법률 제4071호
개정 1991. 12. 14. 법률 제4432호
개정 1995. 12. 29. 법률 제5099호
개정 2000. 1. 12. 법률 제6154호

제1장 ~ 제6장 생략

제7장 영 업

제21조 【시설기준】① 다음의 영업을 하고자 하는 자는 보건복지부령이 정하는 시설기준에 적합한 시설을 갖추어야 한다. 〈개정 1995. 12. 29.〉

1. 식품 또는 식품첨가물의 제조업 · 가공업 · 운반업 · 판매업 및 보존업
2. 기구 또는 용기 · 포장의 제조업
3. 식품접객업

② 제1항 각호의 규정에 의한 영업의 세부종류와 그 범위는 대통령령으로 정한다.

제22조 【영업의 허가 등】① 제21조 규정에 의한 영업 중 대통령령이 정하는 영업을 하고자 하는 자는 대통령령이 정하는 바에 따라 영업의 종류별 · 영업소별로 식품의약품안전청장, 시 · 도지사, 시장 · 군수 또는 구청장의 허가를 받아야 한다. 대통령령이 정하는 중요한 사항을 변경하고자 하는 때에도

또한 같다. 〈개정 1991. 12. 14, 1995. 12. 29, 1998. 2. 28.〉

② 삭제 〈1995. 12. 29.〉

③ 식품의약품안전청장, 시·도지사, 시장·군수 또는 구청장은 제1항의 규정에 의한 영업허가를 하는 때에는 필요한 조건을 붙일 수 있다. 〈개정 1988. 12. 31, 1991. 12. 14, 1995. 12. 29, 1998. 2. 28.〉

④제1항의 규정에 의하여 영업의 허가를 받은 자가 그 영업을 폐업하거나 허가받은 사항 중 동 항 후단의 중요사항을 제외한 경미한 사항을 변경하고자 하는 때에는 식품의약품안전청장, 시·도지사, 시장·군수 또는 구청장에게 신고하여야 한다. 〈개정 1991. 12. 14, 1995. 12. 29, 1998. 2. 28, 2000. 1. 12.〉

⑤ 제21조의 규정에 의한 영업 중 대통령령이 정하는 영업을 하고자 하는 자는 시·도지사에게 신고하여야 한다. 신고한 사항 중 대통령령이 정하는 중요한 사항을 변경하거나 폐업하고자 하는 때에도 또한 같다.
〈개정 1988. 12. 31, 1991. 12. 14, 2000. 1. 12.〉

⑥ 제1항 또는 제5항의 규정에 의하여 식품 또는 식품첨가물의 제조업·가공업의 허가를 받거나 신고를 한 자가 식품 또는 식품첨가물을 제조·가공하는 때에는 보건복지부령이 정하는 바에 의하여 식품의약품안전청장 또는 시·도지사에게 그 사실을 보고하여야 한다. 보고한 사항 중 보건복지부령이 정하는 중요한 사항을 변경하는 때에도 또한 같다.
〈개정 1995. 12. 29, 1998. 2. 28.〉

제23조 삭제 〈2000. 1. 12.〉

제24조 【영업허가 등의 제한】① 다음 각호의 1에 해당하는 때에는 제22조 제1항의 규정에 의한 영업허가를 할 수 없다. 〈개정 1988. 12. 31, 1991. 12. 14, 1995. 12. 29, 2000. 1. 12.〉

1. 당해 영업의 시설이 제21조의 규정에 의한 시설기준에 적합하지 아니한 때
2. 제58조 제1항 또는 제2항의 규정에 의하여 영업의 허가가 취소(제31조 제2항 제1호의 규정에 위반하여 영업의 허가가 취소된 경우를 제외한다) 된 후 6월이 경과하지 아니한 경우에 그 영업장소에서 같은 종류의 영업을 하고자 하는 때. 다만, 영업시설의 전부를 철거하여 영업의 허가가 취

소된 경우에는 그러하지 아니하다.

2의 2. 제31조 제2항 제1호의 규정에 위반하여 영업의 허가가 취소된 후 1년이 경과하지 아니한 경우 그 영업장소에서 제21조 제1항의 규정에 의한 식품접객업을 하고자 하는 때

3. 제58조 제1항 또는 제2항의 규정에 의하여 영업의 허가가 취소(제31조 제2항 제1호의 규정에 위반하여 영업의 허가가 취소된 경우를 제외한다)된 후 1년이 경과하지 아니한 자(법인인 경우에는 그 대표자를 포함한다)가 취소된 영업과 같은 종류의 영업을 하고자 하는 때

3의 2. 제31조 제2항 제1호의 규정에 위반하여 영업의 허가가 취소된 후 2년이 경과하지 아니한 자(법인의 경우에는 그 대표자를 포함한다)가 제21조 제1항의 규정에 의한 식품접객업을 하고자 하는 때

4. 공익상 그 허가를 제한할 필요가 현저하다고 인정되어 보건복지부장관이 지정하여 고시하는 영업 또는 품목에 해당되는 때

5. 영업의 허가를 받고자 하는 자가 금치산자이거나 파산의 선고를 받고 복권되지 아니한 자인 때

6. 삭제 〈2000. 1. 12.〉

7. 삭제 〈1995. 12. 29.〉

② 다음 각호의 1에 해당하는 때에는 제22조 제5항의 규정에 의한 영업의 신고를 할 수 없다. 〈개정 1991. 12. 14, 2000. 1. 12.〉

1. 제58조 제1항 또는 제2항의 규정에 의한 영업소의 폐쇄명령(제31조 제2항 제1호의 규정에 위반하여 영업소의 폐쇄명령을 받은 경우를 제외한다)을 받은 후 6월이 경과하지 아니한 경우에 그 영업장소에서 같은 종류의 영업을 하고자 하는 때. 다만, 영업시설의 전부를 철거하여 영업소가 폐쇄명령을 받은 경우에는 그러하지 아니하다.

1의 2. 제31조 제2항 제1호의 규정에 위반하여 영업소의 폐쇄명령을 받은 후 1년이 경과하지 아니한 경우 그 영업장소에서 제21조 제1항의 규정에 의한 식품접객업을 하고자 하는 때

2. 제58조 제1항 또는 제2항의 규정에 의한 영업소의 폐쇄명령(제31조 제2

항 제1호의 규정에 위반하여 영업소의 폐쇄명령을 받은 경우를 제외한다)
을 받은 후 1년이 경과하지 아니한 자(법인인 경우에는 그 대표자를 포함
한다)가 폐쇄명령을 받은 영업과 같은 종류의 영업을 하고자 하는 때

2의 2. 제31조 제2항 제1호의 규정에 위반하여 영업소의 폐쇄명령을 받은
후 2년이 경과하지 아니한 자(법인의 경우에는 그 대표자를 포함한다)
가 제21조 제1항의 규정에 의한 식품접객업을 하고자 하는 때

③ ~ ④ 삭제 〈1995. 12. 29.〉

제25조【영업의 승계】 ① 제22조 제1항의 규정에 의하여 영업의 허가를 받
은 자 또는 동조 제5항의 규정에 의하여 영업의 신고를 한 자(이하 "영업자"
라 한다)가 그 영업을 양도하거나 사망한 때 또는 법인의 합병이 있는 때에는
그 양수인 · 상속인 또는 합병 후 존속하는 법인이나 합병에 의하여 설립되는
법인은 그 영업자의 지위를 승계한다.

② 민사소송법에 의한 경매, 파산법에 의한 환가나 국세징수법 · 관세법 또
는 지방세법에 의한 압류재산의 매각, 기타 이에 준하는 절차에 따라 영업시
설의 전부를 인수한 자는 그 영업자의 지위를 승계한다. 이 경우 종전의 영업
자에 대한 영업허가 또는 그가 한 신고는 그 효력을 잃는다.
〈개정 1995. 12. 29.〉

③ 제1항 또는 제2항의 규정에 의하여 영업자의 지위를 승계한 자는 1월 이
내에 보건복지부령이 정하는 바에 따라 식품의약품안전청장, 시 · 도지사, 시
장 · 군수 또는 구청장에게 신고하여야 한다.
〈개정 1995. 12. 29, 1998. 2. 28〉

④ 제24조 제1항 및 제2항의 규정은 제1항 및 제2항의 규정에 의한 승계에
이를 준용한다.

제26조 ~ 제30조 생략

제31조【영업자 등의 준수사항】 ① 식품접객영업자 등 대통령령이 정하는
영업자 및 그 종업원은 영업의 위생적 관리 및 질서유지와 국민보건위생의 증
진을 위하여 보건복지부령이 정하는 사항을 지켜야 한다.

② 식품접객영업자는 청소년보호법 제2조의 규정에 의한 청소년(이하 이

항에서 "청소년"이라 한다)에 대하여 다음 각호의 행위를 하여서는 아니된다. 〈신설 2000. 1. 12.〉

1. 청소년을 유흥접객원으로 고용하여 유흥행위를 하게 하는 행위
2. 제21조 제1항 제3호의 식품접객업 중 청소년보호법에 의한 청소년유해업소(이하 이 항에서 "청소년유해업소"라 한다)에 청소년을 고용하는 행위
3. 청소년유해업소에 청소년을 출입하게 하는 행위
4. 청소년에게 주류를 제공하는 행위 〈전개 1995. 12. 29.〉

제31조의 2【식품 등의 자진회수】 판매의 목적으로 식품 등을 제조 · 가공 · 소분 또는 수입한 영업자는 당해 식품 등으로 인한 위생상의 위해가 발생하였거나 발생할 우려가 있다고 인정하는 때에는 그 사실을 국민에게 알리고 유통중인 당해 식품 등을 회수하도록 노력하여야 한다. 〈본조 신설 1995. 12. 29.〉

제32조【위생등급】 ① 식품의약품안전청장, 시 · 도지사, 시장 · 군수 또는 구청장은 보건복지부령이 정하는 위생등급기준에 따라 위생관리상태 등이 우수한 식품 등의 제조 · 가공업소 또는 식품접객업소를 우수업소 또는 모범업소로 지정할 수 있다. 〈개정 1998. 2. 28, 2000. 1. 12.〉

② 제1항의 규정에 의하여 지정한 우수업소 또는 모범업소에 대하여 식품의약품안전청장, 시 · 도지사, 시장 · 군수 또는 구청장은 관계공무원으로 하여금 일정기간 동안 제17조의 규정에 의한 출입 · 검사를 하지 아니하게 할 수 있으며, 시 · 도지사, 시장 · 군수 또는 구청장은 제71조 제3항 제1호의 규정에 의한 영업자의 영업시설 개선을 위한 융자사업과 동항 제6호의 규정에 의한 음식문화의 개선 및 좋은 식단 실천을 위한 사업의 우선지원 등을 할 수 있다. 〈개정 1998. 2. 8, 2000. 1. 12.〉

③ 식품의약품안전청장, 시 · 도지사, 시장 · 군수 또는 구청장은 제1항의 규정에 의하여 우수업소 또는 모범업소로 지정된 업소가 그 지정기준에 미달하게 되거나 영업정지이상의 행정처분을 받게 된 때에는 지체없이 그 지정을 취소하여야 한다. 〈개정 1998. 2. 28.〉

④ 제1항 및 제3항의 규정에 의한 우수업소 또는 모범업소의 지정 및 그 취소에 관한 사항과 제2항의 규정에 의한 출입·검사를 하지 아니하는 기간은 보건복지부령으로 정한다.〈전개 1995. 12. 29.〉

제32조의 2　생략

제33조　삭제〈2000. 1. 12.〉

第8장 ~제11장　생략

第13장　벌칙

제74조【벌칙】 제4조 내지 제6조(제69조에서 준용하는 경우를 포함한다)·제8조(제69조에서 준용하는 경우를 포함한다)·제15조(제69조에서 준용하는 경우를 포함한다) 또는 제22조 제1항의 규정에 위반한 자는 5년 이하의 징역 또는 3천만원 이하의 벌금에 처하거나 이를 병과할 수 있다.
〈개정 1995. 12. 29.〉

제75조【벌칙】 다음 각호의 1에 해당하는 자는 3년 이하의 징역 또는 2천만원 이하의 벌금에 처하거나 이를 병과할 수 있다.〈개정 1995. 12. 29.〉

1. 제7조 제4항(제69조에서 준용하는 경우를 포함한다), 제9조 제4항(제69조에서 준용하는 경우를 포함한다) 또는 제16조 제1항의 규정에 위반한 자
2. 제30조의 규정에 의한 영업의 제한에 위반한 자
3. 제56조 제1항·제3항(제69조에서 준용하는 경우를 포함한다) 또는 제56조의2 제1항의 규정에 의한 명령에 위반한 자
4. 제58조 제1항의 규정에 의한 영업정지명령에 위반하여 영업을 계속한 자(제22조 제1항의 규정에 의한 영업의 허가를 받은 자에 한한다)

제76조【벌칙】 제34조 또는 제35조의 규정에 위반한 자는 2년 이하의 징역 또는 1천만원 이하의 벌금에 처하거나 이를 병과할 수 있다.

〈개정 1995. 12. 29, 2000. 1. 12.〉

제77조【벌칙】다음 각호의 1에 해당하는 자는 2년 이하의 징역 또는 1천만원 이하의 벌금에 처한다.

〈개정 1988. 12. 1991. 12. 14, 1995. 12. 29, 2000. 1. 12.〉

1. 제10조 제2항(제69조에서 준용하는 경우를 포함한다), 제11조 제1항, 제19조 제1항, 제22조 제4항·제5항, 제25조 제3항 또는 제39조의 규정에 위반한 자

2. 제16조 제2항, 제17조 제1항(제69조에서 준용하는 경우를 포함한다) 또는 제56조 제1항 및 제2항(제69조에서 준용하는 경우를 포함한다)의 규정에 의한 검사·출입·수거 또는 압류를 거부하거나 방해 또는 기피한 자

3. 제21조(제69조에서 준용하는 경우를 포함한다)의 규정에 의한 시설기준 또는 제22조 제3항의 규정에 의한 조건에 위반한 영업자

4. 삭제 〈2000. 1. 12.〉

5. 제29조 제1항 또는 제31조 제1항의 규정에 의한 영업자가 지켜야 할 사항을 지키지 아니한 자

6. 제58조 제1항의 규정에 의한 영업정지명령에 위반하여 계속 영업을 한 자(제22조 제5항의 규정에 의하여 영업의 신고를 한 자에 한한다) 또는 동조 제1항 및 제2항의 규정에 의한 영업소의 폐쇄명령에 위반하여 영업을 계속한 자

7. 제59조 제1항의 규정에 의한 제조정지명령에 위반한 자

8. 제62조 제1항의 규정에 의하여 관계공무원이 부착한 봉인·게시문 등을 함부로 제거 또는 손상한 자

제78조【과태료】① 다음 각호의 1에 해당하는 자에 대하여는 100만원 이하의 과태료에 처한다. 〈개정 1988. 12. 31, 1995. 12. 29, 2000. 1. 12.〉

1. 제3조, 제26조 제1항 및 제3항(제69조에서 준용하는 경우를 포함한다), 제27조 제1항 및 제5항(제69조에서 준용하는 경우를 포함한다) 또는 제67조 제1항의 규정에 위반한 자

2. 제22조 제6항의 규정에 위반하여 보고를 하지 아니하거나 허위로 보고
   를 한 자
3. 제29조 제2항의 규정에 위반하여 보고를 하지 아니하거나 허위의 보고
   를 한 자
4. 제57조 제1항(제69조에서 준용하는 경우를 포함한다)의 규정에 의한 명
   령에 위반한 자
5. 제69조 제1항의 규정에 위반하여 신고를 하지 아니하거나 허위의 신고
   를 한 자

② 제1항의 규정에 의한 과태료는 대통령령이 정하는 바에 따라 식품의약
품안전청장, 시·도지사, 시장·군수 또는 구청장이 부과·징수한다.
〈개정 1995. 12. 29, 1998. 2. 28.〉

③ 제2항의 규정에 의한 과태료처분에 불복이 있는 자는 그 처분을 고지받
은 날부터 30일 이내에 식품의약품안전청장, 시 ·도지사, 시장 ·군수 또는
구청장에게 이의를 제기할 수 있다.〈개정 1995. 12. 29, 1998. 2. 28.〉

④ 제2항의 규정에 의한 과태료처분을 받은 자가 제3항의 규정에 의하여
이의를 제기한 때에는 식품의약품안전청장, 시 ·도지사, 시장 ·군수 또는
구청장은 지체없이 관할법원에 그 사실을 통보하여야 하며 그 통보를 받은 관
할법원은 비송사건절차법에 의한 과태료의 재판을 한다.
〈개정 1995. 12. 29, 1998. 2. 28.〉

⑤ 제3항의 규정에 의한 기간 내에 이의를 제기하지 아니하고 과태료를 납
부하지 아니한 때에는 국세 또는 지방세의 체납처분의 예에 의하여 이를 징수
한다.

제79조【양벌규정】 법인의 대표자나 법인 또는 개인의 대리인 ·사용인,
기타의 종업원이 그 법인 또는 개인의 업무에 관하여 제74조 내지 제77조의
위반행위를 한 때에는 그 행위자를 벌하는 외에 그 법인이나 개인에 대하여도
해당 각조의 벌금형을 과한다.

제80조【과태료에 관한 규정적용의 특례】 제78조의 과태료에 관한 규정을
적용함에 있어서 제65조의 규정에 의하여 과징금을 부과한 행위에 대하여는

과태료를 부과할 수 없다.

부칙 (중략)

제1조【시행일】이 법은 공포 후 6월이 경과한 날부터 시행한다. 다만, 제10조 제1항 단서의 개정규정은 공포 후 1년 6월이 경과한 날부터 시행한다.

제2조【영업허가 등이 취소된 영업장소 등에 관한 경과조치】이 법 시행 전에 종전의 규정에 의하여 허가취소 또는 폐쇄명령을 받은 자에 대한 제24조 제1항 제2호의 2·제3호의 2, 동조 제2항 제1호의 2·제2호의 2의 개정규정에 의한 허가 또는 신고의 제한기간은 종전의 규정에 의한다.

제3조【조건부 영업허가 신청자에 대한 경과조치】이 법 시행당시 종전의 규정에 의하여 조건부 영업허가를 신청한 자에 대하여는 종전의 규정에 의한다.

제4조【벌칙 및 과태료에 관한 경과조치】이 법 시행 전의 행위에 대한 벌칙 또는 과태료의 적용에 있어서는 종전의 규정에 의한다.

제5조【다른 법률의 개정】기업활동규제완화에관한특별조치법 중 제28조 제1항 제2호를 삭제하고, 동조 제4항 중 "동항 제2호"를 각각 "동항 제3호"로 한다.

일반음식점 영업신고 절차, 구비서류

* 일반음식점이란?
식품위생법시행령에 규정되어 있다.

식품위생법시행령⟨일부 개정 2001. 9. 1. 대통령령 제17351호⟩

제1조~제6조 생략

제7조 【영업의 종류】법 제21조 제2항의 규정에 의한 영업의 세부 종류와 그 범위는 다음 각호와 같다. ⟨개정 1991. 3 .11, 1992. 12. 21, 1994. 4. 30, 1994. 12. 23, 1994. 12. 31, 1995. 5. 1, 1996. 10. 14, 1998. 6. 20, 1999. 11. 13, 2000. 7. 27.⟩

제1호~제7호 생략

8. 식품접객업

가. 휴게음식점영업 : 음식류를 조리 · 판매하는 영업으로서 음주 행위가 허용되지 아니하는 영업(주로 다류를 조리 · 판매하는 다방 및 주로 빵 · 떡 · 과자 · 아이스크림류를 제조 · 판매하는 과자점 형태의 영업을 포함한다). 다만, 편의점 · 슈퍼마켓 · 휴게소, 기타 음식류를 판매하는 장소에서 컵라면, 1회용 다류, 기타 음식류에 뜨거운 물을 부어 주는 경우를 제외한다.

나. 일반음식점영업 : 음식류를 조리 · 판매하는 영업으로서 식사와 함께 부수적으로 음주 행위가 허용되는 영업

다. 단란주점영업 : 주로 주류를 조리 · 판매하는 영업으로서 손님이 노래를 부르는 행위가 허용되는 영업

라. 유흥주점영업 : 주로 주류를 조리 · 판매하는 영업으로서 유흥종사자를 두거나 유흥시설을 설치할 수 있고 손님이 노래를 부르거나 춤을 추는 행위가 허용되는 영업 ⟨全改 1989. 7. 11.⟩

* 신고가 가능한 지역 및 건물용도
〈 일반음식점
 - 도시계획및토지이용관리법에 저촉 사항이 없어야 한다.
 - 준농림지역에는 제한되어 있다.
 - 근린생활시설 및 주택

* 신고수리권자 : 시 · 도지사, 군수, 구청장

* 신고 전 준비사항
- 다른 법령(도시계획및토지이용관리법, 오수 · 분뇨및축산폐수의처리에관한법률, 수질환경법, 청소년보호법, 건축법 등)에 저촉 사항이 없는지 확인한다.
- 영업신고 신청 전에 위생교육을 이수한다(부득이한 경우 3월 이내에 교육을 이수한다)
- 식품위생법령상 시설기준을 갖추어야 한다.

* 구비 서류
- 액화석유가스사용시설 완성검사 필증(영업장 면적이 100m² 이상, 지하층인 경우에 한한다.) 1부
- 위생교육필증 1부(사전교육을 받았을 때)
- 상수도가 아닌 지하수 등을 사용할 경우 먹는 물 수질검사기관에서 발행한 수질검사 성적서 1부
- 소방 · 방화시설 완비증명서(단란주점, 유흥주점, 일반(휴게)음식점영업 중 그 영업소가 지하층에 위치하고 있는 경우로서 영업장으로 사용하는 바닥면적의 합계가 66m² 이상의 경우 및 지상 2층 이상으로 영업장으로 사용하는 바닥면적의 합계가 100m² 이상인 경우)

* 시설 기준
- 일반음식점의 객실에는 잠금장치를 설치할 수 없다.
- 휴게음식점에는 객실을 둘 수 없으며 객석에는 높이 1.5m 미만의 칸막이(이동식 또는 고정식)를 설치할 수 있다. 이 경우 2면 이상을 완전히 차단하지 아니하여야 하고 다른 객석에서 내부가 서로 보이도록 하여야 한다.
- 기차 · 자동차 · 선박 또는 수상구조물로 된 유선장 · 도선장을 이용하는 경우 다음의 시설을 갖추어야 한다.
① 1일의 영업시간에 사용할 수 있는 충분한 양의 물을 저장할 수 있는 내구성이 있는 식수탱크
② 1일의 영업시간에 발생할 수 있는 음식물 찌꺼기 등을 처리하기에 충분한 크기의 오물통 및 폐수탱크
③ 음식물의 재료(원료)를 위생적으로 보관할 수 있는 시설
- 일반음식점 중 그 영업소가 지하층에 위치하고 있는 것으로 소방법시행령 제4조의 2의 규정에 의한 영업장으로 사용하는 바닥면적의 합계가 66m² 이상인 업소의 경우에는 소방법령이 정하는 소방방화시설을 갖추어야 한다.
- 휴게음식점 및 일반음식점의 영업장에는 손님이 이용할 수 있는 자막용 영상장치 또는 자동 반주장치를 설치하여서는 안 된다.
- 일반음식점의 객실 안에는 무대장치, 음향 및 반주시설 우주볼 등의 특수조명시설을 설치하여서는 안 된다.

* 영업신고의 제한
- 다른 법령에 위반한 경우
- 시설기준에 적합하지 아니할 때
- 영업소 폐쇄 후 6월이 경과하지 아니한 경우에 그 영업장소에 같은 종류의 영업을 하고자 한 때. 다만, 영업시설의 전부를 철거하여 폐쇄명령을 받은 경우에는 그러하지 아니하다.

- 영업소 폐쇄 후 1년이 경과하지 아니한 자가 폐쇄된 영업과 같은 종류의 영업을 하고자 한 때
- 청소년을 유흥접객원으로 고용, 유흥행위를 하여 영업소가 폐쇄된 경우 1년이 경과하지 아니한 경우 그 영업장소에서 식품접객업 영업을 하고자 한 때
- 청소년을 유흥접객원으로 고용 유흥행위를 하여 영업소가 폐쇄된 경우 2년이 경과하지 아니한 자가 식품접객업을 하고자 한 때

* 기타 사항
- 수수료 : 수입증지 대금
- 채권〔일반(휴게)음식점 영업〕
- 도시철도채권 : 영업장 면적이 33m² 이상인 경우에 한한다)

* 영업신고 처리
신고신청서 작성 → 접 수 → 서류검토 → 결 재 → 영업신고증 교부

* 관련 법규
- 국토이용관리법 및 건축법
- 오수 · 분뇨및축산폐수의처리에관한법률
- 농지법 및 학교보건법

가림출판사 · 가림M&B · 가림Let's에서 나온 책들

 문 학

바늘구멍
켄 폴리트 지음 · 홍영의 옮김

신국판 / 342쪽 / 5,300원

레베카의 열쇠
켄 폴리트 지음 · 손연숙 옮김

신국판 / 492쪽 / 6,800원

암병선
니시무라 쥬코 지음 · 홍영의 옮김

신국판 / 300쪽 / 4,800원

첫키스한 얘기 말해도 될까
김정미 외 7명 지음

신국판 / 228쪽 / 4,000원

사미인곡 上 · 中 · 下
김충호 지음

신국판 / 각 권 5,000원

이내의 끝자리
박수완 스님 지음

국판변형 / 132쪽 / 3,000원

너는 왜 나에게 다가서야 했는지
김충호 지음

국판변형 / 124쪽 / 3,000원

세계의 명언
편집부 엮음

신국판 / 322쪽 / 5,000원

여자가 알아야 할 101가지 지혜
제인 아서 엮음 · 지창국 옮김

4 · 6판 / 132쪽 / 5,000원

현명한 사람이 읽는 지혜로운 이야기
이정민 엮음

신국판 / 236쪽 / 6,500원

성공적인 표정이 당신을 바꾼다
마츠오 도오루 지음 · 홍영의 옮김

신국판 / 240쪽 / 7,500원

태양의 법
오오카와 류우호오 지음 · 민병수 옮김

한사람 한사람의 인간이 깨달음을 추구하고 영적으로 깨우치기 위한 명확한 방향을 제시. 신국판 / 246쪽 / 8,500원

영원의 법
오오카와 류우호오 지음 · 민병수 옮김

일찍이 설해졌던 적도 없고 앞으로도 설해지지 않을 구원의 진리를 한 권의 책에 이론적 형태로 응축한 기본 삼법의 완결편.
신국판 / 240쪽 / 8,000원

석가의 본심
오오카와 류우호오 지음 · 민병수 옮김
석가모니의 사고방식을 현대인들에 맞게 써 현대인들이 친근하게 석가모니에게 다가설 수 있게 한 불교 가이드서.

신국판 / 246쪽 / 10,000원

옛 사람들의 재치와 웃음
강형중 · 김경익 편저

옛 사람들의 재치와 해학을 통해 한자를 재미있게 배우며 유머 감각까지 높일 수 있는 한자 실용서. 신국판 / 316쪽 / 8,000원

지혜의 쉼터
쇼펜하우어 지음 · 김충호 엮음

4 · 6판 양장본 / 160쪽 / 4,300원

헤세가 너에게
헤르만 헤세 지음 · 홍영의 엮음

4 · 6판 양장본 / 144쪽 / 4,500원

사랑보다 소중한 삶의 의미
크리슈나무르티 지음 · 최윤영 엮음

신국판 / 180쪽 / 4,000원

장자-어찌하여 알 속에 털이 있다 하는가
홍영의 엮음

4 · 6판 / 180쪽 / 4,000원

논어-배우고 때로 익히면 즐겁지 아니한가
신도희 엮음

4 · 6판 / 180쪽 / 4,000원

맹자-가까이 있는데 어찌 먼 데서 구하려 하는가
홍영의 엮음

4 · 6판 / 180쪽 / 4,000원

아름다운 세상을 만드는 사랑의 메시지 365
DuMont monte Verlag 엮음 / 정성호 옮김

독일에서 출간 이후 1백만 권 이상 판매된 베스트셀러. 특별히 소중한 사람을 행복하게 만드는 독창적인 사랑고백법 365가지를 수록한 마음이 따뜻해지는 책. 4 · 6판 변형 / 240쪽 / 8,000원

황금의 법
오오카와 류우호오 지음 · 민병수 옮김

불법진리의 연구 및 공부를 통하여 종교적 깨달음의 깊이를 더해 주는 불서 신국판 / 352쪽 / 12,000원

건 강

식초건강요법
건강식품연구회 엮음 · 신재용(해성한의원 원장) 감수

가장 쉽게 구할 수 있고 경제적인 식품이면서 상상할 수 없을 정도로 뛰어난 약효를 지닌 식초의 모든 것을 담은 건강지침서! 신국판 / 224쪽 / 6,000원

아름다운 피부미용법
이순희(한독피부미용학원 원장) 지음

피부조직에 대한 기초 이론과 우리 몸의 생리를 알려줌으로써 아름다운 피부, 젊은 피부를 오래 유지할 수 있는 비결 제시! 신국판 / 296쪽 / 6,000원

버섯건강요법
김병각 외 6명 지음

기적의 약용버섯 등 신비의 버섯을 통하여 암을 치료하고 비만, 당뇨, 고혈압, 동맥경화 등 각종 성인병 예방을 위한 생활건강 지침서! 신국판 / 286쪽 / 8,000원

성인병과 암을 정복하는 유기게르마늄
이상현 편저 · 카오 샤오이 감수

최근 들어 각광받고 있는 새로운 치료제 유기게르마늄을 통한 성인병, 각종 암의 치료에 대해 소개. 신국판 / 312쪽 / 9,000원

난치성 피부병
생약효소연구원 지음

현대의학으로도 치유불가능했던 난치성 피부병인 건선 · 아토피(태열)의 완치요법 수록. 신국판 / 232쪽 / 7,500원

新 방약합편
정도명 편역

자신의 병을 알고 증세에 맞춰 스스로 처방을 할 수 있고 조제할 수 있는 보약 506가지 수록. 신국판 / 416쪽 / 15,000원

자연치료의학
오홍근(신경정신과 의학박사 · 자연의학박사) 지음

대한민국 최초의 자연의학박사가 밝힌 신비의 자연치료의학으로 자연산물을 이용하여 부작용 없이 치료하는 건강 생활 비법 공개!! 신국판 / 472쪽 / 15,000원

약초의 활용과 가정한방
이인성 지음

주변의 흔한 식물과 약초를 활용하여 각종 질병을 간편하게 예방 · 치료할 수 있는 비법제시. 신국판 / 384쪽 / 8,500원

역전의학
이시하라 유미 지음 · 유태종 감수

일반상식으로 알고 있는 건강상식에 대해 전혀 새로운 관점에서 비판하는 동시에 새로운 방법들을 제시한 건강 혁명 서적!! 신국판 / 286쪽 / 8,500원

이순희식 순수피부미용법
이순희(한독피부미용학원 원장) 지음

자신의 피부에 맞는 관리법으로 스스로 피부관리를 할 수 있는 방법을 제시하고 책 속 부록으로 천연팩 재료 사전과 피부 타입별 팩 고르기. 신국판 / 304쪽 / 7,000원

21세기 당뇨병 예방과 치료법
이현철(연세대 의대 내과 교수) 지음

세계 최초 유전자 치료법을 개발한 저자가 당뇨병과 대항하여 가장 확실하게 이길 수 있는 당뇨병에 대한 올바른 이론과 발병시 대처 방법을 상세히 수록! 신국판 / 360쪽 / 9,500원

신재용의 민의학 동의보감
신재용(해성한의원 원장) 지음

주변의 흔한 먹거리를 이용하여 신비의 명약이나 보약으로 활용할 수 있는 건강 지침서로서 한방 및 민간요법까지 상세히 수록!! 신국판 / 476쪽 / 10,000원

치매 알면 치매 이긴다
배오성(백상한방병원 원장) 지음

B.O.S.요법으로 뇌세포의 기능을 활성화시키고 증상에 맞는 한약 처방을 병행하여 치매를 치유하는 획기적인 치유법 제시. 신국판 / 312쪽 / 10,000원

21세기 건강혁명 밥상 위의 보약 생식
최갑순 지음

항암식품으로, 다이어트식으로, 젊고 탄력적인 피부를 유지할 수 있게 해주는 자연식으로의 생식을 소개하여 현대인들의 건강 길라잡이가 되도록 하였다. 신국판 / 348쪽 / 9,800원

기치유와 기공수련
윤한홍(기치유 연구회 회장) 지음

누구나 노력만 하면 개발할 수 있고 활용할 수 있는 기 수련 방법과 기치유 개발 방법 소개. 신국판 / 340쪽 / 12,000원

만병의 근원 스트레스 원인과 퇴치
김지혁(김지혁한의원 원장) 지음

만병의 근원인 스트레스를 속속들이 파헤치고 예방법까지 속시원하게 제시!! 신국판 / 324쪽 / 9,500원

김종성 박사의 뇌졸중 119
김종성 지음

일상생활에서의 건강관리부터 환자간호에 이르기까지 뇌졸중의 예방, 치료법 등 모든 것 수록. 신국판 / 356쪽 / 12,000원

탈모 예방과 모발 클리닉
장정훈 · 전재홍 지음

미용적인 측면과 우리가 일상적으로 고민하고 궁금해 하는 털에 관한 내용들을 다양하고 재미있게 예를 들어가면서 흥미롭게 풀어간 것이 이 책의 특징. 신국판 / 252쪽 / 8,000원

구태규의 100% 성공 다이어트
구태규 지음

하이틴 영화배우의 다이어트 체험서. 저자만의 다이어트법 및 바람직한 다이어트에 대해서 제시. 건강하게 날씬해지고 싶은 사람들을 위한 필독서! 4 · 6배판 변형 / 240쪽 / 9,900원

암 예방과 치료법
이춘기 지음

암환자와 가족들을 위해서 암의 치료방법에서부터 합병증의 예방 및 암이 생기기 전에 알 수 있는 방법에 이르기까지 상세하게 해설해 놓은 책. 신국판 / 296쪽 / 11,000원

알기 쉬운 위장병 예방과 치료법
민영일 지음

소화기관인 위와 관련 기관들의 여러 질환을 발병 원인, 증상, 치료법을 중심으로 알기 쉽게 해설해 놓은 건강서. 신국판 / 328쪽 / 9,900원

이온 체내혁명
노보루 야마노이 지음 · 김병관 옮김

새로운 건강관리 이론으로 주목을 받고 있는 음이온을 통해 건강을 돌볼 수 있는 방법 제시.　신국판 / 272쪽 / 9,500원

어혈과 사혈요법
정지천 지음

침과 부항요법 등을 사용하여 모든 질병을 다스릴 수 방법과 우리 주변에서 흔하게 접할 수 있는 각 질병의 상황별 처치를 혈자리 그림과 함께 해설.　신국판 / 308쪽 / 12,000원

약손 경락마사지로 건강미인 만들기
고정환 지음

경락과 민족 고유의 정신 약손을 결합시킨 약손 성형경락 마사지로 수술하지 않고도 자신이 원하는 부위를 고치는 방법을 제시하는 건강 미용서.　4×6배판 변형 / 284쪽 / 15,000원

정유경의 LOVE DIET
정유정 지음

온갖 다이어트 방법으로 살을 빼려고 노력했던 저자의 다이어트 체험담이 실린 실용 미용서.　4×6배판 변형 / 196쪽 / 10,500원

머리에서 발끝까지 예뻐지는 부분다이어트
신상만 · 김선민 지음

한약을 먹거나 침을 맞아 살을 빼는 방법, 아로마요법을 이용한 다이어트법, 운동을 이용한 부분비만 해소법 등 수록.
4×6배판 변형 / 196쪽 / 11,000원

알기 쉬운 심장병119
박승정 지음

서울아산병원 심장 내과에 있는 저자가 심장병에 관해 심장질환이 생기는 원인, 증상, 치료법을 중심으로 내용을 상세하게 해설해 놓은 건강서.　신국판 / 248쪽 / 9,000원

알기 쉬운 고혈압119
이정균 지음

생활 속의 고혈압에 관해 일반인들이 관심을 가지고 예방할 수 있도록 고혈압의 원인, 증상, 합병증 등을 상세하게 해설해 놓은 건강서.　신국판 / 304쪽 / 10,000원

여성을 위한 부인과질환 예방과 치료
차선희 지음

남들에게는 말할 수 없는 증상들로 고민하고 있는 여성들을 위해 부인암, 골다공증, 빈혈 등 부인과질환을 원인 및 치료방법을 중심으로 설명한 여성건강 정보서.　신국판 / 304쪽 / 10,000원

교　육

퍼펙트 MBA
IAE유학네트 지음

기존의 관련 도서들과는 달리 Top MBA로 가는 길을 상세하고 완벽하게 수록. 가장 완벽하고 충실한 최신 정보 제공.
신국판 / 400쪽 / 12,000원

유학길라잡이 I -미국편
IAE유학네트 지음

미국의 교육제도 및 유학 준비 절차, 현지 생활 정보, 최신 비자정보 등 수록.　4 · 6배판 / 372쪽 / 13,900원

유학길라잡이 II - 4개국편
IAE유학네트 지음

영어권 국가인 영국 · 캐나다 · 호주 · 뉴질랜드의 현지 정보 · 교육제도 및 각 국가별 학교의 특화된 교육내용 완전 수록!!
4 · 6배판 / 348쪽 / 13,900원

조기유학길라잡이.com
IAE유학네트 지음

영어권 나라의 교육제도 및 학교별 데이터를 완벽하게 수록하여 유학정보서의 질을 한 단계 상승시킨 결정판!!
4 · 6배판 / 428쪽 / 15,000원

현대인의 건강생활
박상호 외 5명 공저

건강과 체력 증진을 위한 기본상식, 노인과 건강 등 이론과 스쿼시 · 스키 · 윈드 서핑 등 레저스포츠 등의 실기편으로 이루어진 알찬 내용 수록.　4 · 6배판 / 268쪽 / 15,000원

천재아이로 키우는 두뇌훈련
나카마츠 요시로 지음 · 민병수 옮김

머리가 좋은 아이로 키우기 위한 환경 만들기, 식사, 운동 등 연령별 두뇌 훈련법 소개.　국판 / 288쪽 / 9,500원

취미 · 실용

김진국과 같이 배우는 와인의 세계
김진국 지음

포도주 역사에서 분류, 원료 포도의 종류와 재배, 양조 · 숙성 · 저장, 시음법, 어울리는 요리와 와인의 유통과 소비, 와인시장의 현황과 전망, 와인 판매 요령, 와인의 보관과 재고의 회전, '와인 양조 비밀의 모든 것'을 동영상으로 제작한 CD까지, 와인의 모든 것이 담긴 종합학습서.
국배판 변형양장본(올 컬러판) / 208쪽 / 30,000원

경제 · 경영

CEO가 될 수 있는 성공법칙 101가지
김승룡 편역

또 한 번의 경제위기를 겪고 있는 우리의 현실을 극복하고 일어설 수 있는 리더로서의 역할과 책임에 대한 명확한 해답을 제시해줄 것이다.　신국판 / 320쪽 / 9,500원

기획대사전
다카하시 겐코 지음 · 홍영의 옮김

기획에 관련된 모든 사항을 실례와 도표를 통하여 초보자에서 프로기획맨에 이르기까지 효율적으로 활용할 수 있도록 체계적으로 총망라하였다.　신국판 / 552쪽 / 19,500원

맨손창업 · 맞춤창업 BEST 74
양혜숙 지음

창업대행 현장 전문가가 추천하는 유망업종을 7가지 주제별로 나누어 수록한 맞춤창업서로 창업예비자들에게 창업의 길을 밝혀줄 발로 뛰면서 만든 실무 지침서!!　신국판 / 416쪽 / 12,000원

무자본, 무점포 창업! FAX 한 대면 성공한다
다카시로 고시 지음 · 홍영의 옮김

완벽한 FAX 활용법을 제시하여 가장 적은 자본으로 창업하려는 예비자들에게 큰 투자를 필요로 하지 않으면서 성공을 이끌어주는 길라잡이가 되는 실무 지침서.　신국판 / 226쪽 / 7,500원

성공하는 기업의 인간경영
중소기업 노무 연구회 편저 · 홍영의 옮김

무한경쟁시대에서 각 기업들의 다양한 경영 실태 속에서 인사 · 노무 관리 개선에 있어서 기업의 효율을 높이고 발전을 이룰 수 있는 원칙을 제시. 신국판 / 368쪽 / 11,000원

21세기 IT가 세계를 지배한다
김광회 지음

21세기 화두로 떠오른 IT혁명의 경쟁력에 대해서 전문가의 논리적이고 철저한 해설과 더불어 매장 끝까지 실제 사례를 곁들여 설명. 신국판 / 380쪽 / 12,000원

경제기사로 부자아빠 만들기
김기태 · 신현태 · 박근수 공저

언론인의 현장감각과 학자의 전문성을 접목시킨 것이 이 책의 특성! 누구나 이 책을 읽고 경제원리를 체득, 경제예측을 할 수 있게 준비된 생활경제서적. 신국판 / 388쪽 / 12,000원

포스트 PC의 주역 정보가전과 무선인터넷
김광회 지음

포스트 PC의 주역으로 급부상하고 있는 정보가전과 무선인터넷 그리고 이를 구현하기 위한 관련 테크놀러지를 체계적으로 소개. 신국판 / 356쪽 / 12,000원

성공하는 사람들의 마케팅 바이블
채수명 지음

최근의 이론을 보완하여 내놓은 마케팅 관련 실무서. 마케팅의 정보전략, 핵심요소, 컨설팅실무까지 저자의 노하우와 창의적인 이론이 결합된 마케팅서. 신국판 / 328쪽 / 12,000원

느린 비즈니스로 돌아가라
사카모토 게이이치 지음 · 정성호 옮김

미국식 스피드 경영에 익숙해져 현실의 오류를 간과하고 있는 사람들을 위한 어떻게 팔 것인가보다 무엇을 팔 것인가를 차분히 설명하는 마케팅 컨설턴트의 대안 제시서!

신국판 / 276쪽 / 9,000원

적은 돈으로 큰돈 별 수 있는 부동산 재테크
이원재 지음

700만 원으로 부동산 재테크에 뛰어들어 100배 불린 저자가 부동산 재테크를 계획하고 있는 사람들이 반드시 알아두어야 할 내용을 경험담에 담아 해설해 놓은 경제서.
신국판 / 340쪽 / 12,000원

바이오혁명
이주영 지음

21세기 국가간 경쟁부문으로 새로이 떠오르고 있는 바이오혁명에 관한 기초지식을 언론사에 몸담고 있는 현직 기자가 아주 쉽게 해설해 놓은 바이오 가이드서. 바이오 관련 용어 해설 수록. 신국판 / 328쪽 / 12,000원

두뇌혁명
나카마츠 요시로 지음 · 민병수 옮김

『뇌내혁명』 하루야마 시게오의 추천작!!
어른들을 위한 두뇌 개발서로, 풍요로운 인생을 만들기 위한 '뇌' 와 '몸' 자극법 제시. 4 · 6판 양장본 / 288쪽 / 12,000원

성공하는 사람들의 자기혁신 경영기술
채수명 지음

자기 계발을 통한 신지식 자기경영마인드를 갖추어야 한다는 전제 아래 그 방법을 자세히 알려주는 자기계발 지침서.
신국판 / 344쪽 / 12,000원

CFO
교텐 토요오 · 타하라 오키시 지음 / 민병수 옮김

세계화에 발맞추어 기업이 경쟁력을 갖추려면 CFO, 즉 최고 재무책임자의 역할이 지금까지와는 완전히 달라져야 한다. CFO의 역할, 위상 등을 일본의 기업을 중심으로 하여 알아보고 바람직한 방향 제시. 신국판 / 312쪽 / 12,000원

네트워크시대 네트워크마케팅
임동학 지음

학력, 사회적 지위 등에 관계 없이 자신이 노력한 만큼 돈을 벌 수 있는 네트워크마케팅에 관해 알려주는 안내서.
신국판 / 376쪽

주 식

개미군단 대박맞이 주식투자
홍성걸(한양증권 투자분석팀 팀장) 지음

초보에서 인터넷을 활용한 주식투자까지 필자의 현장에서의 경험을 바탕으로 한 주식 성공전략의 모든 정보 수록.
신국판 / 310쪽 / 9,500원

알고 하자! 돈 되는 주식투자
이길영 외 2명 공저

일본과 미국의 주식시장을 철저한 분석과 데이터화를 통해 한국 주식시장의 투자의 흐름을 파악함으로써 한국 주식시장에서의 확실한 성공전략 제시!! 신국판 / 388쪽 / 12,500원

항상 당하기만 하는 개미들의 매도 · 매수타이밍 999% 적중 노하우
강경무 지음

Jusicman 강경무가 주식시장에서 돈벌고 성공할 수 있는 비결 전격공개!! 신국판 / 336쪽 / 12,000원

부자 만들기 주식성공클리닉
이창희 지음

저자의 경험담을 섞어서 주식이란 무엇인가를 풀어서 써놓은 주식입문서. 신국판 / 372쪽 / 11,500원

선물 · 옵션 이론과 실전매매
이창희 지음

선물과 옵션시장에서 일반인들이 실패하는 원인을 분석하고, 반드시 지켜야 할 투자원칙에 따라 유형별로 실전 매매 테크닉을 터득함으로써 투자를 성공적으로 할 수 있게 한 지침서!!
신국판 / 372쪽 / 12,000원

너무나 쉬워 재미있는 주가차트
홍성무 지음

차트에서 급소를 신속, 정확하게 뽑아내 매매타이밍을 잡는 방법을 알려주는 주식투자 지침서. 4 · 6배판 / 216쪽 / 15,000원

역 학

역리종합 만세력
정도명 편저

현존하는 만세력 중 최장 기간을 수록하였으며 누구나 이 책을 보고 자신의 사주를 쉽게 찾아보고 맞춰 볼 수 있게 하였다.
신국판 / 532쪽 / 10,500원

작명대전
정보국 지음

독자들 스스로 작명할 수 있도록 한글 소리 발음에 입각한 작명의 원리를 밝힌 길라잡이서. 신국판 / 460쪽 / 12,000원

하락이수 해설
이천교 편저

점서학인 하락이수를 직역으로 풀어 놓아 원작자의 깊은 뜻을 원형 그대로 전달하고 원문을 공부하려는 사람들에게 도움이 되는 해설서이다. 신국판 / 620쪽 / 27,000원

현대인의 창조적 관상과 수상
백운산 지음

관상학을 터득하여 적절히 운명에 대처해 나감으로써 어느 분야에서든지 성공적인 삶을 누릴 수 있는 비법을 전해줄 것이다. 신국판 / 344쪽 / 9,000원

대운용신영부적
정재원 지음

수많은 역사와 신비로운 영험을 지닌 1,000여 종의 부적과 저자가 수십 년간 연구·개발한 200여 종의 부적들을 집대성한 국내 최대의 영부적이다. 신국판 양장본 / 750쪽 / 39,000원

사주비결활용법
이세진 지음

컴퓨터와 역학의 만남!! 운명의 숨겨진 비밀을 꿰뚫어 보는 신녹현사주 방정식의 모든 것을 수록. 신국판 / 392쪽 / 12,000원

컴퓨터세대를 위한 新 성명학대전
박용찬 지음

태어난 아기 이름은 물론 개명·상호·아호 짓는 법까지 사람이 살아가면서 필요한 모든 이름 짓기가 총망라되어 수록.

신국판 / 388쪽 / 11,000원

길흉화복 꿈풀이 비법
백운산 지음

길몽과 흉몽을 구분하여 그림과 함께 보기 쉽게 엮었으며, 특히 요즘 신세대 엄마들에게 관심이 많은 태몽이 여러 가지로 자세하게 풀이되어 있다. 신국판 / 410쪽 / 12,000원

새천년 작명컨설팅
정재원 지음

혼자 배워야 하는 독자들도 정말 이해하기 쉽도록 구성된 신세대 부모를 위한 쉽고 좋은 아기 이름만들기의 결정판.
신국판 / 470쪽 / 13,000원

백운산의 신세대 궁합
백운산 지음

남녀궁합 보는 법뿐만 아니라 인간관계, 출세, 재물, 자손문제, 건강문제, 성격, 길흉관계 등을 미리 규명할 수 있도록 쉽게 풀어놓았다. 신국판 / 304쪽 / 9,500원

동자삼 작명학
남시모 지음

한국사람에게 알맞은 건물명·상호·물건명 등의 이름을 자신에게 맞는 한글이름으로 지을 수 있는 작명비법 제시.

신국판 / 496쪽 / 15,000원

구성학의 기초
문길여 지음

방위학의 모든 것을 통하여 개인의 일생운·결혼운·사고운·가정운·부부운·자식운·출세운을 성공적으로 이끄는 비법 공개. 신국판 / 412쪽 / 12,000원

법률 일반

여성을 위한 성범죄 법률상식
조명원(변호사) 지음

성희롱에서 성폭력범죄까지 여성이었기 때문에 특히 말 못하고 당해야만 했던 이 땅의 여성들을 위한 성범죄 법률상식서. 사례별 법적 대응방법 제시. 신국판 / 248쪽 / 8,000원

아파트 난방비 75% 절감방법
고영근 지음

잘못 부과된 아파트 난방비를 최고 75%까지 줄일 수 있는 방법을 구체적인 법적 근거를 토대로 제시. 신국판 / 238쪽 / 8,000원

일반인이 꼭 알아야 할 절세전략 173선
최성호(공인회계사) 지음

세법을 제대로 알면 돈이 보인다.
현직 공인중계사가 알려주는 합법적으로 세금을 덜 내고 돈을 버는 절세전략의 모든 것! 신국판 / 392쪽 / 12,000원

변호사와 함께하는 부동산 경매
최환주(변호사) 지음

새 상가건물임대차보호법에 따른 권리분석과 채무자나 세입자의 권리방어기법을 제시. 신국판 / 404쪽 / 13,000원

혼자서 쉽고 빠르게 할 수 있는 소액재판
김재용·김종철 공저

나홀로 소액재판을 할 수 있도록 소장작성에서 판결까지의 실제 재판과정을 상세하게 수록하여 이 책 한 권이면 모든 것을 완벽하게 해결할 수 있다. 신국판 / 312쪽 / 9,500원

"술 한 잔 사겠다"는 말에서 찾아보는 채권·채무
변환철 지음

일반인들이 꼭 알아야 할 채권·채무에 관한 법률 사항을 빠짐없이 수록. 신국판 / 408쪽 / 13,000원

알기쉬운 부동산 세무 길라잡이
이건우 지음

부동산에 관련된 모든 세금을 알기 쉽게 단계별로 해설. 합리적이고 탈세가 아닌 적법한 절세법 제시.

신국판 / 400쪽 / 13,000원

알기쉬운 어음, 수표 길라잡이
변환철(변호사) 지음

어음, 수표의 발행에서부터 도난 또는 분실한 경우에 이르기까지 어음, 수표 관련 법률사항을 쉽고도 상세하게 압축해 놓은 생활법률서. 신국판 / 328쪽 / 11,000원

제조물책임법
강동근·윤종성 공저

제조물책임 시대를 맞아 제조업자가 갖춰야 할 법률적 지식을 조목조목 설명해 놓은 법률서. 신국판 / 368쪽 / 13,000원

생활법률

부동산 생활법률의 기본지식
대한법률연구회 지음 · 김원중 감수

부동산관련 기초지식과 분쟁해결을 위한 노하우, 테크닉을 제시. 신국판 / 480쪽 / 12,000원

고소장 · 내용증명 생활법률의 기본지식
하태웅 지음

스스로 고소 · 고발장을 작성할 수 있도록 예문과 서식을 함께 소개. 또 민사소송에 대해서도 자세하게 설명.
신국판 / 440쪽 / 12,000원

노동 관련 생활법률의 기본지식
남동희 지음

저자의 상담 사례를 통해 문답식으로 풀어나가는 노동 관련 생활법률 해설의 최신 결정판. 신국판 / 528쪽 / 14,000원

외국인 근로자 생활법률의 기본지식
남동희 지음

오랜 시간 실무를 접했던 저자의 경험을 바탕으로 외국인 근로자의 체류자격 및 취업자격 등 법적 문제와 법률적 지위를 상세하게 다루었다. 신국판 / 400쪽 / 12,000원

계약작성 생활법률의 기본지식
이상도 지음

국민생활과 직결된 계약법의 기초를 이루는 핵심 기본지식을 간단명료한 해설 및 관련 계약서 작성 예문과 함께 제시.
신국판 / 560쪽 / 14,500원

지적재산 생활법률의 기본지식
이상도 · 조의제 공저

현대 산업사회에서 중요시되고 있는 특허, 실용신안, 의장, 상표, 저작권, 컴퓨터프로그램저작권 등 지적재산의 모든 것을 체계화하여 한 권으로 요약하였다. 신국판 / 496쪽 / 14,000원

부당노동행위와 부당해고 생활법률의 기본지식
박영수 지음

노사관계 핵심사항인 부당노동행위와 정리해고 · 징계해고를 중심으로 간단 명료한 해설과 더불어 대법원 판례, 노동부 업무처리지침을 소개. 신국판 / 432쪽 / 14,000원

주택 · 상가임대차 생활법률의 기본지식
김운용 지음

전세업자들이 보증금 반환소송이나 민사소송, 경매절차까지의 기본적인 흐름을 알 수 있도록 인터넷을 통한 실제 법률 상담을 전격 수록. 신국판 / 480쪽 / 14,000원

하도급거래 생활법률의 기본지식
김진흥 지음

경제적 약자인 하도급업자를 위하여 하도급거래 관련 필수적인 법률사안들을 쉽게 해설함과 동시에 실무에 필요한 12가지 하도급표준계약서를 소개. 신국판 / 440쪽 / 14,000원

이혼소송과 재산분할 생활법률의 기본지식
박동섭 지음

이혼과 관련하여 해결해야 할 법률문제들을 저자의 실무경험을 바탕으로 명쾌하게 해설. 신국판 / 460쪽 / 14,000원

부동산등기 생활법률의 기본지식
정상태 지음

부동산등기 전반에 걸쳐 일반인이 꼭 알아야 할 법률상식을 간추려 간단, 명료하게 해설하였다. 신국판 / 456쪽 / 14,000원

기업경영 생활법률의 기본지식
안동섭 지음

사업을 구상하고 있는 사람이나 현재 경영하고 있는 사람 및 관리실무자에게 필요한 법률을 체계적으로 알려주고 관련 법률서식과 서식작성 예문도 함께 소개. 신국판 / 466쪽 / 14,000원

교통사고 생활법률의 기본지식
박정무 · 전병찬 공저

교통사고 당사자가 쉽게 응용할 수 있도록 단계별 해결책을 제시함과 동시에 사고유형별 Q&A를 통하여 상세한 법률자문 역할을 하였다. 신국판 / 480쪽 / 14,000원

소송서식 생활법률의 기본지식
김대환 지음

일상생활과 밀접한 소송서식을 중심으로 소장작성부터 판결을 받을 때까지 그 서식작성요령을 서식마다 항목별로 자세하게 설명하였다. 신국판 / 480쪽 / 14,000원

호적 · 가사소송 생활법률의 기본지식
정주수 지음

개명, 성 · 본 창설, 취적절차 및 법원의 허가 및 판결에 의한 호적정정절차, 친권 · 후견절차, 실종선고 · 부재선고절차에 상세한 해설과 함께 신고서식 작성요령과 구비할 서류 및 재판절차에 대하여 자세히 설명. 신국판 / 516쪽 / 14,000원

상속과 세금 생활법률의 기본지식
박동섭 지음

상속재산분할, 상속회복청구, 유류분반환청구, 상속세부과처분취소 등 상속관련 사건들을 해결하는 데 도움이 되도록 상속법과 상속세법을 상세하게 함께 수록. 신국판 / 480쪽 / 14,000원

담보 · 보증 생활법률의 기본지식
류창호 지음

담보를 제공하거나 보증을 섰는데 문제가 생겼을 때의 해결방법을 법조항 설명과 함께 실례를 실어 알아 본다.
신국판 / 436쪽 / 14,000원

처 세

성공적인 삶을 추구하는 여성들에게 우먼파워
조안 커너 · 모이라 레이너 공저, 지창영 옮김

사회의 여성을 향한 냉대와 편견의 벽을 깨뜨리고 성공적인 삶을 이루려는 여성들이 갖추어야 할 자세 및 삶의 이정표 제시!!
신국판 / 352쪽 / 8,800원

聽 이익이 되는 말 話 손해가 되는 말
우메시마 미요 지음 · 정성호 옮김

대화의 참의미를 깨닫고 비즈니스를 성공적으로 이끌기 위한 대화술을 키우는 방법 제시!! 신국판 / 304쪽 / 9,000원

성공하는 사람들의 화술테크닉
민영욱 지음

개인간의 사적인 대화에서부터 대중을 위한 공적인 강연에 이르기까지 어떻게 말하고 어떻게 스피치를 할 것인가에 관한 지

침서. 신국판 / 320쪽 / 9,500원

부자들의 생활습관 가난한 사람들의 생활습관
다케우치 야스오 지음 · 홍영의 옮김

경제학의 발상을 기본으로 하여 사람들이 살아가면서 생활에서 생각해 볼 수 있는 이익을 보는 생활습관과 손해를 보는 생활습관을 수록, 독자 자신에게 맞는 생활습관의 기본 전략을 설계할 수 있도록 제시. 신국판 / 320쪽 / 9,800원

코끼리 귀를 당긴 원숭이-히딩크식 창의력을 배우자
강충인 지음

코끼리와 원숭이의 우화를 히딩크의 창조적 경영기법과 리더십에 대비하여 자기혁신, 기업혁신을 꾀하는 창의력 개발법을 제시. 신국판 / 208쪽 / 8,500원

성공하려면 유머와 위트로 무장하라
민영욱 지음

스피치 강사로 활약하고 있는 저자가 말을 잘하는 방법과 유머와 위트를 만들고 즐기는 방법 제시. 신국판 / 292쪽 / 9,500원

등소평의 오똑이전략
조창남 편저

중국 역사상 정치 · 경제 · 학문 등의 분야에서 최고 위치에 오른 리더들의 인재활용, 상황 극복법 등 처세 전략 · 전술을 통해 이 시대의 성공인으로 자리매김하는 해법 제시.
신국판 / 304쪽 / 9,500원

노무현 화술과 화법을 통한 이미지 변화
이현정 지음

현재 불교방송에서 활동하고 있는 이현정 아나운서의 화술 길라잡이서. 노무현 대통령의 독특한 화술과 화법을 통해 리더로서, 성공인으로서 갖추어야 할 화술 화법을 배우는 화술 실용서. 신국판 / 320쪽 / 10,000원

성공리더의 7가지 조건
다이앤 트레이시 · 윌리엄 모건 지음 / 지창영 옮김

개인과 팀, 조직관계의 개선을 위한 방향제시 및 실천을 위한 안내자 역할을 해주는 책. 현장에서 활용할 수 있는 실용서.
신국판 / 360쪽 / 13,000원

명 상

명상으로 얻는 깨달음
달라이 라마 지음 · 지창영 옮김

티베트의 정신적 지도자이자 실질적 지도자인 달라이 라마의 수많은 가르침 가운데 현대인에게 필요해지고 있는 인0에 대한 이야기. 국판 / 320쪽 / 9,000원

어 학

2진법 영어
이상도 지음

영어학습의 대혁명!! 2진법 영어의 비결을 통해서 적은 시간을 투자하여 영어의 모든 것을 획기적으로 향상시킬 수 있는 비법을 제시한다. 4 · 6배판 변형 / 328쪽 / 13,000원

한 방으로 끝내는 영어
고제윤 지음

영어문법은 재미없고 지루하다고 생각하는 이 땅의 모든 사람들의 상식을 깨면서 학습 효과를 높이기 위한 공부방법을 제시하는 새로운 영어학습서. 신국판 / 316쪽 / 9,800원

한 방으로 끝내는 영단어
김승엽 지음 / 김수경 · 카렌다 감수

풍부한 예문을 통해 참영어를 배우겠다는 사람, 무역업이나 관광 안내업에 종사하는 사람, 영어권 나라로 이민을 가려는 사람들에게 많은 도움을 줄 것이다. 4 · 6배판 변형 / 236쪽 / 9,800원

테마별 고사성어로 익히는 한자
김경익 지음

세글자, 네글자로 이루어진 고사성어를 통해 실용한자를 익히고 성어 속에 담긴 의미도 오늘에 맞게 재해석 해보는 한자 학습서 4 · 6배판 변형 / 248쪽 / 9,800원

해도해도 안 되던 영어회화 하루에 30분씩 90일이면 끝낸다
Carrot Korea 편집부 지음

온라인과 오프라인을 넘나들면서 영어학습자들의 각광을 받고 있는 린다의 현지 생활 영어 수록. 교과서에서 배울 수 없었던 생생한 실생활 영어를 90일 학습으로 모두 끝낼 수 있다.
4 · 6배판 변형 / 260쪽 / 15,000원

바로 활용할 수 있는 기초생활영어
김수경 지음

다양한 상황에 대처할 수 있도록 인사나 감정 표현, 전화나 교통, 장소 및 기타 여러 사항에 관한 기초생활영어를 총망라.
신국판 / 240쪽 / 10,000원

스 포 츠

수열이의 브라질 축구 탐방 삼바 축구, 그들은 강하다
이수열 지음

축구에 대한 관심만으로 각 나라의 축구팀, 특히 브라질 축구팀에 애정을 가지고 브라질 축구팀의 전력 및 각 선수들의 장단점을 나름대로 분석하고 연구하여 자신의 의견을 피력하고 있는 축구 길라잡이서. 신국판 / 280쪽 / 8,500원

마라톤, 그 아름다운 도전을 향하여
빌 로저스 · 프리실라 웰치 · 조 헨더슨 공저 / 오인환 감수 / 지창영 옮김

마라톤에 입문하고자 하는 초보 주자들을 위한 마라톤 가이드서. 올바르게 달리는 법, 음식 조절법, 달리기 전 준비운동, 주자에게 맞는 프로그램 짜기, 부상 예방법을 상세하게 설명하고 있다. 4 · 6배판 / 320쪽 / 15,000원

퍼팅 메커닉
이근택 지음

감각에 의존하는 기존 방식의 퍼팅은 이제 그만!!
저자 특유의 과학적 이론을 신체근육 운동학에 접목시켜 몸의 무리를 최소한으로 줄고 최대한의 정확성과 거리감을 갖게 하는 새로운 퍼팅 메커닉 북.
4 · 6배판 변형 / 192쪽 / 18,000원